ENZYKLOPÄDIE
DEUTSCHER
GESCHICHTE
BAND 82

ENZYKLOPÄDIE
DEUTSCHER
GESCHICHTE
BAND 82

HERAUSGEGEBEN VON
LOTHAR GALL

IN VERBINDUNG MIT
PETER BLICKLE
ELISABETH FEHRENBACH
JOHANNES FRIED
KLAUS HILDEBRAND
KARL HEINRICH KAUFHOLD
HORST MÖLLER
OTTO GERHARD OEXLE
KLAUS TENFELDE

KULTUR, BILDUNG UND WISSENSCHAFT IM 19. JAHRHUNDERT

VON
HANS-CHRISTOF KRAUS

R. OLDENBOURG VERLAG
MÜNCHEN 2008

Bibliografische Information der Deutschen Nationalbibliothek
Die Deutsche Nationalbibliothek verzeichnet diese Publikation in der Deutschen
Nationalbibliografie; detaillierte bibliografische Daten sind im Internet
über <http://dnb.d-nb.de> abrufbar.

© 2008 Oldenbourg Wissenschaftsverlag GmbH, München
Rosenheimer Straße 145, D-81671 München
Internet: oldenbourg.de

Das Werk einschließlich aller Abbildungen ist urheberrechtlich geschützt. Jede Verwertung außerhalb der Grenzen des Urheberrechtsgesetzes ist ohne Zustimmung des Verlages unzulässig und strafbar. Das gilt insbesondere für Vervielfältigungen, Übersetzungen, Mikroverfilmungen und die Einspeicherung und Bearbeitung in elektronischen Systemen.

Umschlaggestaltung: Dieter Vollendorf
Umschlagabbildung: C. Würbs, F. Hirchenhein/G. C. Lange, Das Universitätsgebäude in Berlin; Institut für Hochschulkunde an der Universität Würzburg
Gedruckt auf säurefreiem, alterungsbeständigem Papier (chlorfrei gebleicht)
Satz: Schmucker-digital, Feldkirchen b. München
Druck: MB Verlagsdruck, Schrobenhausen
Bindung: Buchbinderei Kolibri, Schwabmünchen

ISBN 978-3-486-55727-5 (brosch.)
ISBN 978-3-486-55728-2 (geb.)

Vorwort

Die „Enzyklopädie deutscher Geschichte" soll für die Benutzer – Fachhistoriker, Studenten, Geschichtslehrer, Vertreter benachbarter Disziplinen und interessierte Laien – ein Arbeitsinstrument sein, mit dessen Hilfe sie sich rasch und zuverlässig über den gegenwärtigen Stand unserer Kenntnisse und der Forschung in den verschiedenen Bereichen der deutschen Geschichte informieren können. Geschichte wird dabei in einem umfassenden Sinne verstanden: Der Geschichte der Gesellschaft, der Wirtschaft, des Staates in seinen inneren und äußeren Verhältnissen wird ebenso ein großes Gewicht beigemessen wie der Geschichte der Religion und der Kirche, der Kultur, der Lebenswelten und der Mentalitäten.

Dieses umfassende Verständnis von Geschichte muss immer wieder Prozesse und Tendenzen einbeziehen, die säkularer Natur sind, nationale und einzelstaatliche Grenzen übergreifen. Ihm entspricht eine eher pragmatische Bestimmung des Begriffs „deutsche Geschichte". Sie orientiert sich sehr bewusst an der jeweiligen zeitgenössischen Auffassung und Definition des Begriffs und sucht ihn von daher zugleich von programmatischen Rückprojektionen zu entlasten, die seine Verwendung in den letzten anderthalb Jahrhunderten immer wieder begleiteten. Was damit an Unschärfen und Problemen, vor allem hinsichtlich des diachronen Vergleichs, verbunden ist, steht in keinem Verhältnis zu den Schwierigkeiten, die sich bei dem Versuch einer zeitübergreifenden Festlegung ergäben, die stets nur mehr oder weniger willkürlicher Art sein könnte. Das heißt freilich nicht, dass der Begriff „deutsche Geschichte" unreflektiert gebraucht werden kann. Eine der Aufgaben der einzelnen Bände ist es vielmehr, den Bereich der Darstellung auch geographisch jeweils genau zu bestimmen.

Das Gesamtwerk wird am Ende rund hundert Bände umfassen. Sie folgen alle einem gleichen Gliederungsschema und sind mit Blick auf die Konzeption der Reihe und die Bedürfnisse des Benutzers in ihrem Umfang jeweils streng begrenzt. Das zwingt vor allem im darstellenden Teil, der den heutigen Stand unserer Kenntnisse auf knappstem Raum zusammenfasst – ihm schließen sich die Darlegung und Erörterung der Forschungssituation und eine entsprechend gegliederte Auswahlbibliographie an –, zu starker Konzentration und zur Beschränkung auf die zentralen Vorgänge und Entwicklungen. Besonderes Gewicht ist daneben, unter Betonung des systematischen Zusammenhangs, auf die Abstimmung der einzelnen Bände untereinander, in sachlicher Hinsicht, aber auch im Hinblick auf die übergreifenden Fragestellungen, gelegt worden. Aus dem Gesamtwerk lassen sich so auch immer einzelne, den jeweiligen Benutzer besonders interessierende Serien zusammenstellen. Ungeachtet dessen aber bildet jeder Band eine in sich abgeschlossene Einheit – unter der persönlichen Verantwortung des Autors und in völliger Eigenständigkeit gegenüber den benachbarten und verwandten Bänden, auch was den Zeitpunkt des Erscheinens angeht.

Lothar Gall

Inhalt

Vorwort des Verfassers ... XI

I. Enzyklopädischer Überblick ... 1

A. Kultur, geistiges Leben, Wissenschaft ... 1
1. Grundbedingungen geistigen Lebens ... 1
2. Literatur, bildende Kunst, Musik ... 5
3. Weltanschauung, Philosophie, Denkströmungen ... 11
4. Entwicklung der Wissenschaften ... 16

B. Universitäten, Hochschulen, wissenschaftlich-kulturelle Institutionen ... 22
1. Universitäten ... 22
2. Professoren und Studenten ... 27
3. Technische und fachspezifische Hochschulen ... 33
4. Kulturelle Institutionen: Akademien, Bibliotheken, Museen, Vereine ... 36

C. Schulwesen und Lehrerbildung ... 41
1. Gymnasien und Oberschulen ... 41
2. Volksschulen und Mittelschulen, Mädchenbildung ... 45
3. Entwicklung des Fachschulwesens ... 50
4. Lehrerbildung und Pädagogik ... 53

II. Grundprobleme und Tendenzen der Forschung ... 57
1. Quellenlage ... 59
2. Überblicksdarstellungen und Sammelwerke ... 61
3. Zur Geistesgeschichte, Literatur, Kunst und Musik ... 66
4. Zur Geschichte der Wissenschaftspolitik und Bildungsreform ... 68
5. Zur Entwicklung der Wissenschaften ... 73
6. Zur Geschichte der Universitäten und Hochschulen ... 77

7. Zur Geschichte der Professoren, Dozenten und
   Studenten 82
8. Zur Schulgeschichte im Allgemeinen 86
9. Zur Geschichte der Gymnasien und Oberschulen.. 89
10. Zur Geschichte der Volks-, Mittel- und
    Realschulen 92
11. Zur Geschichte des Fach- und Spezial-
    schulwesens 95
12. Zur Geschichte des Unterrichts, der Lehrer,
    Lehrerbildung und Pädagogik 97
13. Zur Geschichte gelehrter Gesellschaften und
    kultureller Institutionen 100
14. Zur Geschichte der Periodika, des Buch- und
    Verlagswesens 104

III. Quellen und Literatur 107

A. Quellen 107
   1. Universitäts- und Wissenschaftsgeschichte 107
   2. Bildungsreform, Schulgeschichte und Pädagogik .. 108
   3. Gelehrtenkorrespondenzen 111

B. Literatur 113
   1. Lexika, Datensammlungen, Bibliographien,
      Forschungsberichte 113
   2. Handbücher, Überblicksdarstellungen 113
   3. Allgemeine Geistes-, Bildungs- und Wissenschafts-
      geschichte 115
   4. Philosophie, Literatur, bildende Kunst, Musik ... 117
   5. Bildungsreformen und Wissenschaftspolitik 119
   6. Akademien der Wissenschaften, Gelehrte Gesell-
      schaften 123
   7. Universitäten und Hochschulen 124
   8. Professoren, Dozenten und Studenten 129
   9. Gymnasien, Real- und Volksschulen, Fachschulen . 131
   10. Unterricht, Lehrerbildung und Pädagogik 136
   11. Bibliotheks-, Museums-, Archiv- und
       Vereinswesen 139
   12. Persönlichkeiten des geistigen Lebens, bedeutende
       Gelehrte 141

13. Entwicklung einzelner Wissenschaften 143
14. Zeitschriften- und Verlagswesen, Buchhandel,
    Zensur 146

Register 149

Themen und Autoren 165

Vorwort des Verfassers

> Die Bildung ist himmelweit nicht
> identisch mit hoher technischer Kultur
> und wirtschaftlicher Opulenz; sie ist
> wesentlich ethischer Natur, denn sie
> basiert darin, daß wir das Menschliche
> verstehen und würdigen lernen.
> J. G. DROYSEN

Mehr als fast alle anderen Bände dieser Reihe erforderte der vorliegende einen entschiedenen „Mut zur Lücke". Das gilt in gleicher Weise für die Darstellung, für den Forschungsbericht und nicht zuletzt auch für den Quellen- und Literaturteil. Vermutlich jeder Kenner des Themas, jeder Spezialist der deutschen Geistes-, Bildungs- und Wissenschaftsgeschichte des 19. Jahrhunderts, der diesen Band zur Hand nimmt, wird wenigstens auf eine nach seiner Auffassung besonders gravierende und ärgerliche Lücke stoßen. Dafür habe ich meine Leser von vornherein um Verständnis zu bitten – aber dieses Risiko musste dennoch eingegangen werden, um ein solches Vorhaben überhaupt ausführen zu können. Wenn ein gewisser Schwerpunkt der Darstellung auf der Geschichte dessen, was im allgemeinen als Hochkultur bezeichnet wird, sowie auf der allgemeinen Entwicklung der Geisteswissenschaften im weitesten Sinne liegt, dann hängt dies nicht nur mit spezifischen Forschungsinteressen des Verfassers, sondern auch mit dem Charakter dieser Reihe zusammen, die nun einmal ein Sammelwerk der Geschichtswissenschaft ist.

Als besonders wertvoll und nützlich bei der Vorbereitung und der Erarbeitung dieses Bandes hat sich eine wissenschaftliche Einrichtung erwiesen, die hier ausdrücklich genannt werden soll: die in Berlin ansässige Bibliothek für Bildungsgeschichtliche Forschung. Deren vorzüglich erschlossene und außerordentlich reichhaltige Bestände zu allen Bereichen der Geschichte und Entwicklung des deutschen Bildungswesens seit dem frühen 19. Jahrhundert habe ich in stärkerem Maße nutzen können, als dies im Text sowie im Quellen- und Literaturverzeichnis zum Ausdruck gebracht werden konnte.

An dieser Stelle ist nicht zuletzt Dank abzustatten. Er gilt zuerst Lothar Gall, der die immer wieder durch berufliche Veränderungen des Autors unterbrochene Entstehung des Bandes mit nicht nachlassender Geduld und großem Verständnis begleitet hat und dessen Anregungen und Verbesserungsvorschläge der Endfassung des Bandes sehr zugute gekommen sind. Dank gilt ebenfalls Rudolf Vierhaus, einem meiner prägenden akademischen Lehrer; von dem ich – neben vielem anderem – lernen durfte, dass Bildungsgeschichte mehr ist als Disziplinhistorie und Gelehrtenbiographie. Ebenfalls dankbar bin ich Frau Gabriele Jaroschka vom Oldenbourg Verlag für die sorgfältige Lektorierung des Manuskripts.

Ein besonderer Dank gilt endlich dem viel zu früh verstorbenen Rainer A. Müller, einem außerordentlich freundlichen und ungewöhnlich hilfsbereiten älteren Kollegen, dem ich Förderung und Anregung vielfacher Art verdanke. Den kompetenten Rat Rainer A. Müllers, der einer der besten Kenner der neueren deutschen Universitäts- und Bildungsgeschichte gewesen ist, habe ich gerade bei der Konzeption und Niederschrift dieses Buches besonders schmerzlich vermisst. Nicht nur aus diesem Grund soll es seinem Andenken gewidmet sein.

Im Juni 2007   Hans-Christof Kraus

Dem Andenken an

RAINER A. MÜLLER
(1944–2004)

I. Enzyklopädischer Überblick

A. Kultur, geistiges Leben, Wissenschaft

1. Grundbedingungen geistigen Lebens

Die Beherrschung der zentralen Kulturtechniken steht am Anfang jeder kulturellen und geistigen Lebensäußerung, und gerade in diesem Bereich hat im Deutschland des 19. Jahrhunderts eine rapide Aufwärtsentwicklung stattgefunden. Der Grad der Alphabetisierung in dieser Zeit ist freilich nicht leicht zu ermitteln; nach groben (und vielleicht auch etwas optimistischen) Schätzungen geht man heute davon aus, dass um 1800 etwa 25% der erwachsenen Bevölkerung im deutschsprachigen Mitteleuropa lesekundig gewesen sind, um 1840 betrug die Zahl 40% und wiederum eine Generation später, um 1870 waren es 75%. Am Ende des Jahrhunderts erreichte man die Zahl von 90% Lesefähigen (wobei freilich, wie immer, mit starken regionalen Unterschieden zu rechnen ist). Man hat sogar von zwei deutschen „Leserevolutionen" (R. Engelsing) am Ende des 18. und am Ausgang des 19. Jahrhunderts gesprochen: Gelangte die erste von der nur repetierenden zur extensiven Lektüre, so etablierte die zweite das Lesen als ein alle Schichten übergreifendes Massenphänomen. Das Lesen wurde damit „zu einer kulturellen Tätigkeit wie andere auch – situativ, zweckgerichtet auf Bildung, Zerstreuung, Information, oder aber als individuelle Rückzugsbastion gegen die Forderungen der Außenwelt" (R. Wittmann).

<small>Alphabetisierung und Leseverhalten</small>

Diese Entwicklung ist allerdings undenkbar ohne vorausgegangene oder parallel sich vollziehende technische Neuerungen, die – neben der allgemeinen Verdichtung des Verkehrs und damit auch der Kommunikation – die Grundbedingungen für die großen kulturellen Veränderungen dieser Epoche schufen. Zur Mechanisierung und Automatisierung aller Bereiche der Drucktechnik gehört die Entstehung neuer Formen der Papierherstellung: die erste 1818 in Deutschland er-

<small>Technische Innovationen</small>

richtete Papiermühle konnte die bisherige Tagesproduktion verzehnfachen. Die seit den 1820er Jahren erfundenen und rasch weiterentwickelten Gieß- und Setzmaschinen revolutionierten die Drucktechnik ebenso wie die 1823 in Deutschland eingeführte Schnellpresse im Zylinderdruckverfahren. Neue verbesserte sowie vor allem sehr preiswerte Illustrationsverfahren (Flachdruck-Lithographie, Stahlstich usw.) ermöglichten eine reiche, qualitativ hochwertige Bebilderung von Zeitschriften und Büchern sowie erstmalig auch die weite Verbreitung von Illustrationen bedeutender Werke der bildenden Kunst. Und mit der Erfindung des Phonographen (1877) und des Grammophons (1887) trat gegen Ende des Jahrhunderts schließlich auch die Musik in das Zeitalter ihrer technischen Reproduzierbarkeit ein.

Kommunikationskontrolle; Zensur

Das 19. Jahrhundert war ein Jahrhundert der Zensur in ihren vielfältigsten Formen und Funktionen. Die bereits im 18. Jahrhundert in Deutschland weit verbreitete, wenn auch nur begrenzt wirksame Kommunikationskontrolle setzte sich im 19. Jahrhundert, besonders in den Rheinbundstaaten, nahezu bruchlos fort; perfektioniert wurde sie dann während der Restaurationszeit zwischen 1815 und 1848 durch die Organe des Deutschen Bundes. Die berüchtigte „Zwanzig-Bogen-Klausel" der Karlsbader Beschlüsse von 1819 nahm lediglich Bücher von mehr als 320 Druckseiten von der Zensur aus. Reichten die Mittel der Vorzensur nicht aus, griff man auch zu deutschlandweiten Verbotsmaßnahmen: Am bekanntesten wurden das Bundesverbot der Schriften der Autoren des „Jungen Deutschland" (Dezember 1835) sowie das Verbot der von A. Ruge herausgegebenen „Deutschen Jahrbücher für Wissenschaft und Kunst" (Mai 1845).

„Ideenschmuggel"

Trotz Abschaffung der Vorzensur existierte auch nach 1848 die staatliche Meinungskontrolle weiter fort, denn die Nachzensur ermöglichte die Beschlagnahme bereits gedruckter Periodika und Bücher und konnte in Einzelfällen sogar die Inhaftierung und Anklage wegen Hochverrats zur Folge haben (z. B. gegen den Historiker G. G. Gervinus 1853). Auch nach dem Erlass des Reichspressegesetzes von 1874, das manche Missbräuche beendete, waren Eingriffe in die Meinungs- und ebenfalls in die künstlerische Freiheit weiterhin möglich, wie gegen Ende des 19. Jahrhunderts noch die Dramatiker G. Hauptmann und F. Wedekind erfahren mussten. Ein besonderes Kennzeichen des Geisteslebens dieser Epoche war daher der „Ideenschmuggel" (K. Gutzkow) mittels einer sorgfältig formulierten Prosa, die rhetorisch geschickt eingesetzte Andeutungen enthielt und auf ein Publikum berechnet war, das zwischen den Zeilen zu lesen verstand.

Meinungslenkung, Propaganda

Nach dem Vorbild Napoleons, der bereits das breit gefächerte In-

1. Grundbedingungen geistigen Lebens

strumentarium einer aktiven Presse- und Meinungslenkung entwickelt und angewandt hatte, versuchte man nach 1815 vor allem in den deutschen Groß- und in einigen Mittelstaaten Einfluss auf die öffentliche Meinung in Deutschland zu gewinnen – im Allgemeinen mit eher mäßigem Erfolg. In der frühen, vor 1848 liegenden Phase wurden in Preußen unter Hardenberg und etwas später im Habsburgerreich unter Metternich die ersten, noch etwas plumpen Versuche einer Meinungssteuerung unternommen, während man in der zweiten Jahrhunderthälfte schon mittels wesentlich feinerer Instrumente – etwa durch staatlich inspirierte und besoldete Journalisten, „Preßbüros" und „Literarische Kabinette" – Einfluss auf die Gestaltung und inhaltlich-politische Ausrichtung der Presselandschaft zu nehmen versuchte. Auch hier standen jedoch bald die hohen Kosten solcher Unternehmungen in keinem Verhältnis zum eher bescheidenen Erfolg. Lediglich Bismarck konnte wenigstens zeitweilig auf diesem Gebiet etwas erfolgreicher agieren, durch systematische Förderung und Beeinflussung bestimmter Blätter und einzelner Publizisten.

Während des gesamten Jahrhunderts erlebten die Druckmedien einen bis dahin ungekannten Aufschwung; sie wurden damit zum wichtigsten Organ der öffentlichen Meinungsbildung. Seit dem Beginn des Jahrhunderts entwickelten sich einige Blätter zu einflussreichen überregionalen Tageszeitungen in Deutschland, allen voran die „Augsburger Allgemeine Zeitung", jahrzehntelang das führende Presseorgan in Deutschland, sodann die „Kölnische Zeitung" sowie die „Spenersche Zeitung" und die „Vossische Zeitung" (beide in Berlin); später entstanden u. a. die „Norddeutsche Allgemeine Zeitung", die „Frankfurter Zeitung" und die Wiener „Neue Freie Presse". Die großen Publikumszeitschriften kann man grob in literarisch-kulturelle sowie in politische und konfessionelle Blätter unterteilen. Das erfolg- und einflussreiche „Morgenblatt für gebildete Stände" des Stuttgarter Verlegers Cotta wirkte im Vormärz stilbildend und regte manche Nachahmer unter den „belletristischen Journalen" der Epoche an. Nach 1850 dominierten im Allgemeinen die auf ein breiteres Publikum ausgerichteten Familienblätter wie „Daheim", „Die Gartenlaube" und „Über Land und Meer".

Einer besonders strikten Zensur ausgesetzt sahen sich natürlich die politischen Journale, und hier traf es die politisch rechts orientierten (etwa das streng konservative „Berliner politische Wochenblatt") ebenso wie die weit links stehenden Organe (etwa die „Hallischen" bzw. „Deutschen Jahrbücher"). Meinungsbildend wirkten nach 1848 ebenfalls die großen politisch-konfessionellen Zeitschriften, wie etwa die „Historisch-politischen Blätter für das katholische Deutschland"

Presselandschaft

und die national-liberalen „Preußischen Jahrbücher". Die „Bilderbögen" und ebenfalls die sehr beliebten, weit verbreiteten illustrierten Zeitungen und politischen Witzblätter (allen voran der Berliner „Kladderadatsch" und die Münchener „Fliegenden Blätter") prägten ebenfalls die deutsche Presselandschaft der zweiten Jahrhunderthälfte.

Buchhandel und Verlagswesen

Mit einer kurzen Unterbrechung während der Besatzungs- und Kriegsjahre 1806–1815 erlebte der deutsche Buchhandel während des gesamten 19. Jahrhunderts einen kaum unterbrochenen Aufstieg. Wenngleich die Zahl der jährlichen Neuerscheinungen in der Mitte des Jahrhunderts zeitweilig stagnierte, stieg doch die Zahl der Sortimentsbuchhandlungen konstant an, und ein nicht geringer Teil der Buch- und Broschürenproduktion, die für die breite Masse der Leserschaft bestimmt war (die „Kolportage"), wurde über Hausierer („Kolporteure") vertrieben. Im Jahr 1840 gab es im deutschen Verlags- und Buchzentrum Leipzig 113 Buchhandlungen (zum Vergleich: Berlin 108, Wien 52, Frankfurt a.M. 35, Stuttgart 30, Nürnberg 26, Dresden 25, Hamburg und München je 22, Breslau und Prag je 20). Als Kassenmagneten erwiesen sich die ersten umfassenden „Conversationslexika", deren früher Protagonist, F. A. Brockhaus, bald nachgeahmt wurde (Meyer, Pierer), sowie sehr preiswerte Klassikerausgaben (die „Groschenbibliotheken"). Schon um und nach 1815 entstanden eine Reihe von großen Verlagshäusern, die bald den Buchmarkt zu dominieren begannen, darunter Cotta (Stuttgart), Reimer (Berlin), Perthes (Gotha), Brockhaus (Leipzig), Campe (Hamburg); konfessionell orientiert waren der katholische Verlag Herder (Freiburg i. Br.) und dessen evangelisches Pendant Bertelsmann (Gütersloh). Verleger und Buchhändler begannen sich bereits früh im 1825 in Leipzig gegründeten „Börsenverein der deutschen Buchhändler" zu organisieren.

Urheberrecht, Schriftstellerberuf

Nach mehreren Anläufen gelang es den deutschen Verlegern in der zweiten Hälfte des 19. Jahrhunderts, der großen Probleme des Nachdrucks, des Urheberrechts und des Preisverfalls Herr zu werden: Das „Klassikerjahr" 1867 ermöglichte den Nachdruck der Texte aller vor mehr als dreißig Jahren verstorbenen Autoren, was zur raschen Verbreitung preiswerter Klassiker-Ausgaben (vor allem in den Verlagen von Cotta und Hempel) führte. Nur wenige Zeit später wurde 1871 ein „Gesetz betr. das Urheberrecht an Schriftwerken, Abbildungen, musikalischen Kompositionen und dramatischen Werken" erlassen, das erstmals einen wirksamen Urheberschutz ermöglichte. Eine für den gesamten deutschsprachigen Bereich (Deutsches Reich, Österreich, deutsche Schweiz) geltende Buchpreisbindung konnte der Börsenverein 1887 durchsetzen.

Der Beruf des freien Schriftstellers, der im Vormärz noch durch politische Einschränkungen sowie durch materielle Bedrängnisse gekennzeichnet war, begann sich nach 1850 langsam zu verändern, wenn auch die politische Überwachung verdächtiger Autoren (etwa durch den „Deutschen Polizeiverein" bis 1866) noch eine Zeitlang andauerte. Das Urheberrecht, etwas später auch die Preisbindung sowie die Mehrfachverwertung der produzierten Texte (im Vorabdruck und in der Buchveröffentlichung) ermöglichten vielen, freilich keineswegs allen Autoren eine auskömmliche Existenz, die für die meisten (etwa Th. Fontane, W. Raabe) von konstantem Arbeitszwang begleitet war. An die Honorare der Spitzenverdiener unter den angesehenen Autoren dieser Zeit (etwa G. Freytag, F. Reuter) reichten nur wenige heran. Erwähnt sei ebenfalls, dass um 1870 die ersten literarischen Agenturen ihre Arbeit aufnahmen.

Schon im späten 18. Jahrhundert hatten sich wenig finanzkräftige Leser, die an preiswertem Lesestoff interessiert waren, zu „Lesegesellschaften" zusammengeschlossen, und ihrem Vorbild folgend entstanden in der ersten Hälfte des 19. Jahrhunderts zuerst private, bald aber auch öffentliche, d. h. staatlich und kirchlich organisierte „Lesevereine", um den lesewilligen Schichten die Möglichkeit kostenloser Lektüre zu verschaffen. Neben konfessionell gebundenen (etwa dem 1845 gegründeten katholischen „Borromäus-Verein") entstanden auch überkonfessionelle, vom Bildungsbürgertum geprägte Volksschriftenvereine, später auch eindeutig politisch ausgerichtete Einrichtungen wie etwa die Arbeiterbildungsvereine. Großen Erfolg hatten das ganze Jahrhundert über – bis zum beginnenden Niedergang kurz vor 1900 – die meist privaten Leihbibliotheken, deren Bestand freilich aus kommerziellen Motiven ganz auf den breiten Publikumsgeschmack ausgerichtet war; hier dominierte also die Unterhaltungsliteratur im weitesten Sinne. Allein in Preußen gab es 1846 insgesamt 656 Leihbibliotheken. Erst die starke Verbilligung der Buchproduktion und die Ausbreitung der Buchvorabdrucke in Zeitungen und Familienblättern leiteten den Niedergang der Leihbibliotheken ein.

Lesevereine, Leihbibliotheken

2. Literatur, bildende Kunst, Musik

Der Bereich der ästhetischen Kultur stellt keinen autonomen Bezirk innerhalb der allgemeinen Geschichte dar, sondern erweist sich als engstens verbunden mit den politischen und sozialen Entwicklungen einer

Epoche. So gehören etwa zu den wesentlichen Entstehungsbedingungen der deutschen Klassik und Romantik die Jahre der „norddeutschen Friedenszeit" zwischen dem Basler Frieden (1795) und den kriegerischen Ereignissen der Jahre 1805/06, so sind Biedermeier und Junges Deutschland undenkbar ohne die Erfahrungen der politischen Restauration nach 1815, Realismus und Naturalismus wiederum wurden geprägt durch die politischen und sozialen Entwicklungen der Zeit nach 1848/49 bzw. der sozial-ökonomischen Folgeproblematik der Reichsgründung von 1871. Ähnliches gilt auch für die bildende Kunst und die Musik. Der kulturhistorische Blick auf das 19. Jahrhundert hat sich diese Zusammenhänge daher stets präsent zu halten.

Klassik Ausgehend von J. J. Winckelmanns Neuentdeckung und Neubewertung der Kunst des klassischen Altertums hat sich die deutsche Klassik um 1800 dem antiken, d. h. in der Regel dem altgriechischen Vorbild angeschlossen, ist jedoch bald schon weit darüber hinausgegangen. Sich gegen die phantasielose Plattheit der Spätaufklärung und ebenso gegen den regellosen „Geniekult" der Sturm- und Drang-Zeit wendend, orientierten sich J. W. Goethe und F. Schiller an einer Welt vorgegebener (zuerst ästhetischer) Normen: Ordnung, Regel, Form, Gesetz waren die leitenden Prinzipien, denen man folgte, Bändigung der Gemütskräfte, Ausgleich der Gegensätze in Kunst und Wissenschaft, innere und äußere Harmonie des Menschen die Ziele, die angestrebt wurden. Die Bildung der Persönlichkeit zur „Humanität", beispielhaft dargestellt in Goethes „Wilhelm Meister", aber auch der tragische Konflikt zwischen Norm und Individuum („Tasso", „Iphigenie"), bestimmten die Themen ihrer Dichtungen, die sich besonders auch dem Gebiet des Historischen zuwandten, vor allem in Schillers großen Geschichtsdramen („Don Carlos", „Maria Stuart", „Wallenstein"). Zentrum der klassischen Bewegung war Weimar, die Wirkungsstätte nicht nur von Goethe und Schiller, sondern ebenfalls von C. M. Wieland und J. G. Herder.

Romantik In manchem der Klassik verwandt, in vielen einzelnen Aspekten jedoch konträr zu ihr hat sich die romantische Bewegung in Deutschland entwickelt, die seit den frühromantischen Anfängen gegen Ende des 18. Jahrhunderts, begründet durch Geister wie die Brüder F. und A. W. Schlegel und Novalis (F. von Hardenberg), fortgesetzt durch L. Tieck, A. von Arnim, C. Brentano, in mancher Hinsicht weiterentwickelt und variiert durch E. T. A. Hoffmann und J. von Eichendorff, größten Einfluss auf das deutsche Geistesleben (bis hin zur Philosophie, Geschichtsschreibung und Naturwissenschaft, aber auch zur bildenden Kunst und Musik) ausgeübt hat. Den stark aufklärungskriti-

2. Literatur, bildende Kunst, Musik

schen Romantikern ging es um eine umfassende Rehabilitierung des Irrationalen, des Subjektiven, des Gefühls und der Emotionen. Das kunstvoll gestaltete „Fragment" war ihre erste eigene Kunstform, die „unendliche Reflexion" ihre philosophische Manifestation. Nicht nur das Todeserlebnis führte die Romantiker – große Leitfiguren waren hier F. D. Schleiermacher und J. Görres – zurück zur Religion (es gab eine ansehnliche Konversionsbewegung zum Katholizismus) und zur Vergangenheit, zur Wiederentdeckung des Mittelalters, zur Rehabilitierung von Volkslied und Volksmärchen. Die literatur- und geistesgeschichtliche Bewegung zwischen Spätaufklärung und Spätromantik ist – einschließlich einzelner nicht zuordbarer, bedeutender Außenseiter wie J. Paul und H. von Kleist – trotz aller inneren Gegensätze stets als Einheit betrachtet und aufgefasst worden, wenngleich unter verschiedenen Bezeichnungen: von der „Goethezeit" über die „Deutsche Bewegung" bis hin zur „Kunstperiode".

Die Vertreter der nach den Umbrüchen der Zeit um 1815 einsetzenden Strömung des Biedermeier waren bestrebt, sich von den Einseitigkeiten sowohl der Klassik als auch der Romantik abzusetzen und einen eigenen ästhetischen Weg zu finden. Das Feld des Politischen wurde im Allgemeinen gemieden, allenfalls, etwa im historischen Drama F. Grillparzers, geschichtlich verfremdet thematisiert. Das Leiden an der Welt führt zum Rückzug in die Innerlichkeit, die in den Dichtungen beispielsweise A. von Droste-Hülshoffs und E. Mörikes ein dominierendes Element ist; das Bewusstsein, einer Generation von „Epigonen" (K. Immermann) anzugehören, förderte die Bereitschaft, sich einem Kult der Entsagung hinzugeben, um in der Stille eines selbstgewählten Abseits dem „sanften Gesetz" der Natur (A. Stifter) zu folgen. Die thematische Spannbreite reichte von der tragischen Vergegenwärtigung des verfehlten Lebens, etwa in Grillparzers „Der arme Spielmann", bis hin zu einer gedämpften „Heiterkeit auf dem Grunde der Schwermut" (P. Kluckhohn).

Biedermeier

In klarer Distanz zum gleichzeitigen Biedermeier und zu den Ausläufern der Spätromantik stand die seit den frühen 1830er Jahren sich immer deutlicher zu Wort meldende politische Oppositionsdichtung, die besonders mit den Namen von H. Heine, L. Börne, G. Büchner, F. Freiligrath und G. Herwegh verbunden ist. In ihren größeren Zusammenhang gehört auch die literarisch-publizistische Bewegung des „Jungen Deutschlands", also Autoren wie K. Gutzkow, H. Laube, T. Mundt und L. Wienbarg, denen es an Gegnern nicht fehlte (erwähnt sei der einflussreiche Kritiker W. Menzel) und die in besonderem Maße der staatlichen Repression ausgesetzt waren. Neben die im engeren Sinne

Oppositionsdichtung, „Junges Deutschland"

politische „Emanzipation", die sich in scharfer Kritik – etwa des nach Paris emigrierten Heine – an den zeitgenössischen deutschen Zuständen äußerte, traten als weitere Ziele die Befreiung von religiösen Glaubensinhalten und moralisch-sittlichen Vorschriften („Emanzipation des Fleisches"). Auch mit ihrer Form der poetischen Vergegenwärtigung der jüngeren Vergangenheit (Büchner: „Dantons Tod") gehörte die Bewegung zur unmittelbaren Vorgeschichte der Revolution von 1848/49.

Realismus Die Erfahrung der in ihren zentralen Zielen fehlgeschlagenen Revolution bestimmte wiederum das Bewußtsein derjenigen Autoren, die als poetische „Realisten" in die deutsche Literaturgeschichte eingegangen sind. Die Ideen und Hoffnungen des Jungen Deutschland erschienen jetzt als ebenso wirklichkeitsfremd wie die Schwermut und die gesellschaftliche Rückzugsposition des Biedermeier: Hinwendung zur „Normalität", zur „Realität", zur modernen Arbeitswelt (eine Forderung G. Freytags) wurden das Gebot der Stunde; die Dichtung des Realismus thematisierte ausführlich „die Gefährdung des humanen Lebens durch die Modernität, durch Kapitalismus, Entfremdung, Destabilisierung wie durch Erstarrung in der Tradition" (Th. Nipperdey). Neben einigen der großen Erfolgsautoren der Zeit (G. Freytag, F. Reuter, später P. Heyse, F. Spielhagen) prägten vor allem Th. Storm, W. Raabe, G. Keller und Th. Fontane die Literatur des poetischen Realismus; die Höhe des in Frankreich, England und Russland gepflegten großen Zeit- und Gesellschaftsromans erreichte in Deutschland freilich nur Fontane gegen Ende des Jahrhunderts. Auch die historische Dichtung erlebte, z. T. befördert und angeregt durch die Zeitereignisse der Jahre vor und um 1871, in den Werken etwa von W. Hauff, W. Alexis, F. Dahn, F. Hebbel, C. F. Meyer und G. Freytag, eine neue Blütezeit.

Naturalismus und Symbolismus In mancher Hinsicht eine Übersteigerung des Realismus stellte der Naturalismus dar, der unter dem Einfluss neuester naturwissenschaftlicher Theorien, besonders des Darwinismus, die konkrete soziale Wirklichkeit mit größter Präzision zu erfassen versuchte. Milieugebundenheit und Abhängigkeit von gegebenen Erbanlagen wurden ebenso thematisiert wie Armut, Elend, gesellschaftlich Missstände – damit einher ging freilich auch eine kaum verhüllte Infragestellung gegebener politisch-sozialer Verhältnisse. Neben den Brüdern J. und H. Hart, K. Bleibtreu, A. Holz und J. Schlaf dominierten besonders die sozialen Novellen und Dramen G. Hauptmanns („Bahnwärter Thiel", „Vor Sonnenaufgang", „Die Weber") den deutschen Naturalismus, gegen den sich indes schon sehr früh literarisch-künstlerische Gegenströmungen zu artikulieren begannen. Eine spezifische Spätzeiterfahrung führte zu einem Kult der „Dekadenz", aber auch zu einem neuen Form-

2. Literatur, bildende Kunst, Musik

willen, der zeitweilig in Ästhetizismus, Symbolismus und Narzissmus kulminierte, sich aber ebenfalls in einer spezifischen „Neuromantik" manifestierte: die führenden Exponenten jener Strömungen sind H. von Hofmannsthal und St. George, in anderer Hinsicht auch C. Hauptmann, R. Dehmel, F. Wedekind, R. Huch und wiederum G. Hauptmann.

In partieller Analogie zur literatur- und geistesgeschichtlichen Entwicklung vollzog sich der epochale Stilwandel innerhalb der Malerei, der um 1800 mit einem künstlerischen Historismus, einer Orientierung an älteren Vorbildern (Mittelalter, Renaissance) begann und sich unter romantischen Einflüssen auf doppelte Weise weiter entfaltete: zum einen, bei den „Nazarenern", als Erneuerung einer streng religiösen Kunst, die sich an einem (freilich nur imaginierten) Mittelalter orientierte, zum anderen aber als symbolbeladene, gleichwohl höchst ausdrucksvolle Landschaftsmalerei, verkörpert etwa durch die Arbeiten von P. O. Runge und C. D. Friedrich. Das Lebens- und Zeitgefühl des Biedermeier wiederum wurde aufgenommen durch eine – in diesem Fall wohl spezifisch deutsche – Genre- und Landschaftsdarstellung, die in den Werken von L. Richter, M. von Schwind und vor allem C. Spitzweg ihren Höhepunkt fand. Seit der Jahrhundertmitte folgten ein neuer, bereits die rasante technische Entwicklung wahrnehmender Realismus, so etwa bei A. Menzel („Eisenwalzwerk"), C. Blechen und F. Krüger, sodann aber ebenfalls eine monumentalistische Historienmalerei (H. Makart, C. von Piloty, Anton von Werner, A. Kampf), die zeitweilig große öffentliche Popularität erlangte und die – gleichfalls wie eine einflussreiche Porträtmalerei (W. von Kaulbach, F. von Lenbach) – es darauf absah, „zu imponieren und Macht zu gewinnen" (H. Börsch-Supan). Außerhalb dieser Schulen und Richtungen im engeren Sinne standen Vertreter eines ebenfalls monumental auftretenden Ästhetizismus und Symbolismus, zu denen, trotz diverser Unterschiede im einzelnen, H. von Marées, A. Feuerbach und A. Böcklin gezählt werden können. Gegen Ende des Jahrhunderts setzten sich zuerst naturalistische Einflüsse, schließlich der beginnende Impressionismus (L. Corinth, M. Liebermann) sowie die stark ornamentale Formensprache des Jugendstils durch.

Im Gegensatz zur „romantischen" Malerei dominierte der Klassizismus die deutsche Baukunst des frühen 19. Jahrhunderts, der seinen ersten Höhepunkt in Berlin mit den großen Entwürfen und Bauten von F. Gilly, C. G. Langhans („Brandenburger Tor") und besonders F. Schinkel („Schauspielhaus", „Altes Museum") erreichte; etwas später setzten in München L. von Klenze („Glyptothek") und F. von Gärtner (Bauten an der Ludwigstraße) diese Richtung, freilich schon an den

Malerei

Architektur

Historismus streifend, weiter fort. Spätromantische Einflüsse wiederum sind in den zahlreichen Kirchenbauten der Neogotik (seit Schinkels „Friedrichwerderscher Kirche" in Berlin) sowie in den neoromanischen Bauten der Ära unter Friedrich Wilhelm IV. von Preußen erkennbar. Indessen setzte sich seit der Jahrhundertmitte ein zuerst als Neorenaissance erscheinender, bald jedoch schon stark eklektizistisch vorgehender Historismus in der Baukunst durch, dessen erste Höhepunkte die Dresdner Bauten G. Sempers („Galerie der alten Meister", „Oper") darstellten und als dessen Spätfrucht sich gegen Ende des Jahrhunderts das Berliner Reichstagsgebäude von P. Wallot präsentierte, kurz bevor es im architektonischen Jugendstil auch innerhalb der Baukunst zu einer scharfen Gegenreaktion gegen jede Spielart des Historismus kam.

Romantik in der Musik
Der mit dem Spätwerk Beethovens in den ersten beiden Jahrzehnten des Jahrhunderts endenden „Wiener Klassik" folgte die lange (viel länger als in Literatur und bildender Kunst) andauernde musikalische Romantik, die ihren ersten Höhepunkt im deutschen Kunstlied F. Schuberts erreichte, der damit eine Gattung begründete, die das Jahrhundert überleben sollte; zu seinen wichtigsten Nachfolgern zählen u.a. R. Schumann, J. Brahms, H. Wolf. Ihm folgte die romantische Oper, begründet durch C. M. von Weber („Der Freischütz"), fortgesetzt durch L. Spohr und schließlich abgelöst durch die großen, Dichtung und Musik vereinenden Musikdramen R. Wagners („Der Ring des Nibelungen", „Tristan und Isolde", „Die Meistersinger von Nürnberg"), dessen Kunst die zweite Jahrhunderthälfte beherrschte. Kammermusik und sinfonische Musik entwickelten sich differenzierter, sei es in Anknüpfung an Traditionen des 18. Jahrhunderts (Neuentdeckung J. S. Bachs) oder auch in Anlehnung an klassische Vorbilder, so bei F. Mendelssohn-Bartholdy, R. Schumann, J. Brahms, während F. Liszt und vor allem A. Bruckner den überragenden Eindruck Wagners nicht verleugneten. Der Wiener Walzer (J. Strauß) und die Wiener Operette begründeten in dieser Zeit schließlich eine neuartige – breiteste Schichten ansprechende – Unterhaltungsmusik.

Verfall der musikalischen Spätromantik
Der vor dem Jahrhundertausgang noch stark dominierende Einfluss Wagners und seiner von ihm 1876 begründeten Bayreuther Festspiele führte zu einer Krise der Oper, die auch der junge, zuerst noch stark von Wagner abhängige R. Strauss („Guntram") erst nach der Jahrhundertwende durch Rückkehr zur kleinen Form beenden konnte. Dagegen erlebte die sinfonische Musik einen neuen Aufschwung, zuerst durch die „Programm-Musik" der „sinfonischen Dichtungen" von R. Strauss, sodann vor allem durch die großen Sinfonien des Brucknerschülers G. Mahler und von M. Reger – sie alle bereits beeinflusst

durch den aus Frankreich kommenden musikalischen Impressionismus und damit Exponenten einer auf das 20. Jahrhundert vorausweisenden „neuartigen revolutionären Tonsprache, einer Sprache des reinen beziehungslosen Klangs, der durch immer neue Farbwerte stimmungshafte Reizwirkungen auslöst unter Auflösung jeder gestalthaften Kontur" (R. Malsch).

3. Weltanschauung, Philosophie, Denkströmungen

Weltanschauungen, philosophische Ideenwelten und Denkströmungen liefern jeder Epoche Deutungsangebote und Ordnungsschemata für die Erfassung, Verarbeitung, und weitere Ausgestaltung geistiger Wirklichkeit, und ihnen kommt daher zugleich als Voraussetzung wie auch als Grundelement aller geistigen und kulturellen Betätigung eine eminente Bedeutung zu.

Das gesamte deutsche philosophische Denken des 19. Jahrhunderts stand unter dem prägenden Eindruck des 1804 verstorbenen I. Kant; vor allem seine Erkenntniskritik und Ethik sowie seine kritische Religionsphilosophie fanden zugleich Anhänger wie Gegner. Dem mathematisch-naturwissenschaftlich geprägten Wissenschaftsideal Kants setzte sein Schüler und späterer Kritiker J. G. Herder die Autonomie einer neuen Wissenschaft von Sprache, Kultur und Geschichte entgegen, dem radikalen Anspruch der Pflichtethik des Kategorischen Imperativs sowie dem Postulat einer Einhegung des Religiösen „innerhalb der Grenzen der bloßen Vernunft" widersprachen um 1800 bereits F. D. Schleiermacher und F. H. Jacobi. Auch J. G. Fichte, der seinen Weg im Königsberger Umkreis Kants begann, schritt mit seiner Philosophie des subjektiven Idealismus, die im Selbstbewusstsein des „Ich" die Grundlage aller philosophischen und wissenschaftlichen Erkenntnis namhaft machte, weit über Kant hinaus. Und er tat dies ebenfalls mit aufsehenerregenden politischen Äußerungen zu den Grundproblemen der Gegenwart („Der geschlossne Handelsstaat", 1800; „Reden an die deutsche Nation", 1808).

Idealismus: Von Kant zu Fichte

F. W. J. Schelling machte schon gegen Ende des 18. Jahrhunderts als frühreifer Geist und Angehöriger des Jenaer frühromantischen Kreises zuerst durch seine romantische Naturphilosophie von sich reden, bevor er sich stark spekulativen, bald auch geschichtsphilosophischen Reflexionen (Philosophie der „Weltalter") hingab und, in seiner Spätphase, sich einer religiös grundierten Philosophie der Mythologie und

Idealismus: Hegel und Schelling

der Offenbarung zuwandte. Im Werk von G. W. F. Hegel erreichte der Deutsche Idealismus seinen Gipfelpunkt; im Gegensatz zu Kant, Fichte und Schelling wirkte Hegel, besonders auf seinem letzten Lehrstuhl in Berlin (1818–1831), in starkem Maße schulbildend. Seine dialektische Denkmethode vergegenwärtigte den Weg des „Geistes" in der Geschichte und im Denken der Menschen vom Unbewussten bis zum absoluten Wissen. Dabei gelangte er zu einer umfassenden Systembildung mit universalem, alle Teilgebiete menschlichen Denkens und Wirkens einbeziehendem Anspruch („Wissenschaft der Logik", 1812). Mit seinem politischen Denken („Grundlinien der Philosophie des Rechts", 1821), das modern-revolutionäre und restaurative Elemente in seltsamer Mischung enthält, beeinflusste er stark die Herausbildung der politischen Strömungen im Deutschland des Vormärz.

Neuhumanismus und deutsche „Bildungsreligion"

Die bereits kurz vor der Wende zum 19. Jahrhundert von Herder und Schiller eingehend thematisierte Idee einer Bildung des Menschen zur Humanität entwickelte sich – nicht zuletzt unter dem Eindruck einer weit verbreiteten Griechenbegeisterung (F. Schlegel, W. von Humboldt, F. Hölderlin) – zu einer spezifisch deutschen „Bildungsreligion" (Th. Nipperdey), indem eben jener klassische, am Vorbild der Antike orientierte Bildungsweg zur „Bildung schlechthin" erklärt wurde. In ausdrücklicher Abgrenzung zum Nützlichkeitsdenken der Aufklärung und einer auf unmittelbare Verwert- und Anwendbarkeit zielenden pädagogischen Idee postulierten die Stichwortgeber des neuhumanistischen Bildungsgedankens, zu denen neben Humboldt vor allem die Philologen und Schulmänner F. A. Wolff, G. Hermann, F. Thiersch und I. Niethammer zählten, eine Ausbildung, die das intensive Studium des klassischen, speziell des griechischen Altertums in den Mittelpunkt aller höheren Bildung rückte; sie alle hegten die feste Überzeugung, „daß die Erkenntnis des Menschen, welche man doch als die Summe und den Inbegriff einer menschlichen Philosophie ansehen kann, wesentlich aus dem Studium der griechischen Welt gewonnen werden müsse" (F. Paulsen). Die von Humboldt, Wolff und anderen propagierte Idee vom absoluten Wert der klassischen Studien enthielt freilich ebenfalls eine säkularisierende (die christliche Tradition relativierende) Tendenz und barg zugleich eine gewisse politische Brisanz, indem die Neuhumanisten „mit ihrem Glauben an die alten Griechen eine ideale Gegenwelt zur Wirklichkeit […] propagierten" (M. Fuhrmann).

Historismus

In zeitlicher Nähe, aber in mancher inhaltlicher Distanz zum Neuhumanismus wurden in den ersten Jahrzehnten nach 1800 die geistigen Grundlagen des Historismus gelegt, dessen Anfänge im besonderen mit den Namen von B. G. Niebuhr und L. Ranke verbunden sind. Seine

3. Weltanschauung, Philosophie, Denkströmungen

zentralen Ideen bestehen in der Ablehnung des Fortschrittsgedankens und in der Überzeugung, dass jede einzelne Epoche ihren Wert in sich trägt, also „unmittelbar zu Gott" (L. Ranke) ist und daher auch jedes einzelne geschichtliche Phänomen nur aus sich selbst heraus, im unmittelbaren Zusammenhang seiner eigenen Entstehungs- und Existenzbedingungen, zu deuten und zu verstehen ist. Die für die Entwicklung des allgemeinen Denkens und der Wissenschaften im 19. Jahrhundert außerordentlich folgenreiche „Revolution des Historismus" (Th. Nipperdey) hat sich in dreierlei Formen vollzogen: 1. als neue Methode, die Vergangenheit zu erkennen, 2. als eine zunehmende allgemeine Hinwendung zur Vergangenheit überhaupt und 3. als Begründung neuer Wertungen und Normen.

Trotz aller Anstrengungen, mit der sich herausragende Theologen um eine geistige Neufundierung des Glaubens bemühten (F. D. Schleiermacher im Protestantismus, J. A. Möhler im Katholizismus), gehört eine stark religionskritische, das Christentum abwertende Grundtendenz zu den Kennzeichen der deutschen Geistesgeschichte nach 1815. Vor allem die Spaltung der Schule Hegels – deren rechter Flügel (C. F. Göschel) den Glauben noch mit hegelschen Ideen und Argumenten verteidigte – wurde zum Ausgangspunkt der religionskritischen Strömung: D. F. Strauß („Das Leben Jesu", 1835) erklärte die Heilsgeschichte des Neuen Testaments und die dort dargestellte Figur Jesu Christi zum Mythos, während L. Feuerbach („Das Wesen des Christentums", 1841) und B. Bauer („Das entdeckte Christentum", 1841) die Religionskritik der linken Hegelschule noch weiter radikalisierten, sei es im Sinne eines bald materialistische Züge annehmenden Sensualismus, sei es schließlich, so bei M. Stirner („Der Einzige und sein Eigentum", 1845), in der Form eines radikal-individualistischen und konsequent atheistischen Anarchismus.

Religionskritik

Dem seit den frühen 1830er Jahren einsetzenden Niedergang der romantischen, stark spekulativ-metaphysischen Naturphilosophie (Schelling und seine Schule, L. Oken, C. G. Carus) korrespondierte der Aufstieg einer konsequenten Gegenrichtung, die an den Naturalismus der französischen Materialisten der Spätaufklärung anknüpfte. Zwei Richtungen zeichneten sich bald ab: zuerst ein naturwissenschaftlicher Vulgärmaterialismus, bezeichnet etwa durch die Namen J. Moleschott, L. Büchner und C. Vogt, in dessen Gefolge sich gegen Ende des Jahrhunderts eine neue naturwissenschaftlich orientierte Philosophie, der „reine Empirismus" etwa eines E. Mach und E. Avenarius, entwickelte, – zum anderen, aus der linken Hegelschule kommend und ebenfalls angeregt und beeinflusst durch Feuerbach, die Begründer des konsequent

Naturalismus und Materialismus

materialistischen „wissenschaftlichen Sozialismus", K. Marx und F. Engels, die ihr System bald zu einem umfassenden Erklärungsmodell der geschichtlichen und natürlichen Entwicklung (in der Form des historischen und des dialektischen Materialismus) weiter entwickelten. Gemeinsam war allen Richtungen freilich die Überzeugung, dass die gesamte wahrnehmbare Welt in letzter Konsequenz nur auf mechanische und physiologische Gegebenheiten zurückzuführen ist.

<small>Pessimismus und Voluntarismus</small>

Wiederum in scharfer Abgrenzung vom deutschen Idealismus und jeder Form des philosophischen Optimismus entwickelte A. Schopenhauer – zeitweilig in bewusster Konkurrenz und Nähe zu Hegel – seine Idee einer pessimistischen Willensmetaphysik („Die Welt als Wille und Vorstellung", 1818), die ihre weitreichende, auch auf Dichtung und Musik sich erstreckende Wirkung freilich erst nach 1848 zu entfalten vermochte; in gemäßigter, weniger radikaler Form fortgesetzt wurde diese Richtung durch E. von Hartmann („Philosophie des Unbewußten", 1868), der sich zeitweilig um eine Synthese Schopenhauers und Hegels bemühte. Das schopenhauersche Postulat eines blinden und ziellosen „Willens" als des eigentlichen und alle Entwicklung treibenden Urgrunds der Welt führte im späteren 19. Jahrhundert ebenfalls zu einer verstärkten Hinwendung einiger Richtungen des Denkens zu psychologischen Phänomenen und Problemen, sei es in spekulativer Form (G. T. Fechner), sei es in einer modern-wissenschaftlichen, sich bald auch bereits empirischen Methoden annähernden Weise (W. Wundt, C. Stumpf).

<small>Neukantianismus</small>

Während sich ein eigentlicher Neuhegelianismus eher in Frankreich und England als in Deutschland herausbildete, wo sich die Ausläufer der alten Hegelschule nur noch in Berlin (C. L. Michelet, A. Lasson) halten konnten, war die kantische Tradition (etwa durch J. F. Fries und J. F. Herbart) stets als Seitenlinie der zeitgenössischen akademischen Philosophie bewahrt und weitergeführt worden. Von F. A. Lange („Geschichte des Materialismus", 1866) ausgehend, wurde der Ruf „Zurück zu Kant!" zur Parole einer bis weit ins 20. Jahrhundert hinein einflussreichen philosophischen Richtung, des Neukantianismus, der sich schon im späten 19. Jahrhundert in zwei „Schulen" aufspaltete, die Marburger Richtung (H. Cohen, P. Natorp) und die südwestdeutsche Richtung (W. Windelband, H. Rickert); beide haben sich um die Neurezeption, eine neue Interpretation und die kritische Fortentwicklung der Philosophie Kants verdient gemacht, – und nicht zuletzt ebenfalls um eine philosophische Neufundierung der Natur- wie der Geisteswissenschaften als „nomothetische" und „idiographische" Wissenschaften (Windelband).

3. Weltanschauung, Philosophie, Denkströmungen

Über deutlich geringeren Einfluss verfügen einzelne Denker, die sich um und nach 1850 um eine Neurezeption des Aristoteles bemühen (A. Trendelenburg, F. Brentano); ein Außenseiter in seiner Zunft und seiner Zeit bleibt G. Frege, einer der erst später in seiner Bedeutung erkannten Begründer der modernen mathematischen Logik. In der Folge des sich ausbreitenden Historismus, aber auch im Zuge der Fernwirkungen des Hegelianismus, erlebte schließlich die akademische Philosophiegeschichtsschreibung in Deutschland einen bedeutenden Aufschwung; hier sind besonders zu nennen J. E. Erdmann mit seiner schon in den 1830er Jahren begonnenen mehrbändigen Gesamtdarstellung der neueren Philosophiegeschichte, E. Zeller mit seiner umfassenden „Philosophie der Griechen" (zuerst 1844–52) und nicht zuletzt K. Fischer mit seiner achtbändigen „Geschichte der neueren Philosophie" in Einzelmonographien der großen Denker (1852–93).

Neuaristotelismus; Logik; Philosophiegeschichte

Zu Lebzeiten ein Außenseiter, brachte es F. Nietzsche („Menschliches, Allzumenschliches", 1878, „Also sprach Zarathustra", 1884, „Jenseits von Gut und Böse", 1886) bis zum entscheidenden, sicher einflussreichsten Philosophen seiner Generation. Man hat ihn wohl zu Recht als den „redlichen Denker in der nihilistischen Situation" (E. von Aster) bezeichnet, die ihn zu einer konsequenten Kritik an allen Formen des Idealismus und Historismus im Zeichen des „Lebens" und ebenfalls zu einer radikalen Religionskritik geführt hat; der von ihm wahrgenommenen europäischen Dekadenz seiner Zeit setzt er einen „aristokratischen Individualismus" und einen neuen „Willen zur Macht" entgegen. Gewissermaßen in akademisch-wissenschaftlich gedämpfter Form stellte auch W. Dilthey das „Leben" in den Mittelpunkt seiner vielfach nur fragmentarisch gebliebenen Reflexionen. Dabei ging es ihm allerdings eher um die Vergegenwärtigung und das wissenschaftliche „Verstehen" aller geistigen Lebensäußerungen der Menschen, ebenso um die Erarbeitung einer neuen Psychologie und endlich um eine neue philosophisch-theoretische Fundierung der Geisteswissenschaften („Einleitung in die Geisteswissenschaften", 1883). Sein gelehrter Freund und langjähriger (zu Lebzeiten aber kaum bekannt gewordener) Briefpartner P. Graf Yorck von Wartenburg hat Diltheys Ideen am Ende des Jahrhunderts im Sinne einer engen Verbindung von Lebensphilosophie und konsequentem Historismus noch einmal radikalisiert.

Lebensphilosophie

4. Entwicklung der Wissenschaften

Doppelte Ausdifferenzierung der Wissenschaften

Betrachtet man die Entwicklung der Wissenschaften – nicht nur in Deutschland, aber vor allem dort – zwischen dem Ende des 18. und dem Beginn des 20. Jahrhunderts in zeitlicher Perspektive ebenso wie unter inhaltlich-formalem Gesichtspunkt, dann wird man im Zuge der allgemeinen Modernisierung einen doppelten Vorgang der Ausdifferenzierung feststellen können: zum einen die Konstituierung der Wissenschaft als „autonomes Handlungssystem", das sich in zunehmendem Maße von anderen Funktionskontexten (Religion, Politik, Ökonomie) abzugrenzen und schließlich teilweise abzutrennen begann, zum anderen aber auch als „Innendifferenzierung der Wissenschaft" (R. Stichweh), die endlich zur Entstehung von immer zahlreicheren Einzeldisziplinen, Subdisziplinen und Spezialgebieten führte.

Geschichtswissenschaft im Historismus

Die moderne deutsche Geschichtswissenschaft begann in bewusster Distanz zu älteren – auch noch zu aufklärerischen – Formen der Geschichtsschreibung als historisch-kritische Wissenschaft, die zum einen, zuerst besonders in der Alten Geschichte, neue Methoden der Quellenkritik entwickelte und praktizierte (B. G. Niebuhr) und zum anderen wichtige, bisher unterbewertete Quellen (etwa die für die politische Geschichte der Neuzeit wichtigen Gesandtenberichte) neu entdeckte und kritisch auswertete (L. Ranke). Einen bedeutenden Aufschwung nahm die Mediävistik durch die Begründung der Gesellschaft für Ältere deutsche Geschichtskunde (Monumenta Germaniae Historica) im Jahre 1819, deren Mitarbeiter (G. H. Pertz, J. F. Böhmer) mit der Sammlung und sorgfältigen wissenschaftlichen Edition der wichtigsten überlieferten Textquellen begannen. In beiden Bereichen, dem der Mittleren wie auch der Neueren Geschichte, wirkte die 1858 in München begründete Historische Kommission bei der Bayerischen Akademie der Wissenschaften, die fast drei Jahrzehnte lang von L. Ranke geleitet worden ist. Mit ihren groß angelegten, vielbändigen Editionen und Forschungsvorhaben (Jahrbücher der Deutschen Geschichte; Deutsche Reichstagsakten; Chroniken der deutschen Städte, Hanserecesse; Allgemeine Deutsche Biographie; Geschichte der Wissenschaften in Deutschland u. a.) hat sie hohe Standards gesetzt und die Entwicklung der deutschen Geschichtswissenschaft bis in die Gegenwart hinein maßgeblich geprägt. Die Alte Geschichte wiederum erreichte in der zweiten Jahrhunderthälfte zuerst in den Forschungen von T. Mommsen, später in den frühen Arbeiten von E. Meyer, einen neuen Gipfelpunkt.

3. Weltanschauung, Philosophie, Denkströmungen

Trotz bedeutender Leistungen auch der Kulturgeschichte (J. Burckhardt) dominierte doch letztlich die politische Geschichte, die sich bald nach weltanschaulich-politischen Parteiungen aufzuspalten begann: Neben der „kleindeutsch-borussischen" Richtung (L. Häusser, J. G. Droysen, H. von Sybel, H. von Treitschke) etablierte sich in Süddeutschland und Österreich ebenfalls eine „großdeutsch-katholische" Historikergruppe (C. von Höfler, J. Janssen, J. von Ficker, O. Klopp), die sich beide zeitweilig in heftige Fehden verstrickten (Sybel-Ficker-Kontroverse, 1861/62). Spätere Auseinandersetzungen, die zumeist auch ein produktives, die Wissenschaft voranbringendes Element aufzuweisen haben, drehten sich um das Verhältnis von politischer und Kulturgeschichte am Beispiel der Schriften von K. Lamprecht (seit 1891). Entscheidende Anregungen wurden der Geschichtswissenschaft schließlich gegen Ende des Jahrhunderts durch die Ökonomie und die frühen Sozialwissenschaften (G. Schmoller, O. Hintze) zuteil.

<small>Richtungen und Kontroversen</small>

Die Erforschung des klassischen Altertums erhielt durch die Wirkungen des Neuhumanismus in Deutschland einen bedeutenden Aufschwung. Wegweisend war das von C. G. Heyne, F. A. Wolff, A. Boeckh u. a. entwickelte und einflussreich propagierte Konzept einer alle Aspekte der antiken Welt umfassenden „Klassischen Altertumswissenschaft", deren Tradition in der zweiten Jahrhunderthälfte von so bedeutenden Forscherpersönlichkeiten wie H. Usener, H. Diels und vor allem U. von Wilamowitz-Moellendorff aufrecht erhalten und weiter ausdifferenziert wurde. Einflüsse der Romantik prägten die Erforschung der antiken Mythologie und Symbolik (F. Creuzer, K. O. Müller, J. J. Bachofen), während auf der anderen Seite ebenfalls die streng methodisch vorgehende Textkritik und die Editionswissenschaft bedeutende Fortschritte machte (G. Hermann, A. I. Bekker, M. Haupt, K. Lachmann).

<small>Klassische Altertumswissenschaften</small>

Der Geist der Romantik wirkte besonders stark auf die Anfänge der neueren Philologien, besonders der Germanistik, an deren Beginn die weit ausgreifenden, alle Bereiche der älteren und der neueren Sprach- und Literaturgeschichte umfassenden wissenschaftlichen Bemühungen zweier Brüderpaare standen (A. W. und F. Schlegel; J. und W. Grimm). Das umfassende „Deutsche Wörterbuch" der Grimms, vollendet erst gegen Ende des 20. Jahrhunderts, ging in seinen Anfängen noch auf diese – freilich schon vom Historismus beeinflusste – Tradition zurück. Die moderne systematische Sprachwissenschaft erhielt entscheidende Anregungen durch W. von Humboldt und F. Bopp, dem Entdecker der indogermanischen Sprachverwandtschaft mit dem Sanskrit. Die „Germanische Altertumskunde" (K. Müllenhoff) begann sich bald ebenso auszudifferenzieren wie die Romanistik (F. Diez) und die

<small>Neuere Philologien</small>

Anglistik (A. Brandl). Der von der Altphilologie zur Germanistik wechselnde K. Lachmann etablierte die strengen Regeln der textkritischen Edition auch in der Neugermanistik (Gesamtausgabe Lessings), und durch die Wirksamkeit von W. Scherer und E. Schmidt in Berlin vermochte sich schließlich auch die Neuere deutsche Literaturgeschichte als weiteres eigenständiges Teilfach herauszubilden.

Rechtswissenschaft   Wenngleich, wie man heute weiß, die naturrechtliche Tradition des 18. Jahrhunderts noch bis weit ins 19. Jahrhundert hineinreichte, dominierten doch ab 1815 sehr stark die Ideen des Historismus in Gestalt der Historischen Rechtsschule. Sie erreichte ihren ersten Höhepunkt in den groß angelegten und schulbildend wirkenden Synthesen von F. C. von Savigny („Geschichte des römischen Rechts im Mittelalter", 1815–31, „System des heutigen römischen Rechts", 1840–49), dessen römischrechtlicher („romanistischer") Ausrichtung sich sehr früh schon eine „germanistische" Richtung unter K. F. Eichhorn („Deutsche Staats- und Rechtsgeschichte", 1808–23) gegenüberstellte. Die zweite Jahrhunderthälfte brachte zunächst eine Weiterentwicklung und Ausdifferenzierung der germanistischen Richtung (G. Beseler, O. von Gierke), ergänzt nicht zuletzt durch eine intensive Rezeption auch des angelsächsischen Staats- und Verwaltungsrechts (R. Gneist), sodann folgte allerdings eine beginnende Abwendung vom strengen Historismus durch Hinwendung zu einer spezifischen Interessenjurisprudenz, etwa bei R. von Jhering („Der Kampf ums Recht", 1872), und zum bald überaus einflussreichen juristischen Positivismus, der etwa bei dem führenden Staatsrechtler des Kaiserreichs, P. Laband („Das Staatsrecht des Deutschen Reiches", 1876–82), zu finden war.

Nationalökonomie und Staatswissenschaften   Zu den „Wissenschaften der Zukunft" (Th. Nipperdey) gehörten fraglos die Nationalökonomie und die (aus der deutschen Tradition des Kameralismus kommenden) wirtschaftlichen Staatswissenschaften. Die von K. H. Rau im frühen 19. Jahrhundert eingeführte Dreiteilung des Fachs (Volkswirtschaftslehre, Volkswirtschaftspolitik, Finanzwissenschaft) zeigte in besonderer Weise die Staatsbezogenheit der deutschen ökonomiewissenschaftlichen Tradition, deren führende Vertreter, wie etwa F. List und J. H. von Thünen, die Übernahme der klassischfreihändlerischen Lehre A. Smiths für den deutschen Bereich ablehnten und stattdessen spezifische Ideen für eine „nationale Ökonomie" – d. h. eine auf die Grundbedingungen des jeweiligen Landes zugeschnittene Wirtschaftslehre – entwickelten. Bedeutende und zukunftsweisende Fortschritte hatte seit der Jahrhundertmitte auch die moderne Statistik aufzuweisen (E. Engel, W. Lexis). In dieser Zeit begann ebenfalls der Historismus eine prägende Wirkung auf die weitere Entwicklung der

3. Weltanschauung, Philosophie, Denkströmungen 19

deutschen Wirtschaftswissenschaften zu nehmen; nach der älteren historischen Schule (W. Roscher, K. Knies, B. Hildebrand) waren es im Kaiserreich vor allem die Vertreter der jüngeren Schule (A. Wagner, G. Schmoller, L. Brentano), die zeitweise einen bedeutenden – nicht nur wissenschaftlichen, auch politischen – Einfluss ausübten. Als geachteter Außenseiter wirkte L. von Stein in Wien, Vertreter eines umfassenden sozialwissenschaftlichen Konzepts von Staat und Gesellschaft, und ebenfalls von Wien gingen gegen Ende des Jahrhunderts bedeutende Wirkungen auf eine theoretische Neufundierung des Fachs aus (C. Menger). Bis zum Jahrhundertende blieb auch K. Marx („Das Kapital", 1867–94) ein zuerst nur wenig beachteter Außenseiter innerhalb der engeren nationalökonomischen Zunft – was die spätere gewaltige Wirkung seiner Ideen indes nicht aufzuhalten vermochte.

Wie die anderen Wissenschaften begann auch die Theologie mit einem Prozess fortschreitender Ausdifferenzierung (in historische, systematische und praktische Theologie). Im Zeichen der Reaktion auf Rationalismus und Aufklärung einerseits und auf die religions- und kirchenkritischen Zeittendenzen andererseits versuchte man sich, übrigens in beiden großen Konfessionen, an einer geistig-gedanklichen Neufundierung des Verständnisses von Religion und Kirche. Der Protestant F. D. Schleiermacher („Über die Religion", 1799; „Der christliche Glaube", 1822–23) definierte Religion als „Gefühl schlechthinniger Abhängigkeit", und der Katholik J. A. Möhler („Die Einheit der Kirche", 1825; „Symbolik", 1832) entwickelte ein Konzept der Kirche als „Körper des sich von innen heraus bildenden Geistes der Gläubigen". Von der Romantik im katholischen, vom Neupietismus im evangelischen Bereich ausgehend, wurde recht bald bereits der Weg zum Historismus beschritten, der nach der Jahrhundertmitte in eine neue Blüte der Kirchengeschichte mündete: I. von Döllinger („Die Reformation", 1846–48; „Die Papstfabeln des Mittelalters", 1863) kann als deren wichtigster katholischer Repräsentant angesehen werden; im Protestantismus sind neben A. Ritschl besonders die beiden Koryphäen des späten 19. Jahrhunderts zu nennen: J. Wellhausen, mit seinen grundlegenden Arbeiten zur israelitisch-jüdischen Frühgeschichte, zu den Anfängen des Islam und zur Entstehungsgeschichte der Evangelien ein „Bahnbrecher in drei Disziplinen" (R. Smend), sowie endlich der auch wissenschaftspolitisch höchst einflussreiche A. Harnack („Lehrbuch der Dogmengeschichte", 1886–90). Allen gemeinsam war der Widerspruch gegen die Entchristlichungs- und Säkularisierungstendenzen der Zeit.

Galt Deutschland um 1800 auf den Gebieten der Mathematik und Naturwissenschaften noch als „zurückgeblieben", so sollte sich dies

Theologie

Mathematik und Naturwissenschaften

(nach einer kurzen Phase der Dominanz einer „romantischen" Naturbetrachtung) rasch ändern. Mit C. F. Gauss, der nicht nur ein genialer Mathematiker war, sondern auch als Physiker und Astronom arbeitete, und mit A. von Humboldt, einem zugleich empirisch vorgehenden wie allgemein-theoretisch argumentierenden Naturforscher („Kosmos", 1845–62), erlebten diese Wissenschaftszweige in der ersten Jahrhunderthälfte einen rasanten Aufstieg. Um 1850 wurden bedeutende Entdeckungen gemacht, etwa mit der Entwicklung der Spektralanalyse und auf den Gebieten der Thermodynamik, der Analyse der Gase, der Berechnung der Lichtgeschwindigkeit (J. von Fraunhofer, R. Clausius, W. Weber). Zum herausragenden Repräsentanten der deutschen Naturwissenschaften in der zweiten Jahrhunderthälfte entwickelte sich der Physiker H. Helmholtz, dem zahlreiche Entdeckungen in allen Bereichen seiner Wissenschaft zu danken sind. Auf die Zukunft voraus wiesen die Entdeckung der elektromagnetischen Wellen durch Helmholtz' Schüler H. Hertz (1887/88).

Chemie, Geologie, Biologie — Die industrielle, d. h. ökonomische Verwertbarkeit wissenschaftlicher Erkenntnisse und Entdeckungen betrifft nicht nur die Physik, sondern auch die Chemie. Hier war es J. von Liebig, dem um die Jahrhundertmitte bahnbrechende Entdeckungen (etwa die Entwicklung des Kunstdüngers) zu danken waren. Einen ebenso rasanten Aufschwung wie die Chemie erlebten auch – unter dem Aspekt einer „verzeitlichten" Betrachtungsweise – die Geologie und die Biologie: Die Erdgeschichte und die Entwicklungsgeschichte des Lebens traten in den Mittelpunkt der Betrachtung. Zur führenden Forscherpersönlichkeit wurde hier vor allem der Zoologe E. Haeckel („Generelle Morphologie der Organismen", 1866; „Natürliche Schöpfungsgeschichte", 1868), der die um 1860 ausformulierte Naturentwicklungstheorie Darwins in Deutschland einführte, propagierte und später eine eigene Weltanschauung, den „Monismus", daraus entwickelte („Die Welträtsel", 1899). Freilich gab es auch weiterhin unter den bedeutenden Naturforschern Gegner Darwins und des „Darwinismus" (K. E. von Baer). Eine so zentrale Entdeckung wie die der tierischen Befruchtung und der Zellteilung als Kernteilung ist bereits in den 1870er Jahren O. Hertwig zu danken. Gegen Ende des Jahrhunderts versuchte schließlich der „Neovitalismus" (H. Driesch), aufbauend auf den raschen Erkenntnisfortschritten des letzten Jahrhundertdrittels, eine neue biologische Theorie des Lebens zu entwickeln.

Medizin — Einen Ausdifferenzierungsprozess in immer mehr Sub- und Unterdisziplinen vollzog in besonderem Maße die sich ebenfalls rasant entwickelnde Medizin. In Abgrenzung von der „romantischen Medi-

3. Weltanschauung, Philosophie, Denkströmungen 21

zin", die gleichwohl einzelne bedeutende Vertreter aufzuweisen hatte (C. G. Carus), entstand aus der Zellforschung die moderne Medizin, deren wichtigster Vertreter in der ersten Jahrhunderthälfte der an der Berliner Universität lehrende J. Müller („Handbuch der Physiologie", 1834–40) gewesen ist. Müllers Ergebnisse wurden nach 1850 aufgenommen und weiterentwickelt von R. Virchow, dem Begründer der Zellularpathologie, und J. S. Schulze, dem Entdecker des Protoplasma. Große Fortschritte wurden ebenfalls auf den Gebieten der Serologie und der Bakteriologie (bzw. der Mikrobiologie) gemacht, wegweisend wirkten hier die Entdeckungen und Forschungen von R. Koch, der als erster die Erreger der Tuberkulose und der Cholera (1882/83) identifizierte; als bedeutendste Koch-Schüler machten E. Behring und P. Ehrlich am Ende des Jahrhunderts weitere wichtige Entdeckungen. Neben der Herausbildung neuer Teildisziplinen (etwa der Pharmazeutik) vollzog sich ebenfalls die Entwicklung völlig neuer medizinischer Techniken und Instrumente, die zu bahnbrechenden Fortschritten in der Chirurgie führten. Mit der Eugenik und einer neuen „Erb- und Rassenhygiene" entwickelte sich schließlich ein neuer Wissenschaftszweig, dessen Vertreter in charakteristischer Selbstüberschätzung bereits Ideen für eine „Höherzüchtung" der Menschheit propagieren zu können meinten – und damit einen tiefen Schatten auf das kommende Jahrhundert warfen.

B. Universitäten, Hochschulen, wissenschaftlich-kulturelle Institutionen

1. Universitäten

Universitätssterben und „Flurbereinigung" um 1800

Die deutsche Universitätsgeschichte des 19. Jahrhunderts begann mit einer Katastrophe: einem großen Universitätssterben als Folge der allgemeinen politischen Umbrüche seit 1792, dem etwa die Hälfte der im Alten Reich vorhandenen 45 Hochschulen – viele davon freilich infolge mangelnder Finanzierung und wegen knapper Frequenz kaum noch lebensfähig – zum Opfer fielen, darunter bekannte Universitäten (etwa Altdorf, Erfurt, Frankfurt/Oder, Köln, Mainz, Wittenberg) ebenso wie kaum bekannte und unbedeutende (etwa Bützow, Dillingen, Helmstedt, Herborn, Rinteln). Zur Zeit der Erneuerung des deutschen Universitätswesens um 1820 befanden sich auf dem Territorium des späteren Deutschen Kaiserreichs wiederum 19 Universitäten: Berlin, Bonn, Breslau, Erlangen, Freiburg/Br., Gießen, Göttingen, Greifswald, Halle, Heidelberg, Jena, Kiel, Königsberg, Leipzig, Marburg, München, Rostock, Tübingen, Würzburg. Hinzu kam noch die Königliche Akademie zu Münster (mit Philosophischer und Katholisch-theologischer Fakultät), die seit 1843 über die Rechte einer preußischen Landesuniversität verfügte und später zur Volluniversität ausgebaut wurde, sowie – als einzige Neugründung der zweiten Jahrhunderthälfte – die 1872 errichtete Reichsuniversität Straßburg.

Neue Idee der Universität

Am Beginn der Reformära der deutschen Universität steht ein neues, bereits in der Spätaufklärung vorbereitetes Verständnis von Bildung und Wissenschaft, das mit Kant („Der Streit der Fakultäten", 1798) die Philosophie zur neuen Orientierungswissenschaft und mit Schiller den „philosophischen Kopf" (gegen den bloßen „Brotgelehrten") zum künftigen Leitbild des Studierenden erhebt. Die bedeutenden Denkschriften im Vorfeld der Berliner Universitätsgründung, verfasst u. a. von F. D. Schleiermacher, F. W. J. Schelling, J. G. Fichte, H. Steffens und W. von Humboldt, entwerfen, auch unter dem Eindruck des Neuhumanismus und der Idee der „Bildung des ganzen Menschen", ein neues Konzept von universitärer Bildung, das auf der Einheit von Wissenschaft, Forschung und Lehre beruht und dabei ebenso die Zweckfreiheit des freien Forschens wie auch die Notwendigkeit absoluter Lehr- und Lernfreiheit betont. Das besonders von Fichte und Humboldt hervorgehobene (später oft kritisierte) Grundprinzip von „Einsamkeit und Freiheit" reflektiert nur die Tatsache, „daß [...] die ständige Suche nach Wahrheit vereinsamt" und dass ein konsequentes Sich-Einlassen auf die Grundprobleme wissenschaftlichen Denkens und Forschens eine wenigstens *zeitweilige* weitgehende Entlastung des Forschenden „von kollektiven Interessensolidaritäten und Verhaltensnormen" (H. Schelsky) erfordert.

Wie im 18. Jahrhundert Halle und Göttingen die Modelluniversitäten der Aufklärung gewesen waren, so entwickelte sich die 1810 neu gegründete Universität Berlin schon bald zum Vorbild des späteren deutschen Hochschulwesens. Errichtet im Schatten der Niederlage durch Napoleon, verstand sich diese Gründung als ein zentraler Beitrag des „Kulturstaats" Preußens zur umfassenden Erneuerung von Staat und Gesellschaft und zum künftigen Wiederaufstieg – entsprechend dem bekannten, im August 1807 formulierten Wort König Friedrich Wilhelms III.: „Der Staat muß durch geistige Kräfte ersetzen, was er an physischen verloren hat". Die von K. F. von Beyme vorbereitete, von W. von Humboldt in seiner Eigenschaft als Leiter der Sektion für Kultus und Unterricht im Berliner Innenministerium durchgeführte Gründung zeichnete sich besonders durch drei wegweisende Neuerungen aus: 1. wurde eine *Nationaluniversität* begründet, die von allen Beschränkungen der bisherigen deutschen Landesuniversitäten befreit sein sollte; 2. setzte sich in der neuen Universität durch staatlichen Einfluss von Anfang an das *Exzellenzprinzip* durch, d. h. das Bemühen, nach Möglichkeit die jeweils besten vorhandenen Fachvertreter für die eigene Hochschule zu gewinnen (zu den Erstberufenen gehörten u. a. F. A. Wolff, J. G. Fichte, F. C. von Savigny, F. D. Schleiermacher); und 3. wurde der (freilich im Detail erst später eingelöste) Anspruch erhoben, vollkommen neue Formen der wissenschaftlichen Arbeit und der akademischen Lehre – basierend auf der *Einheit von Forschung und Lehre* – zu etablieren und damit die Idee des „forschenden Lernens" in die Wirklichkeit umzusetzen.

Der „preußische Weg" einer neuen Bildungsorganisation setzte sich anfangs jedoch keineswegs überall durch. Als führender, sich bis 1813/14 eng an Frankreich orientierender Rheinbundstaat hat Bayern, im Grunde bis zur Mitte des 19. Jahrhunderts, auch universitätspolitisch einen eigenen Weg beschritten, wenngleich die Auflösung der Universitäten in „Spezialschulen" nach französischem Vorbild auch

Gründung der Universität Berlin 1810

Bayerns bildungspolitischer „Sonderweg"

hier nicht stattfand. Immerhin wurde die 1800 von Ingolstadt nach Landshut verlegte Landesuniversität ihrer alten korporativen Verfassung und ihres konfessionellen Charakters entkleidet und (unter zeitweiliger Aufhebung der alten Fakultätsstruktur) zur reinen Staatsanstalt gemacht. Erst ihre weitere Verlegung nach München (1826) brachte eine Erneuerung traditioneller Strukturen. Beibehalten wurde im Land bis 1827 das zweijährige Pflichtstudium aller Anfänger an der „unteren" Philosophischen Fakultät, das auch an den acht bayerischen Lyzeen (philosophisch-theologischen Hochschulen) abgeleistet werden konnte. Den universitätspolitischen Rekatholisierungstendenzen unter dem Ministerium Abel (1837–47) folgte nach der Revolution von 1848/49 unter dem neuen, sehr kunstsinnigen und bildungsbeflissenen König Maximilian II. ein bedeutender Aufschwung in allen Bereichen von Bildung und Wissenschaft, freilich oft in Anlehnung an norddeutsche Vorbilder.

Österreichs Universitäten

Im Zuge der josephinischen Reformen im späten 18. Jahrhundert waren die österreichischen Universitäten zu reinen Staatsanstalten gemacht worden, deren Hauptzweck zuerst in der Ausbildung aufgeklärt denkender und handelnder Staatsbeamter bestand. Allerdings hatte man die alten korporativen Strukturen (nicht nur die Fakultäten, sondern auch die vier „Nationes" der Studenten) ausdrücklich erhalten. In der napoleonischen Zeit und noch verstärkt in der anschließenden Restaurationsära hielt die Regierung an ihrer bildungspolitischen Grundüberzeugung strikt fest, „daß der Staat den Inhalt der akademischen Lehre mit Rücksicht auf seine Bedürfnisse vorzuschreiben habe" (R. S. Turner). Nach der Revolution jedoch wurden auch im Habsburgerreich die von Norddeutschland her ausstrahlenden Prinzipien der Lehr- und Lernfreiheit sowie der Einheit von Forschung und Lehre an den (vorher streng überwachten) österreichischen Universitäten etabliert. Die von dem Kultusminister L. Graf Thun in den 1850er Jahren durchgeführte, weit ausgreifende Universitäts- und Bildungsreform holte die im deutschen Norden nach 1806 auf den Weg gebrachte Bildungserneuerung nach und führte zu einer neuen Blütezeit der österreichischen Wissenschaft, die gegen Ende des Jahrhunderts allerdings durch die zunehmenden, bald sehr heftigen Sprach- und Nationalitätenkonflikte an den Hochschulen der Monarchie verdunkelt wurde.

Innere Strukturen der Universität; Finanzierung, Verwaltung und Selbstverwaltung

Bedenkt man die organisatorische und oft auch finanzielle Eigenständigkeit der alten europäischen Universität, dann ist eine bereits im frühen 19. Jahrhundert beginnende und beständig zunehmende Verstärkung der direkten staatlichen Einflussnahme zu konstatieren, wenngleich die alte Fakultätsverfassung formal unangetastet bestehen blieb.

1. Universitäten 25

Der Anstieg der Studentenfrequenz, bewirkt durch die allgemeine Bevölkerungsvermehrung und die Verringerung der Zahl der Universitäten, auch die Weiterentwicklung der Wissenschaften erforderten bald enorme Finanzmittel, die nur der Staat aufbringen konnte, der aber wiederum im Gegenzug ein erhöhtes Mitspracherecht an den Universitäten massiv einforderte und die Erweiterung der Hochschulen in seinem Sinne steuerte (etwa bei der Einführung doppelter – katholischer wie evangelischer – Theologischer Fakultäten). Nur wenige, traditionell sehr wohlhabende Universitäten (wie etwa Greifswald und Leipzig) blieben anfangs noch von größeren Eingriffen der staatlichen Verwaltung verschont. Durch die Einführung der ständigen „Regierungsbevollmächtigten" an den deutschen Universitäten im Zuge der Karlsbader Beschlüsse (1819) wurde erstmals eine konstante Überwachung des gesamten Universitätsalltags durch den Staat möglich; nach 1848/49 wurde diese Funktion durch die ebenfalls vom Staat eingesetzten, aber an den Hochschulen besser gelittenen Universitätskuratoren ausgeübt.

Die Weiterentwicklung der Wissenschaften, die sich auch in verstärkter Differenzierung und Spezialisierung ausdrückte, führte noch vor der Mitte des 19. Jahrhunderts (z. T. in Fortführung von Ansätzen aus dem späten 18. Jahrhundert) zur Ausbildung des „Institutssystems" an den Universitäten, d. h. zur Einrichtung geisteswissenschaftlicher „Seminare" sowie natur- und technikwissenschaftlicher Institute und Laboratorien und medizinischer Kliniken; mit ihnen begann sich die „deutsche Forschungsuniversität" (B. vom Brocke) zu institutionalisieren. Das Seminar wurde zugleich zur Bezeichnung einer Lehr- und Bildungsstätte mit eigener Bibliothek wie auch einer neuen Art der bis heute beibehaltenen Lehrveranstaltung – präzise und treffend definiert als „das zwanglose Gespräch der Schüler mit dem Lehrer, die alle um den großen runden Tisch versammelt waren, Texte vor sich hatten, diese Texte zu erschließen bemüht waren und das Resultat dieser Bemühungen in den größeren wissenschaftlichen Zusammenhang einordneten" (H. Boockmann). Die Laboratorien, als deren erstes Musterinstitut seit 1828 in Gießen das chemische Laboratorium J. von Liebigs entstand, entwickelten sich in der zweiten Jahrhunderthälfte zuweilen bereits zu ausgedehnten Forschungsanstalten, die auf den beginnenden „Großbetrieb der Wissenschaft" (A. Harnack) um 1900 vorausdeuteten. Und die Universitätskliniken wiederum beförderten ebenfalls maßgeblich den medizinischen Fortschritt.

Dass der „Kulturstaat" sich zum „Kulturinterventionsstaat" (W. Neugebauer) weiterentwickelte, hatte durchaus zwiespältige Folgen: einerseits intensive Förderung von Forschung und Lehre, andererseits

Neue Institutionen: Seminare, Laboratorien, Kliniken

Universität und Politik bis 1850

aber eine immer stärker ausgeprägte Beaufsichtigung. Den Jahren einer zunehmenden „Politisierung" der deutschen Universitäten im Zeichen der französischen Besetzung und etwas später des Befreiungskampfs gegen Napoleon folgte nach 1815 eine Ära der politischen Überwachung und der Repressionen, die sich nach 1819 und erneut nach 1830/31 noch sukzessive verstärkten. Die Regierungsbevollmächtigten an den Hochschulen sowie die Zensur taten ein Übriges, und Maßregelungen sowie Relegationen von politisch verdächtigen oder gar aufsässigen Professoren, Dozenten und Studenten waren zeitweilig fast an der Tagesordnung. Während des Vormärz spielten die Universitäten eine wichtige Rolle für die Entwicklung der politischen Debatte in Deutschland – nicht zuletzt als ein von den Regierungen der deutschen Einzelstaaten wie vom Frankfurter Bundestag argwöhnisch beäugtes „Bollwerk der liberalen Opposition" (R. S. Turner). Im Zuge der Revolution von 1848/49 wurde von Dozenten und Studierenden die volle Lehr-, Lern- und Publikationsfreiheit eingefordert – in anderer Hinsicht gingen die Bestrebungen freilich auseinander: Verlangten die Professoren Gehaltserhöhungen und eine Verringerung des Staatseinflusses an den Hochschulen, so erstrebten die Studenten eine Verminderung der Studiengebühren, vor allem die Abschaffung der Kollegiengelder, während die Nichtordinarien schließlich eine deutliche finanzielle Verbesserung ihrer prekären beruflichen Stellung sowie ein verstärktes Mitspracherecht in den Universitäten einforderten.

Universität und Politik bis 1900 — Der Einfluss der Universitäten auf die politische Debatte in Deutschland begann nach 1850 deutlich nachzulassen, als der Ausgang der Revolution zu einer allgemeinen politischen Ernüchterung geführt hatte. Immerhin war von den Regierungen wenigstens eine Hauptforderung: die Freiheit von Forschung und Lehre sowie die akademische Publikationsfreiheit, weitgehend erfüllt worden. Dies bedeutete allerdings nicht ein völliges Fehlen politischer Eingriffe in die Lehrfreiheit, wie der – großes Aufsehen erregende – Fall des Berliner Privatdozenten der Physik, L. Arons, gegen Ende des Jahrhunderts (1894–1900) zeigt: Dem Dozenten wurde, trotz wiederholten gegenteiligen Votums der Fakultät, wegen seiner Zugehörigkeit zur sozialdemokratischen Partei nicht nur die Ernennung zum außerplanmäßigen Professor verweigert, sondern das preußische Kultusministerium entzog ihm schließlich nach einem längeren Dienststrafverfahren im Jahr 1900 noch die akademische Lehrbefugnis. Auch im Kaiserreich blieb also das Verhältnis zwischen Wissenschaft, Gesellschaft und Staat durchaus konflikthaltig.

Universitätspolitik; das „System Althoff" — Angesichts dieser (freilich begrenzten) Konflikthaltigkeit mag es fast verwundern, dass für eben diese Zeit eine besondere, von der übrigen Welt durchaus bewunderte Blüte der deutschen Bildung und Wissenschaft konstatiert werden kann. Hieran hatte nicht nur jene nach 1800 sich entwickelnde neue deutsche Universitäts- und Wissenschaftsidee bedeutenden Anteil, sondern ebenfalls, vor allem im ausgehenden Jahrhundert, eine spezifische Politik der Universitäts- und Wissenschaftsförderung, die besonders mit dem Namen von F. Althoff verbunden ist, seit 1882 Universitätsdezernent, ab 1897 Ministerialdirektor im Berliner Kultusministerium – und seit Humboldt der bei weitem einflussreichste deutsche Bildungspolitiker (bezeichnet als „Bismarck des Hochschulwesens"). Gegen den kurzsichtigen Korporationsegoismus der Universitäten setzte er umfassende Reformen durch, dazu begünstigte er nachhaltig die Berufung besonders fähiger Nachwuchskräfte, oft gegen den Willen der Fakultäten. Zur wichtigsten Voraussetzung seines weit über Preußen hinausreichenden bildungspolitischen Einflusses, eben des „Systems Althoff" (M. Weber), wurde sein sorgfältig gepflegtes „engmaschiges personales Beziehungsgeflecht", das nicht nur in die Universitäten und Akademien hineinreichte, sondern ebenfalls in Ministerien, Parlamente, Parteien, Kirchen, Wirtschaft, aber auch Presse, und das es ihm u. a. ermöglichte, den Ausbau der Hochschulen zum wissenschaftlichen „Großbetrieb" mit den „Mitteln der Durchstaatlichung und Bürokratisierung" (B. vom Brocke) höchst erfolgreich, wenngleich keineswegs unumstritten, voranzutreiben.

2. Professoren und Studenten

Der Aufstieg vom Universitätsabsolventen zum ordentlichen Professor war in Deutschland zu fast jeder Zeit ein mühseliges Geschäft. Während des 19. Jahrhunderts wurden, auch in Absetzung vom Nepotismus früherer Zeiten, die Leistungsanforderungen in zunehmendem Maße erhöht und formalisiert, wozu besonders die bald nach 1800 eingeführte Habilitation (d.h. die Zusatzqualifikation durch Vorlage einer weiteren wissenschaftlichen Arbeit im Anschluss an die Promotion sowie Vortrag und Aussprache vor der Fakultät) beitrug. Die Zahl der – bald immer besser bezahlten und als Berufsgruppe gesellschaftlich hoch angesehenen – Ordinarien stieg während des 19. Jahrhunderts, mit Ausnahme eines zeitweiligen Rückgangs um die Jahrhundertmitte, deutlich an; noch stärker entwickelte sich jedoch der Anteil der Nichtordinarien, der Privatdozenten und außerplanmäßigen Professoren, am universitären Lehrpersonal, besonders in der Medizin und den geisteswissenschaftlichen Disziplinen.

Karrieremuster; Ordinarien und Nichtordinarien

"Nichtordinarien-Bewegung"; Gehälter

Diese Nichtordinarien, die im Hinblick auf ihr Einkommen und ihr Sozialprestige weit unter den ordentlichen Professoren standen, begannen sich im Kaiserreich zu organisieren und als „Nicht-Ordinarienbewegung" (R. vom Bruch) entschieden – wenn auch nur mit ausgesprochen mäßigem Erfolg – für ihre Interessen zu kämpfen. Ihre Zahl stieg bis zum Jahrhundertende deutlich an; das durchschnittliche Lebensalter eines deutschen Privatdozenten betrug um 1900 etwa 37½ Jahre. Die Einkommensunterschiede waren ausgeprägt; die Höhe der Professorengehälter richtete sich im Allgemeinen nach dem Standort der Universität, später nach dem Lebensalter. Umfang und Ausmaß der (auch den Privatdozenten zugute kommenden) Kolleghonorare für die sog. Privatvorlesungen war von Hochschule zu Hochschule unterschiedlich geregelt.

Soziale Herkunft der Professoren

Akademische Bildung war auch im 19. Jahrhundert noch Ausnahmebildung; selbst nach der Zeit der großen Bildungsreformen rekrutierte sich das Lehrpersonal an den Universitäten – soweit feststellbar – überwiegend aus Angehörigen des wohlhabenden Bürgertums und der traditionellen Bildungsschichten (d. h. aus Beamten- und Akademikerfamilien). Während des ersten Drittels des Jahrhunderts, in der Zeit der Transformation vom „‚Gelehrtenstand' des 18. Jahrhunderts in die ‚moderne Hochschullehrerschaft' der Humboldtära" (R. A. Müller), gab es, wie Untersuchungen zu einzelnen Hochschulen (etwa zu Ingolstadt-Landshut-München) belegen, in den Theologischen und Philosophischen Fakultäten deutlich größere Karrierechancen für akademische Sozialaufsteiger als in den Medizinischen und Juristischen Fakultäten. Später scheint sich das Sozialprofil der deutschen Hochschullehrerschaft wieder etwas stärker verfestigt zu haben, wobei das im frühen 19. Jahrhundert entstandene Bildungsbürgertum das zentrale Reservoir darstellte, aus dem sich die Professorenschaft noch im Kaiserreich überwiegend rekrutierte. Freilich darf nicht vergessen werden, dass in dieser Zeit auch Abkömmlinge der bäuerlich-proletarischen Unterschichten bedeutende Universitätskarrieren absolvieren konnten, so etwa die Historiker D. Schäfer und H. Finke, der Philosoph und Pädagoge F. Paulsen und der Staatswissenschaftler K. Bücher.

Konfessionelle Hindernisse

Durch die Folgen der Säkularisation von 1803 und die mannigfachen Universitätsschließungen im westlichen und südlichen Deutschland erlebte das traditionell sehr reiche katholische Bildungswesen einen massiven Einbruch. Dadurch entstand im Laufe des 19. Jahrhunderts eine deutliche Benachteiligung der Katholiken im Bildungsbereich – ein Phänomen, das später als lange nachwirkendes „katholisches Bildungsdefizit" bezeichnet worden ist. An den meisten, zumeist

2. Professoren und Studenten

von Angehörigen des norddeutschen protestantischen Bildungsbürgertums dominierten Universitäten wurden Katholiken nur in Ausnahmefällen auf Lehrstühle berufen, was im Laufe der Zeit, besonders nach der Reichsgründung von 1871, zu immer größeren konfessions- und bildungspolitischen Verzerrungen führte. F. Althoff begegnete diesem Problem gegen Ende des Jahrhunderts durch die Einführung konfessionell gebundener (je einem Protestanten und einem Katholiken vorbehaltener) Doppelprofessuren in den „weltanschaulich" wichtigen Fächern Geschichte und Philosophie, die freilich auf heftige Widerstände innerhalb der bereits etablierten Gelehrtenwelt stießen. – Die Benachteiligung jüdischer Wissenschaftler, soweit sie nicht zum Christentum zu konvertieren bereit waren, bestand bis zum Ende des Jahrhunderts weiter, wenngleich es auch hier schon einzelne Ausnahmen gab: das gilt etwa für den Philosophen H. Cohen und den Historiker J. Caro, die beide Ende des 19. Jahrhunderts an den Universitäten Marburg und Breslau angesehene Lehrstühle bekleideten.

Das politische Professorentum in Deutschland ist ein Phänomen der Ära nach 1815, als sich führende Lehrstuhlinhaber dem restaurativen und illiberalen politischen Klima der Metternichzeit aktiv entgegenstellten; zu ihnen zählten etwa C. von Rotteck in Freiburg i. Br., S. Jordan in Marburg, H. Luden in Jena, J. G. Droysen in Kiel. Strenge Maßregelungen und sogar Entfernung aus dem Staatsdienst bleiben nicht aus (M. L. de Wette in Berlin 1819); zu den bekanntesten „politischen Märtyrern" unter den deutschen Professoren dieser Epoche zählen die „Göttinger Sieben" (W. E. Albrecht, F. C. Dahlmann, H. Ewald, G. G. Gervinus, J. und W. Grimm, W. Weber), die 1837 wegen öffentlichen Protestes gegen die Aufhebung der hannoverschen Verfassung durch den neuen König Ernst August ihrer Ämter enthoben wurden. Dem Ansehen dieser „politischen Professoren" innerhalb der Öffentlichkeit war es zu verdanken, dass die deutsche Nationalversammlung 1848/49 in Frankfurt a. M. unter ihren Mitgliedern über einen ungewöhnlich hohen Professorenanteil verfügte. Freilich zeigte sich bereits hier und ebenfalls in den folgenden Jahrzehnten, dass es auch konservative politische Professoren gab (etwa I. von Döllinger, E. von Lasaulx in Bayern, H. Leo, F. J. Stahl, F. Walter in Preußen). Die kleindeutsche Reichsgründung von 1871 und das neue Deutsche Kaiserreich wurden von der akademischen Elite zwar überwiegend begrüßt und unterstützt, doch es kann keine Rede davon sein, dass die deutschen Professoren zwischen 1871 und 1918, wie einmal behauptet worden ist, eine Art von neuer Klasse grundsätzlich illiberal orientierter „Mandarine" (F. Ringer) darstellten. Denn im Rahmen eines breit angelegten

„Politische Professoren"

politischen Meinungsspektrums gab es eine große Anzahl sowohl sozial, liberal wie auch konservativ und national orientierter Professoren, die – wie etwa die Ökonomen L. Brentano, G. Schmoller, A. Wagner, M. Weber – Anteil hatten an der akademischen Bewegung, die sich für eine „bürgerliche Sozialreform im Deutschen Kaiserreich" (R. vom Bruch) stark machte.

Studenten: Frequenzen

Hatte man um und kurz nach 1800, auch infolge des Universitätssterbens am Ende des Alten Reiches, einen Rückgang der deutschen Studentenzahlen zu verzeichnen, so änderte sich dies nach dem Abschluss der Befreiungskriege. Ein hoher Bedarf nach akademisch Ausgebildeten in Staat, Verwaltung und Kirche führte zu einem rapiden Ansteigen der Studentenfrequenz (besonders 1815–1830), dem bis etwa 1860 wiederum eine typische „Überfüllungskrise" und ein dementsprechender Rückgang der Studentenzahlen – mit anschließender Stagnation – folgten. Die um 1830 vorhandene Frequenz von 52,2 Studierenden pro 100000 Einwohner wurde erst Anfang der 1880er Jahre wieder erreicht. Das seit etwa 1860 erneut beginnende Wachstum führte wiederum drei Jahrzehnte später zu einer weiteren Überfüllungskrise, der allerdings um 1893/94 nur eine kurze Stagnation, aber bis 1914 eine erneute Expansionswelle folgte, die sowohl durch den enormen Bevölkerungsanstieg wie einen deutlich erhöhten Bedarf an akademisch ausgebildeten Fachkräften in allen Bereichen von Staat, Gesellschaft und Wirtschaft zu erklären ist. – Blickt man auf die Verteilung der Studenten auf die klassischen vier Fakultäten, so ist festzustellen, dass die Juristen ihren Anteil von etwa 30% über das Jahrhundert hinweg knapp halten konnten, die Mediziner sich wiederum von etwa 16 auf 20% steigern konnten, während die Theologen deutliche Verluste zu verzeichnen hatten und um 1900 nur noch über etwa 11% der Studenten verfügten. Der große Gewinner wiederum waren die Philosophischen Fakultäten (sie umfassten damals freilich noch die mächtig aufblühenden Naturwissenschaften), denen am Ende des Jahrhunderts knapp 40% aller Studierenden angehörten.

Soziale Herkunft der Studenten

Die deutschen Universitäten des 19. Jahrhunderts waren ohne jede Frage „elitäre Institutionen" (R. S. Turner). Bis zur Mitte des Jahrhunderts dominierten vor allem Abkömmlinge des Bildungsbürgertums, das fast die Hälfte aller Studierenden stellte; der im 18. Jahrhundert noch relativ hohe Adelsanteil ging langsam, aber kontinuierlich zurück, während das besitzende Bürgertum damals für seine Sprösslinge noch mehrheitlich andere Ausbildungswege als über die Hochschulen bevorzugte. Ein Viertel der Studierenden rekrutierte sich endlich aus dem Kleinbürgertum; praktisch ausgeschlossen von den Hoch-

2. Professoren und Studenten   31

schulen blieben die Angehörigen der größten Bevölkerungsgruppe, der Unterschicht. Seit der Mitte des Jahrhunderts, besonders seit der Reichsgründung, holten das Besitz- und auch das Kleinbürgertum deutlich auf; vor allem das letztere nutzte in starkem Maß die sozialen Aufstiegschancen, die mit einem akademischen Abschluss verbunden waren. Hierbei stand allerdings nicht mehr der Theologen-, sondern der Lehrerberuf im Vordergrund, insofern bildete die Philosophische Fakultät bald „den eigentlichen sozialen Schmelztiegel" (R. S. Turner) der Universität. Bereits um 1880 hatten die aus dem Besitzbürgertum stammenden Studenten ihre Kommilitonen aus dem Bildungsbürgertum zahlenmäßig überholt, während die krasse Unterrepräsentation der Unterschicht erhalten blieb: um 1900 entstammten ihr nur 0,25% aller Studierenden an deutschen Universitäten.

Im Gegensatz etwa zum internatsmäßig organisierten höheren Ausbildungswesen in Frankreich sowie zum angelsächsischen Collegesystem war das deutsche Studentenleben von Autonomie und anfänglicher Isolierung geprägt, was durchaus dem Humboldtschen Grundsatz von „Einsamkeit und Freiheit" (siehe oben, S. 23) entsprach. Wenn man von wenigen Einrichtungen (wie etwa theologischen Hospizen, Konvikten und Stiften) absieht, blieben die Studenten auf sich selbst gestellt; sie wohnten in kleinen gemieteten Zimmern und waren – sofern sie nicht Gelegenheit hatten, an einem von Professoren oder wohlhabenden Bürgern finanzierten „Mittagstisch" teilzunehmen – auf Mahlzeiten in Gastwirtschaften angewiesen. Diese freie, fast unbeaufsichtigte Lebensweise brachte die Herausbildung einer spezifischen studentischen Subkultur mit sich, die in nicht wenigen Fällen zur Verrohung oder zur „Bummelei" und damit zur Vernachlässigung des Studiums führte. Manche Professoren sowie Angehörige des in Universitätsstädten wohnenden Bildungsbürgertums versuchten dem durch Angebote von Teenachmittagen, Abendgesellschaften, Bällen oder gelegentlichen Sonntagsausflügen entgegenzuwirken.

Studentische Verbindungen und Korporationen sind als historisches Phänomen „eine Erscheinung der deutschen Kulturwelt, die eng auf die deutsche Universitätsverfassung Humboldtscher Prägung bezogen ist". Wenn man als ihren Kern „das Prinzip jugendlicher Selbstorganisation und Selbsterziehung" (H.-H. Brandt) annimmt, dann füllten sie in der Tat eine „Leerstelle" des Humboldtschen Bildungssystems aus, indem sie die Brücke zum sozialen, gesellschaftlichen und nicht zuletzt zum politischen Lebensbereich schlugen. Entstanden nach den Befreiungskriegen aus der Jenaer „Urburschenschaft", bildete sich im Lauf des 19. Jahrhunderts eine Vielzahl unterschiedlichster Verbindun-

Studentenleben

Studentisches Verbindungswesen

gen heraus, die von den elitären (oft vom Adel dominierten) Korps über die Landsmannschaften, Bildungsvereinigungen, Sänger- und Turnerschaften bis hin zu konfessionell gebundenen Korporationen reichten, von denen sich die meisten wiederum zu größeren, überregionalen Verbänden zusammenschlossen. Dabei herrschte von früh an ein großer, sich später noch weiter ausfächernder Pluralismus, sowohl im Hinblick auf die politische (radikal-demokratische, liberale oder konservative, nationale) Grundorientierung bis hin zu den für Außenstehende zumeist fremdartigen Ritualen – etwa dem „Farbentragen", dem Säbelduell („Mensur"), dem verbreiteten Trinkzwang oder der Selbsteinordnung in eine innerkorporative Hierarchie. Für Angehörige bestimmter Berufsgruppen (vor allem Mediziner und Juristen) konnte sich eine Mitgliedschaft in einer Verbindung beruflich äußerst vorteilhaft auswirken, wenn die Möglichkeit zur Nutzung von „Altherrennetzwerken" bestand (solche gab es freilich in ähnlicher Form auch in Frankreich und den angelsächsischen Ländern).

Student und Politik   Das Wirken der von Jena ausgehenden Urburschenschaft war unter dem Eindruck der Befreiungskriege noch explizit politisch ausgerichtet, eben im Sinne eines liberalen und nationalen politischen Engagements, und dies führte – etwa nach dem weitgehend von Studenten organisierten „Wartburgfest" von 1817 und dann besonders im Anschluss an die Karlsbader Beschlüsse von 1819 – zu politischer Verfolgung und Unterdrückung. Obwohl sich diese Repressionen im Vormärz noch verstärkten, misslang den politischen Organen eine Zerschlagung des (zeitweilig im Verborgenen fortexistierenden) Verbindungswesens. Nach Teilnahme an der Revolution von 1848/49 folgte ein Phase politischer Zurückhaltung, während die Jahre der Reichsgründungszeit durch einen erneuten, dieses Mal ausgeprägt national grundierten Politisierungsschub gekennzeichnet waren. In der Zeit des Kaiserreichs bis 1900 blieb die organisierte deutsche Studentenschaft zwar mehrheitlich national (und in steigendem Maße auch antisemitisch) orientiert, dennoch gründeten sich in dieser Zeit zahlreiche neue studentische Reformvereinigungen, und ebenfalls nahmen die religiös und konfessionell orientierten Verbindungen zu, die sich trotz heftiger innerstudentischer Konflikte an den Hochschulen zu halten vermochten.

3. Technische und fachspezifische Hochschulen

Neben den regulären Volluniversitäten gab es eine Reihe von weiteren Bildungseinrichtungen, die im Laufe des 19. Jahrhunderts Hochschulrang (in Ausnahmefällen sogar mit Promotionsrecht) bekamen oder als fachspezifische Hochschulen neu begründet wurden. Nach französischem Vorbild der Ecole polytechnique (gegründet 1794) entstanden auch in Deutschland im frühen 19. Jahrhundert spezielle „polytechnische Schulen", d. h. Fachschulen für Mathematik, Technik und Naturwissenschaften, während die in der zweiten Hälfte des 18. Jahrhunderts gegründeten drei Bergakademien (Freiberg 1765, Berlin 1770, Clausthal 1775) weiter existierten. Wurde in Preußen zuerst noch, einer älteren Tradition folgend, zwischen „Bergakademie", „Bauakademie" und „Gewerbeinstitut" unterschieden, ging man in Österreich und den anderen deutschen Staaten bald dazu über, allgemeine, also fächerübergreifende polytechnische Fachschulen oder „höhere Gewerbeschulen" zu begründen, so etwa in Wien (1815), Stuttgart (1819), Karlsruhe (1825), München (1827), Dresden (1828), Hannover (1831), Darmstadt (1836). Im Vergleich zu den Universitäten verfügten diese Fachschulen, trotz teilweise herausragender wissenschaftlicher Leistungen, über ein geringeres soziales und gesellschaftliches Ansehen, daher waren die Ingenieure und Techniker um eine deutliche Aufwertung, d. h. um eine „‚Akademisierung' der Ingenieurwissenschaften" (P. Lundgreen) bemüht.

Noch kurz vor der Gründung des Kaiserreichs begann der Prozess dieser seit längerem gewünschten Aufwertung mit der Erhebung der wichtigsten der bisherigen polytechnischen Schulen bzw. Gewerbeinstitute und technischen Akademien zu Technischen Hochschulen, die nun über eine neue kollegialische Verfassung inklusive Rektorwahl sowie über Lehr- und Lernfreiheit nach dem Vorbild der Universitäten verfügten. Man folgte hier dem schweizerischen Vorbild der 1856 gegründeten Eidgenössischen Technischen Hochschule Zürich. Es entstanden auf diesem Wege Technische Hochschulen in München (1868), Braunschweig (1877), Darmstadt (1877), Charlottenburg (1879), Hannover (1880), Stuttgart (1890), Dresden (1890), – eine Neugründung stellte die TH Aachen (1870) dar. Sie alle erfreuten sich, entsprechend der stark angestiegenen Bedeutung der naturwissenschaftlich-technischen Forschung und Bildung, bedeutender staatlicher Förderung. In der wilhelminischen Epoche, die als „die eigentliche Blütezeit der Technischen Hochschulen" (E. R. Huber) gelten kann, drückte sich die lange ersehnte gesellschaftliche Aufwertung der Techniker auch durch die Verleihung des Titels eines Diplom-Ingenieurs („Dipl.-Ing.") und ab 1899 sogar des Doktors der Ingenieurwissenschaften („Dr. Ing.") aus.

Landwirtschaftliche, forstwirtschaftliche, veterinärmedizinische Hochschulen

Obwohl die Land- und die Forstwirtschaft und ebenfalls die Tierheilkunde als Wissenschaften während des 19. Jahrhunderts bedeutende Fortschritte machten, wurden sie doch noch überwiegend an eigenen fachspezifischen Hochschulen gelehrt. Im frühen 19. Jahrhundert entstanden in Deutschland insgesamt zwölf Landwirtschaftliche Akademien, von denen die meisten allerdings in der zweiten Jahrhunderthälfte wieder aufgelöst bzw. als neue Fakultäten in bestehende Universitäten eingegliedert wurden; um 1900 existierten noch vier selbständige Landwirtschaftliche Hochschulen: Hohenheim (1818 gegründet), Weihenstephan (1823), Bonn-Poppelsdorf (1847), Berlin (1874). Daneben bestanden vier Forstakademien: Tharandt (1811), Eberswalde (1830), Eisenach (1830) und Hannoversch-Münden (1867). Noch aus dem späten 18. Jahrhundert stammten die meisten der ursprünglichen „Roß-„ oder „Tier-Arzeney-Schulen", von denen immerhin fünf während des Kaiserreichs in den Rang einer Tierärztlichen Hochschule, seit Ende des Jahrhunderts mit Promotionsrecht („Dr. med. vet.") erhoben wurden: Hannover, Dresden, Berlin, München und Stuttgart.

Theologische und kirchliche Hochschulen

Um dem katholischen Bildungsdefizit in Deutschland zu begegnen, strebte man im 19. Jahrhundert verschiedentlich die Gründung einer „katholischen Universität" (nach dem Modell der Universität Löwen in Belgien) an, was indes nicht gelang. Da an den deutschen Universitäten den insgesamt achtzehn evangelisch-theologischen nur acht katholisch-theologische Fakultäten gegenüberstanden, konnte der Ausbildungsbedarf für katholische Geistliche an den Universitäten nicht gedeckt werden. Dafür aber gab es sieben weitere staatliche philosophisch-theologische Hochschulen zur Ausbildung von Priestern, eine in Preußen (Braunsberg) und sechs in Bayern (Augsburg, Bamberg, Dillingen, Freising, Passau, Regensburg). Ausschließlich in kirchlicher, d.h. bischöflicher Trägerschaft standen wiederum die philosophisch-theologischen Lehranstalten, Akademien und Seminare, von denen es zuerst sechs, nach der Begründung des Kaiserreichs insgesamt acht gab (Eichstätt, Fulda, Mainz, Metz, Paderborn, Pelplin/Westpreußen, Straßburg, Trier); diese Seminare waren allerdings staatlich anerkannt und zumeist auch durch finanzielle Zuschüsse subventioniert.

Handelshochschulen

Die Handelshochschulen, die gegen Ende des 19. Jahrhunderts entstanden, zählen zu den jüngsten fachspezifischen Hochschularten in Deutschland. Die rasante Entwicklung der Wirtschaft und des Außen-

3. Technische und fachspezifische Hochschulen

handels machte auch für Kaufleute und Firmenangestellte in höherer beruflicher Position eine bessere Ausbildung erforderlich. Deshalb entstanden im wilhelminischen Reich die Handelshochschulen – allerdings nicht als staatliche, sondern als private oder kommunale Bildungseinrichtungen, begründet auf Initiative von Handelskammern oder größeren, als Handelszentren wirtschaftlich bedeutenden Städten. Auch weil für ein Studium an diesen neuen Einrichtungen kein Abiturzeugnis (sondern lediglich die Primareife, also das Abschlusszeugnis der 11. Oberschulklasse) notwendig war, wurden sie von den übrigen Hochschulen zuerst nicht als gleichberechtigt akzeptiert. Auch der bereits von der ersten, 1898 in Leipzig gegründeten Handelshochschule (es folgten Köln 1901, Frankfurt a. M. 1902) verliehene Grad eines Diplom-Kaufmanns vermochte sich erst nach und nach als Ausweis einer akademischen Ausbildung durchzusetzen.

Das auf die Offiziersausbildung gerichtete höhere militärische Bildungswesen beginnt in Deutschland 1810 mit der Begründung der preußischen „Allgemeinen Kriegsschule" in Berlin, an der in den folgenden Jahrzehnten bedeutende Fachleute (u. a. C. von Clausewitz) unterrichteten; 1859 wurde sie zur preußischen Kriegsakademie erhoben. Die Habsburgermonarchie errichtete erst 1851 eigene höhere Kriegsschulen in Wien und Verona, und 1867 wurde die bayerische Kriegsakademie in München errichtet. Neben den militärischen Grunddisziplinen (Taktik, Waffenkunde, Befestigungslehre, Heeresorganisation, Landvermessung, Fremdsprachen) und der praktischen Ausbildung (Exerzieren, Turnen, Reiten, Schießen) waren an den militärischen Akademien auch anspruchsvollere, an den einfachen Kriegsschulen nicht oder nur in rudimentärer Form gelehrte Fächer der „Kriegswissenschaften" vertreten: Strategie, Kriegs- und allgemeine Geschichte, Geographie, Philosophie, Mathematik und Physik. Der Versuch des langjährigen Leiters der Berliner Kriegsakademie, E. von Peucker, diese Institution zu einer „militärischen Universität" umzugestalten, die sich keineswegs nur auf eine militärisch-fachliche Ausbildung beschränken, sondern eine „Integration von allgemeinen und berufsspezifischen Lehrangeboten im militärischen Bereich" (H. Stübig) anstreben sollte, schlug fehl. Seit die Kriegsakademie 1872 dem Chef des Generalstabs, H. von Moltke, unterstellt wurde, dominierte im Kaiserreich ein streng fachbezogenes, wenn auch eine durchaus breitgefächerte Allgemeinbildung erstrebendes Ausbildungskonzept. Der sich hiermit auf lange Sicht durchsetzende „militärfachliche Trend in der höheren Ausbildung" (O. Hackl) wurde bald ebenfalls von der Münchener Kriegsakademie übernommen. Neben den Kriegsakademien existierte

Militärakademien

seit 1888 auch eine in der Trägerschaft des Reichs stehende Marineakademie in Kiel.

4. Kulturelle Institutionen: Akademien, Bibliotheken, Museen, Vereine

Wissenschafts-
akademien

Um 1800 gab es in Deutschland vier größere, überregional organisierte Wissenschaftsakademien: die Königliche Akademie der Wissenschaften in Berlin (gegründet 1700), die Gesellschaft der Wissenschaften in Göttingen (1751), die Akademie der Gemeinnützigen Wissenschaften in Erfurt (1754) und die Kurbayerische Akademie der Wissenschaften in München (1759). Im Verlauf des 19. Jahrhunderts wurden zwei neue Akademien der Wissenschaften gegründet: 1846 in Leipzig und 1847 in Wien. Ursprünglich reine Gelehrtensozietäten, deren Mitglieder regelmäßig zusammentrafen, Vorträge hielten und über aktuelle Probleme der Wissenschaft und Forschung debattierten, begannen sie sich im Verlauf des 19. Jahrhunderts zu (vornehmlich geisteswissenschaftlichen) Forschungsinstitutionen zu entwickeln, zumeist in enger Bindung an die am Ort vorhandenen Universitäten (besonders Göttingen, sodann Berlin seit 1810, München seit 1826). Seit der Mitte des 18. Jahrhunderts gab man Periodika (Akademieschriften) heraus, in denen die Vorträge und Abhandlungen der (nach natur- und geisteswissenschaftlichen Klassen getrennt organisierten) Mitglieder publiziert wurden.

Akademie-
unternehmen

Schon die Akademien des 18. Jahrhunderts hatten größere Publikationsvorhaben auf den Weg gebracht, darunter die Rezensionszeitschrift „Göttingische Gelehrte Anzeigen", und die in München herausgegebene Quellenedition „Monumenta Boica". Nach 1815 entwickelte sich die Berliner Akademie der Wissenschaften zur führenden Forschungsinstitution Deutschlands, vornehmlich in den Bereichen der Historischen und der Altertumswissenschaften. Zu ihren schon früh in Angriff genommenen Projekten gehörten neben der kritischen Aristotelesausgabe (seit 1817) vor allem die großen Sammlungen der griechischen und der lateinischen Inschriften: das *Corpus Inscriptorum Graecarum* (1815) bzw. *Latinarum* (1853). Spätere Unternehmen widmeten sich u. a. der Edition der griechischen Kirchenväter, der Werke Luthers, auch des Oeuvres und der „Politischen Correspondenz" Friedrichs des Großen; gegen Ende des Jahrhunderts begannen die Arbeiten am *Thesaurus Linguae Latinae* und am Ägyptischen Wörterbuch, teil-

4. Kulturelle Institutionen: Akademien, Bibliotheken, Museen, Vereine

weise bereits in Zusammenarbeit mit anderen deutschen Wissenschaftsakademien. Diese und weitere wissenschaftliche „Langzeitvorhaben" – erwähnt sei etwa das von den Brüdern Grimm 1854 begonnene, später von der Göttinger Akademie übernommene „Deutsche Wörterbuch" – werden noch in der Gegenwart fortgesetzt; sie sind ein tragender Bestandteil deutscher Gelehrtenkultur.

Gleichzeitig mit der politischen und der ökonomischen Revolution fand in Kontinentaleuropa auch eine Art von „Bibliotheksrevolution" statt, die das alteuropäische Bibliothekswesen, das sich traditionell vor allem um Hof- und Klosterbibliotheken zentriert hatte, grundlegend veränderte. Im Zuge der Säkularisierung wurden, beginnend im Österreich der josephinischen Reformen, zahllose Klosterbibliotheken aufgehoben und dem Staat zugeschlagen. Die Hauptprofiteure dieser Entwicklung waren in Deutschland die Hofbibliotheken in Wien und (nach 1803) in München, die sich fast auf einen Schlag zu Vorläufern moderner Zentralbibliotheken mit einem besonders großen Schatz an wertvollen Altbeständen (Handschriften und Inkunabeln) wandelten. Aus der partiellen Zerstörung der „vielfältige[n] Bibliothekslandschaft Alteuropas" (W. Enderle) entwickelte sich ein neues Bibliothekssystem: Es bestand im Kern aus dem Nebeneinander (1) nationaler Zentral- und Forschungsbibliotheken mit – in Deutschland meist regionalem – Sammelauftrag für (von den Verlegern abzugebende) Pflichtexemplare sowie (2) erneuerter Universitätsbibliotheken.

Aus den alten deutschen Hofbibliotheken entwickelten sich bald regionale Großbibliotheken; zur Einrichtung einer gesamtdeutschen Nationalbibliothek nach britischem, französischem oder nordamerikanischem Vorbild kam es in Deutschland jedoch auch nach 1871 nicht. Zu einer Art von Ersatz entwickelte sich bald nach der Reichsgründung allerdings die Königliche Bibliothek zu Berlin, die um 1820 noch hinter der reichhaltigeren Münchener Bibliothek hatte zurückstehen müssen. Um 1900 stellte sie allerdings die größte und modernste der deutschen Bibliotheken dar. Daneben erlebten ebenfalls die deutschen Universitätsbibliotheken einen gewaltigen Aufschwung. Bis ins späte 19. Jahrhundert hinein dominierte, was die Bestandsgröße anging, die seit Mitte des 18. Jahrhunderts kontinuierlich gepflegte Universitätsbibliothek Göttingen (1890: 441000), bis sie von der nach 1871 massiv geförderten Straßburger Bibliothek (601000) abgelöst wurde – gefolgt von Leipzig (438000), Heidelberg (390000) und München (370000). Trotzdem konnten die Universitätsbibliotheken schon aus finanziellen Gründen auf Dauer mit den regionalen Großbibliotheken nicht mehr mithalten.

Bibliotheken nach 1800

Großbibliotheken

Bibliothekstechnik; Der enorme Aufschwung, den die öffentlichen und wissenschaft-
Bibliothekarsberuf lichen Bibliotheken seit dem frühen 19. Jahrhundert nahmen, führte bald
zum „Wetteifer, wer die Ausnutzung der ihm anvertrauten Schätze am
wirksamsten fördere" (F. Milkau). Die Bibliothekstechnik verwissen-
schaftlichte sich, neben die Pflege der traditionellen drei Großkataloge
(Alphabetischer Katalog, Realkatalog, Akzessionskatalog) traten nun
weitere Dienste, wie etwa die Erstellung von allgemeinen Jahres- und
Fachbibliographien, die Erarbeitung von Bibliotheksgesamtkatalogen,
die Anfertigung von Hochschulschriftenverzeichnissen u. a. Auch das
Berufsbild des Bibliothekars wandelte sich: Vom bloßen Hüter und Ver-
walter angehäufter Bücherschätze wurde er zum ausgebildeten Fachbi-
bliothekar mit geregelter Laufbahn als Staatsbeamter. Und schließlich
nahmen auch die Bibliotheksgebäude selbst äußerlich und vor allem im
Innern ein neues Bild an: Die repräsentativen großen Büchersäle des 17.
und 18. Jahrhunderts mit ihren mehrstöckigen Regalen wichen modernen, rationell organisierten Bücherspeichern: Magazingebäuden mit
niedrigen, zumeist stählernen Regalen. Dafür entstanden nun neue große
Lesesäle mit eigener Handbibliothek, ebenfalls Zeitschriftenzimmer
und Spezialleseräume für Inkunabeln und Handschriften.

Entstehung des Als ein wesentlicher Bestandteil deutscher Geschichtskultur im
modernen Museums Zeitalter des Historismus müssen auch die Museen betrachtet werden,
die im 19. Jahrhundert erst eigentlich zu einem gewichtigen Teil des
Kulturlebens wurden – mit einer vierfachen Aufgabenstellung: Sam-
meln, Konservieren, Ordnen und wissenschaftliches Erschließen des
Gesammelten sowie endlich Präsentation ausgewählter Teile der
Sammlung für die interessierte Öffentlichkeit in der Form von Ausstellungen. Die modernen Museen hatten einen doppelten Ursprung: in den
Kirchenschätzen der Kloster- und Domschatzkammern sowie in den
fürstlichen „Kunst- und Naturalienkammern" der Frühen Neuzeit. Die
ersten Museen in Deutschland (in Kassel und Braunschweig) entstanden denn auch in der zweiten Hälfte des 18. Jahrhunderts auf fürstliche
Initiative und unter Heranziehung bereits lange bestehender Sammlungen der jeweiligen Herrscherhäuser. Revolution und Säkularisierung
machten um 1800 (erst in Frankreich, bald z. T. auch in Deutschland)
weitere bis dahin in kirchlicher bzw. in Privathand befindliche Kunstschätze verfügbar; die legendären Pariser Sammlungen des Louvre er-
rangen bald Vorbildfunktion für alle anderen Museen in Europa.

Deutsche Museums- Nach 1815 bildeten sich in Deutschland vor allem drei Hauptty-
kultur pen des Museums heraus: (1) die Fürstenmuseen, in denen die fürstlichen Sammlungen – angeregt auch durch den Rücktransport der von
Napoleon geraubten Kunstschätze nach Deutschland – der bürgerlichen

4. Kulturelle Institutionen: Akademien, Bibliotheken, Museen, Vereine 39

Öffentlichkeit zugänglich gemacht wurden; als Prototyp darf das 1830 eröffnete Alte Museum in Berlin angesehen werden, dem sich in rascher Folge die ebenfalls von den Regenten gestifteten Kunstmuseen in weiteren deutschen Residenzstädten wie München (Pinakothek 1836; Glyptothek 1839), Stuttgart (Staatsgalerie, 1843), Karlsruhe (Kunsthalle, 1846) sowie Dresden (Gemäldegalerie, 1856) anschlossen. (2) ist zu nennen das kulturhistorische Museum, das sich seit der Jahrhundertmitte als neuer Typus herausbildete; ihm ging und geht es – durchaus als ein Nebenprodukt der modernen Nationalbewegung – um die Sammlung, Erschließung und Präsentation „vaterländischer Altertümer", also weniger um den „ästhetischen Wert der Objekte", sondern um „ihren historischen Symbolgehalt für die Tradition der nationalen oder regionalen Geschichte" (W. Hochreiter). Das 1852 gegründete und seit 1857 in Nürnberg ansässige Germanische Nationalmuseum entwickelte sich zum wichtigsten kulturgeschichtlichen Museum in Deutschland überhaupt; es folgten bald zahlreiche regionale historische Museen, die dessen Typ nachahmten. Und (3) schließlich entstanden ebenfalls seit der Jahrhundertmitte im Anschluss an die höchst erfolgreichen Weltausstellungen als weiterer neuer Typus die Kunstgewerbe-, die Technik- und Industriemuseen sowie die naturwissenschaftlichen Museen.

Als ein zentrales Bindeglied zwischen Wissenschaft und Gesellschaft sind die für das 19. Jahrhundert typischen zahlreichen Geschichts- und Altertumsvereine anzusehen, deren Ursprünge noch in der Zeit vor und um 1800 liegen. Der anfänglich, in der ersten Jahrhunderthälfte vorhandene explizit politisch-patriotische, oft auch liberale Charakter, wandelte sich bald: Von ursprünglich romantisch-landschaftlichen Ansätzen ging der Weg zur wissenschaftlichen Arbeit, freilich zumeist auf der Ebene der Sichtung und Sammlung historischer Quellen. Die deutschen Geschichtsvereine, die sich schon 1852 zum „Gesamtverein deutscher Geschichts- und Altertumsvereine" zusammenschlossen, haben mit der Sammlung lokaler Quellen und „Altertümer", mit der Denkmalspflege, mit zahlreichen Museumsgründungen und nicht zuletzt mit der Ermöglichung eines kontinuierlichen landes- und ortsgeschichtlichen Zeitschriftenwesens Bedeutendes geleistet und damit der Etablierung neuer Forschungsgebiete und historischer Teildisziplinen vorgearbeitet. Auch die Entstehung der historischen Kommissionen geht zum großen Teil auf das Wirken der regionalen Vereine zurück.

Geschichts- und Altertumsvereine

Seit dem ausgehenden 18. Jahrhundert bestanden polytechnische Vereine, die sich in besonderem Maße der Förderung der allgemeinen technischen Bildung annahmen. Der „Verein zur Beförderung des Ge-

Technische und wissenschaftlich-gesellige Vereine

werbefleißes" in Preußen und der „Polytechnische Verein" in Bayern haben nicht nur die Ausbreitung des Gewerbeschulwesens nachhaltig unterstützt, sondern auch die allgemeine technische Bildung gefördert – durch Zeitschriften, durch den Aufbau von Spezialbibliotheken und Sammlungen, endlich durch Ausstellungen, Vorträge und Preisaufgaben. Ein Charakteristikum des akademischen Lebens in Deutschland waren endlich die akademischen geselligen Vereine und „Kränzchen", die in größeren Universitätsstädten nicht nur die gesellschaftliche Kontaktpflege – auch über die Grenzen der gelehrten Welt hinaus – zu erleichtern versuchten, sondern als „urban-elitäre Zirkel" (R. vom Bruch) ebenfalls gegenseitige Belehrung anstrebten; prominente Beispiele sind etwa die berühmten Berliner Vereinigungen wie die „Mittwochsgesellschaft", die „Staatswissenschaftliche Gesellschaft", die „Gesetzlose Gesellschaft" und zahlreiche andere.

C. Schulwesen und Lehrerbildung

1. Gymnasien und Oberschulen

Während des gesamten 19. Jahrhunderts war „die Entwicklung von Bildungsinhalten und Organisationsformen des höheren Schulwesens eng mit den politischen, sozialen und wirtschaftlichen Bewegungen und Kämpfen verflochten" (K.-E. Jeismann), die das Zeitalter bestimmt haben. Insofern ist es unmöglich, Bildungsgeschichte ohne Berücksichtigung der politik- und sozialgeschichtlichen Rahmenbedingungen zu schreiben. Das zeigt bereits ein Blick auf die Lage des deutschen höheren Schulwesens um 1800, das in dieser Zeit noch fast ausschließlich von den politisch-sozialen Grundbedingungen der Frühen Neuzeit geprägt war. Noch immer dominierten die (drei- bis fünfklassigen) Lateinschulen, denen sich, allerdings nur in den größeren Städten, in zunehmendem Maße Real- und Handelsschulen zur Seite gestellt hatten. Ergänzt wurde dieses Tableau durch einige wenige herausragende Gelehrtenschulen sowie durch Klosterschulen und die dem Adel vorbehaltenen Ritterakademien. Die große Mehrzahl der höheren Schulen unterstand städtischer und kirchlicher Aufsicht. Im Ganzen lässt sich (nach einem Modell von K.-E. Jeismann) die Entwicklung des deutschen höheren Schulwesens zwischen 1800 und 1900 in drei Phasen einteilen: (1) Ausbau des Gymnasiums als neuer führender Schulform bis etwa 1840; (2) Herausbildung des konkurrierenden „realistischen" höheren Schulwesens neben dem Gymnasium bis etwa 1870; (3) endlich die sukzessive Durchsetzung der Gleichberechtigung verschiedener Typen der höheren Bildung bis 1900.

<small>Höheres Schulwesen um 1800</small>

Als Produkt der Reformzeit nach 1807 entstand das preußische Gymnasium, geprägt durch die von seinen wichtigsten Schöpfern, W. von Humboldt und J. W. Süvern, vertretenen neuhumanistischen Ideen. Orientiert am leitenden Ideal einer „allgemeinen Menschenbildung", ersetzte die neue Schulform die alten Lateinschulen als zentrale Vorbereitungsschule für die Universität. Seit 1812 bereits galt ein Abiturreglement, das 1834 erneuert und präzisiert wurde. Voraussetzung dieser Reformen und ihrer Erfolge war freilich eine umfassende Verstaatli-

<small>Das preußische Gymnasium – „Paradigma der höheren Schule"</small>

chung des Schulwesens; nicht zuletzt zu diesem Zweck wurde 1817 in Berlin ein eigenes neues Ministerium für „Unterricht und Kultus" geschaffen. Die regionale Schulaufsicht übernahmen die ebenfalls neu errichteten Provinzialschulkollegien als höchste Schulbehörden unterhalb der Ministerialebene.

Staatsexamina; Lehrpläne

Mit der Einführung wissenschaftlicher Prüfungsämter und des Staatsexamens für Gymnasiallehrer (seit 1810) wurde auch die Ausbildung der Lehrkräfte neu geregelt. Die Anforderungen an die Schüler, die nunmehr im (zehnklassigen, ab 1837 neunklassigen) Jahrgangssystem unterrichtet wurden, waren hoch: Im Lehrplan dominierten zuerst die alten Sprachen, aber der preußische Gymnasiast hatte sich ebenfalls auch anderen Fächern intensiv zu widmen: der Mathematik, dem Französischen, dem Deutschen sowie der Religion, Geschichte, Geographie, der Physik bzw. der „Naturbeschreibung" und endlich auch der Musik und dem Turnen. Seit den frühen 1830er Jahren entstand erstmals eine öffentliche Debatte um die vermeintliche oder wirkliche „Überbürdung" der Gymnasiasten und den „Druck des neuen enzyklopädischen Universalismus" (F. Paulsen), dem sie an ihren Schulen ausgesetzt waren. Gleichwohl entwickelte sich das preußische Gymnasium zum weitgehend unangefochtenen Erfolgsmodell: Trotz der hohen Anforderungen gelang es, den prozentualen Anteil der höheren Schüler in knapp fünf Jahrzehnten (bis 1864) zu verdoppeln. Freilich blieb die Zahl derjenigen Gymnasiasten, die es schließlich bis zum Abitur schafften, gering; noch um 1870 lag ihre Quote bei etwa 30%.

Die höhere Schulbildung in Österreich

Im Anschluss an die josephinischen Reformen des späten 18. Jahrhunderts hatte sich in Österreich bis Mitte des 19. Jahrhunderts das alte System weitgehend erhalten. Es bestand ein doppelstufiges System: Zuerst kam ein sechsklassiges Gymnasium, das aber nur eine Weiterentwicklung der alten Lateinschule darstellte und – schon weil hier das Griechische nur fakultativ gelehrt wurde – mit dem preußischen Gymnasium kaum mehr als den Namen gemeinsam hatte. Es folgte eine weitere Ausbildung auf den Lyzeen, die ihre Schüler auf das Universitätsstudium vorbereiten sollten – sie kamen den Oberklassen des norddeutschen Gymnasiums gleich; nur an den Lyzeen wurden Naturwissenschaften gelehrt. Eine Maturitätsprüfung gab es ebensowenig wie eine geregelte Ausbildung der höheren Lehrerschaft. Das änderte sich allerdings mit den umfassenden Unterrichts- und Bildungsreformen, die der Kultusminister L. Graf Thun mit seinem Mitarbeiter H. Bonitz in den 1850er Jahren durchführte: Man schuf ein zweistufiges, insgesamt achtjähriges Gymnasialsystem: dem Realgymnasium (als Unterstufe) folgte ein Obergymnasium, das zur Matura führte und ei-

1. Gymnasien und Oberschulen

nen fakultativen Griechischunterricht anbot. Dieses sehr erfolgreiche Modell führte in den Jahrzehnten nach seiner Einführung zu einer spürbaren Ausweitung der höheren Bildung in der Donaumonarchie.

Auch im Bereich der Gymnasialbildung verfolgte Bayern bis zur Jahrhundertmitte einen „Sonderweg". Zum einen wurden nach den Ideen der beiden im Lande führenden Neuhumanisten Niethammer und Thiersch vornehmlich in den protestantischen Landesteilen Gymnasien errichtet, die sich durch einen exemplarisch hohen Anteil der alten Sprachen am Unterrichtsprogramm (56%) auszeichneten und sich auf diese Weise vom preußischen Modell noch einmal deutlich abhoben. Zum anderen aber regte sich vor allem in den katholischen Regionen Widerstand gegen die neuhumanistischen Pläne; hier blieb in vielen Gegenden bis 1848 das alte System erhalten, das (ähnlich wie in Österreich) eine Doppelung vorsah: zuerst den Besuch einer Lateinschule und anschließend die Absolvierung eines (auf die Universität vorbereitenden) Lyzeums. Erst seit den 1850er Jahren wurde im Rahmen zaghafter Gymnasialreformen die Vorherrschaft der Humaniora etwas eingeschränkt, zugunsten des neu eingeführten Französischunterrichts und einer stärkeren Betonung der deutschkundlichen Fächer, vor allem der Religion und der Geschichte. Nach der Reichsgründung glich sich Bayern – wenngleich keineswegs in allen Einzelheiten – dem preußischen Modell nach und nach an.

In Württemberg hielt man länger als anderswo an den seit der Reformationszeit bestehenden – hier allerdings besonders qualitätvollen – Lateinschulen fest, die als eine Art Untergymnasium fungierten. Im Anschluss an deren Absolvierung konnten begabte Schüler, nach Ablegung des „Großen Landesexamens", in die Klosterschulen aufgenommen werden, die als Obergymnasien fungierten und auf das akademische Studium vorbereiteten. Allerdings artikulierte sich seit den frühen 1830er Jahren im Land eine immer stärkere Kritik an der „Lateindressur der Lateinschulen" (F. Paulsen), und nicht wenige Städte gingen dazu über, einige ihrer Lateinschulen in Realschulen umzuformen. Parallel begann man, vor allem seit der Jahrhundertmitte, nach und nach Gymnasien nach norddeutschem Vorbild einzurichten; die angesehenen Klosterschulen wurden indes nicht aufgehoben, sondern in insgesamt vier Seminarien umgewandelt. Erst Mitte der 1860er Jahre wurde die Ausbildung der Gymnasiallehrer durch eine allgemeine Prüfungsordnung für das Land geregelt.

In den weiteren deutschen Mittel- und Kleinstaaten schloss man sich im Laufe der Zeit – wenngleich in der Regel nicht ohne landesspezifische Modifikationen – dem preußischen System an. Besonders die

Gymnasien in Bayern

Höhere Bildung in Württemberg

Höhere Schulen in Sachsen, Baden und den kleineren deutschen Staaten

Reifeprüfung wurde nach dem norddeutschen Vorbild schon bald nach 1815 eingeführt: in Kurhessen 1820, in Baden 1823, in Sachsen 1829, in Hannover 1830. Die größeren Lateinschulen wurden sukzessive in Gymnasien umgewandelt, die kleineren bestanden weiter oder erfuhren eine Umbildung in Real- und Bürgerschulen. Als badische Besonderheit galt, dass die neunjährigen Gymnasien (hier Lyzeen genannt) den Fächern Französisch und Deutsch einen wesentlich größeren Anteil einräumten als in anderen Ländern. Andernorts hingegen wurde die Tradition der – allgemein als Eliteschulen geltenden – anspruchvollen humanistischen Gelehrtenschulen, etwa in Sachsen (Fürstenschulen in Grimma und Meißen) oder in den norddeutschen Hansestädten (Johanneum in Hamburg), auch unter dem neuen System ausdrücklich aufrechterhalten.

Soziale Aspekte; Berechtigungswesen

Das deutsche Gymnasium des 19. Jahrhunderts war zugleich „soziale Leiter" wie auch „soziale Barriere" (K.-E. Jeismann), es ermöglichte Angehörigen der unteren Schichten und der unteren Mittelschichten einen – wenn auch in der Regel sehr mühsamen – sozialen Aufstieg über das Medium der Bildung, doch das besonders gegen Ende des Jahrhunderts sehr restriktiv gehandhabte Berechtigungswesen konnte diesen Aufstieg wiederum begrenzen oder wenigstens stark abbremsen. Unterhalb des Abiturs bedeutete ab 1877 die Versetzung nach Obersekunda die wichtigste Berechtigung: die Erlaubnis zum einjährig-freiwilligen Militärdienst (verbunden mit der Möglichkeit, das Patent eines Reserveoffiziers zu erwerben). Dagegen berechtigte das Abitur nicht nur zum Universitätsstudium, sondern auch zum Eintritt in den Offiziersdienst und in den höheren Staats- und Verwaltungsdienst. Die Primareife wiederum eröffnete den Weg in bestimmte Bereiche des mittleren Verwaltungsdienstes, während die Sekundareife etwa das Studium der Tiermedizin, die Apothekerausbildung und die Aufnahme einer technischen Lehrerausbildung ermöglichte. Dieses Berechtigungswesen konnte vom Staat flexibel gehandhabt und daher in gewissen Grenzen durchaus als Steuerungsinstrument zur Nachwuchsrekrutierung in vielen vom Staat besoldeten Berufszweigen verwendet werden.

Die realistischen höheren Schulen

Nicht erst seit der Mitte des Jahrhunderts begann sich zu zeigen, dass die hochfliegenden Ziele des Neuhumanismus nicht für die breite Masse, sondern nur für eine kleine Zahl besonders Befähigter in die Wirklichkeit umzusetzen waren. Seit 1873 fand im Deutschen Reich infolge regelmäßiger Absprachen der einzelstaatlichen Regierungen ein kontinuierlicher wechselseitiger Anpassungsprozess der gymnasialen Bildung statt, der zugleich eine stetige und nachhaltige Aufwertung der „realistischen" Schulbildung mit sich brachte. Schon seit den 1860er

Jahren waren in Preußen die Realschulen I. und II. Ordnung entstanden (z. T. durch Umwandlung der höheren Gewerbeschulen), die sich in den 1880er Jahren – entsprechend dem jeweiligen Anteil des Lateinunterrichts – zu Realgymnasien und Oberrealschulen weiterentwickelten; in den übrigen Staaten verlief die Entwicklung ähnlich. Dies führte nach und nach zu einer Binnendifferenzierung der höheren Schulbildung, in deren Rahmen der Anteil der „realistischen" Fächer, besonders der Mathematik und Naturwissenschaften, zunahm. Immer nachdrücklicher wurde daher auch die Gleichberechtigung der Realgymnasien und Oberrealschulen mit den Gymnasien gefordert.

Im Rahmen zweier großer Schulkonferenzen in Berlin in den Jahren 1890 und 1900, die noch einmal die „schulpolitische Führungsrolle Preußens im Reich" (C. Führ) bestätigten, wurde die Oberschulbildung neu geregelt. In der ersten Konferenz ging es – übrigens unter persönlicher Einflussnahme Kaiser Wilhelms II. – noch darum, die Stellung des Gymnasiums zu stärken, allerdings auf Kosten der alten Sprachen und zugunsten deutscher Sprache, Literatur und Geschichte, während die Realgymnasien als „Halbheit" verschwinden, d.h. mit den Oberrealschulen zusammengefügt werden sollten. Das erste gelang, das zweite nicht: Die Realgymnasien konnten ihre Stellung wahren, und in der zweiten Schulkonferenz von 1900 erfolgte endlich der große Durchbruch: Gymnasien und Realgymnasien wurden einander angenähert (während die ersten die neuen Sprachen stärkten, darunter auch das Englische, wurde der Lateinunterricht an den letzteren intensiviert), vor allem aber setzte sich nun, wenn auch gegen den Widerstand maßgeblicher Gelehrter, die Gleichberechtigung aller drei Schultypen durch, indem die Universitäten jetzt für die Absolventen sowohl der Gymnasien als auch der Realgymnasien und Oberrealschulen geöffnet wurden. Das dreigliedrige Oberschulsystem hatte sich am Ende des 19. Jahrhunderts etabliert.

Oberschulreformen der 1890er Jahre

2. Volksschulen und Mittelschulen, Mädchenbildung

Am Beginn des 19. Jahrhunderts standen sich zwei verschiedene Konzepte der Elementarschulbildung gegenüber: Zum einen die *Industrieschule* (auch *Arbeits-* oder *Ökonomieschule*), die nach englischem Vorbild als eine Art berufsvorbereitender Einheitsschule für die unteren Schichten dienen sollte. Neben den Grundzügen einer elementaren Bildung wurde hier vor allem eine Einführung in haus- und landwirt-

Von der Industrieschule zur Volksschule

schaftliche Arbeitsvorgänge vermittelt; die Kinder erlernten das Spinnen und Weben, den Obst- und Gartenbau sowie die Grundlagen der Seidenraupen- und der Bienenzucht. Das Hauptziel bestand in der Erziehung zu fleißiger, pünktlicher und korrekter Arbeit. – Zum anderen aber die *Volksschule*, deren Konzept sich seit Mitte des Jahrhunderts endgültig durchsetzen sollte. Ihre leitende Idee bestand in einer Verbindung von elementarer Kenntnisvermittlung und allseitiger Charakterbildung mittels eines ganzheitlichen Unterrichts, der wiederum einem Konzept „volkstümlicher Bildung" folgte: Der Schüler sollte sowohl mit den elementaren Kulturtechniken vertraut gemacht werden, als auch „für seinen Lebens- und Berufsraum vorbereitet und zugleich aus staatspädagogischer Sicht in die bestehenden Staats- und Gesellschaftsverhältnisse eingestimmt werden" (G. Friederich). Daneben bestanden sowohl bürgerliche Privatschulen für die „gehobenen Schichten" als auch, auf der anderen Seite des Gesellschaftsspektrums, noch bis Mitte des Jahrhunderts die Fabrikschulen für arbeitende Kinder.

Schulaufsicht; Durchsetzung der Schulpflicht

Während des 19. Jahrhunderts wurde die Aufsicht über die Volks- und Elementarschulen noch überwiegend durch Geistliche wahrgenommen, die in ihrer Funktion als Orts- oder als Bezirksschulinspektoren zu regelmäßigen Schulbesuchen verpflichtet waren und darüber den Schulbehörden Bericht erstatten mussten. Sie hatten die Zustände an den Volksschulen, die Tätigkeit der Lehrer, die Kenntnisse der Schüler sowie vor allem die Einhaltung der staatlich verordneten allgemeinen Schulpflicht zu kontrollieren. Erst mit dem Schulaufsichtsgesetz von 1872 wurde in Preußen die geistliche Schulaufsicht für städtische Schulen abgeschafft; für die ländlichen Elementarschulen blieb sie bis zum Ende des Jahrhunderts noch fast überall in Deutschland erhalten. Trotz vielfacher Kontrollen konnte die – in Deutschland früher als in anderen Ländern eingeführte und durchgesetzte – allgemeine Schulpflicht nur vergleichsweise langsam durchgesetzt werden, dazu mit großen regionalen Unterschieden: Während 1816 erst etwa 60% aller Kinder eine Schule besuchten, stieg deren Zahl bis 1870 auf etwa 90% an; erst in den 1880er Jahren lag der Schulbesuch dann bei annähernd 100%. Das seit 1825 an den preußischen Volksschulen eingeführte Abschluss- bzw. „Entlaßzeugnis" setzte sich erst langsam als Mittel zur Kontrolle des Schulbesuchs durch.

Lehrpläne und Schulpraxis

Die enge Zusammenarbeit von Staat und Kirche im Bereich der Schulaufsicht bewirkte zeitweilig eine starke kirchliche Einflussnahme auf die Lehrinhalte, die eine deutliche Bevorzugung des Religionsunterrichts zur Folge hatte. Bibellektüre und -auslegung bildeten früh das Zentrum des Unterrichts, daneben standen Lesen, Schreiben und Rech-

2. Volksschulen und Mittelschulen, Mädchenbildung

nen ebenso auf dem Lehrplan wie die „Realien", also Naturkunde, Erdbeschreibung und „vaterländische Geschichte"; hinzu kamen im Allgemeinen noch Singen, Turnen und Handarbeiten. Nach dem Ende der Revolution von 1848/49 wurde das religiöse Element noch einmal verstärkt; so stellte etwa das dritte der „Stiehlschen Regulative" in Preußen (1854) die Gestaltung des Volkslebens „auf Grundlagen und im Ausbau seiner ursprünglich gegebenen und ewigen Realitäten auf dem Fundament des Christenthums" in den Mittelpunkt des niederen Bildungswesens, weshalb die Elementarschule „dem praktischen Leben in Kirche, Familie, Beruf, Gemeinde und Staat zu dienen, und für dieses Leben vorzubereiten" habe. Bereits ein Jahrzehnt später wurden einige dieser Regelungen allerdings wieder zurückgenommen, während Geometrie, Technisches Zeichnen, Naturkunde und Geographie eine deutliche Aufwertung erfuhren. Angesichts mangelnder Lehrerausbildung und unzureichender Vorschriften gestaltete sich der Schulalltag indes eher eintönig, als „lehrerzentrierte Unterweisung" (G. Friederich). Die Ferientage wurden von Lehrern und Schulaufsicht gemeinsam festgesetzt; in ländlichen Gebieten richteten sie sich gewöhnlich nach den Aussaat- und Erntezeiten, um die Kinder zur Mitarbeit im elterlichen Betrieb freizustellen.

Das starke Bevölkerungswachstum und ebenfalls die Einführung der allgemeinen Schulpflicht führten im Verlauf des gesamten 19. Jahrhunderts zu einem konstanten Ansteigen der Schülerzahlen. Damit erhöhte sich auch der Bedarf an Räumlichkeiten, an Lehrpersonal sowie an Lehr- und Lernmitteln. Um einen flächendeckenden Schulbesuch zu gewährleisten, wurden in allen Städten und Gemeinden wohnortnahe Volksschulen nach bereits vorgefertigten einheitlichen Bauplänen errichtet. Erst seit der Jahrhundertmitte vermehrten sich die kargen Lehr- und Lernmittel für Lehrer und Schüler: Zur obligatorischen Bibel und zum Kirchengesangbuch gesellten sich bald Fibel und Lesebuch, Rechenbuch und ein Gesangbuch mit weltlichen Liedern, sodann Anschauungsmaterial wie die „russische Rechenmaschine", Wandtafeln mit Karten, Tabellen, Schönschreibvorlagen und Abbildungen aus der Natur. In den etwas wohlhabenderen städtischen Volksschulen entstanden sogar seit den 1860er Jahren eigene kleine Schülerbibliotheken. Die Aufwendungen der Öffentlichen Hand für die Volksschulen haben sich zwischen 1800 und 1870 in etwa vervierfacht. Gleichwohl wurde das niedere Schulwesen mischfinanziert: Neben dem Staat beteiligten sich vor allem die Kommunen und Gemeinden sowie private Schulverbände an der Schulfinanzierung; die Lehrer wurden nur teilweise in Bargeld, andernteils in Naturalien entlohnt.

Schulbauten und Unterrichtsorganisation; Schulfinanzierung

Sonderschulwesen

Unterhalb der eigentlichen Volksschulen bestanden besondere Einrichtungen für Behinderte, die teilweise aus den früheren, schon vor 1800 bestehenden Spezialschulen für Gehörlose und Blinde hervorgegangen waren. Zu diesen Anstalten für geistig und körperlich Behinderte traten bald auch spezielle Bildungseinrichtungen für verwahrloste und verhaltensauffällige Kinder und Jugendliche – die „Rettungshäuser" im evangelischen und die „Pflege- und Bewahranstalten" im katholischen Deutschland, die auch über eigene, speziell auf den Bedarf der jeweiligen Klientel zugeschnittene Bildungseinrichtungen verfügten. Das Ziel bestand nicht zuletzt darin, behinderte, minderbegabte oder verhaltensauffällige Schüler von den übrigen Volksschülern zu separieren. Erst nach der Jahrhundertmitte entstanden, zuerst in größeren Städten, sonderpädagogische Einrichtungen, etwa innerhalb der Volksschulen spezielle „Hilfsklassen für schwachbefähigte Schüler". Etwas später, nach 1871, wurden in zunehmendem Maße eigenständige Hilfsschulen eingerichtet, die sich fast ausschließlich in städtischer Trägerschaft befanden. Um 1900 existierten bereits 90 Hilfsschulen in Deutschland.

Volksschulen im Kaiserreich

Auch nach 1871 konnte sich die Volksschule nicht als allgemeine Regelschule für Schulanfänger durchsetzen; private Vorschulen, in denen die Kinder zahlungskräftiger Bürger auf das Gymnasium vorbereitet wurden, bestanden weiterhin. Gleichwohl machte das Volksschulwesen des Kaiserreichs seit den 1870er Jahren einen enormen „Expansions- und Innovationsschub" (F.-M. Kuhlemann) durch, der in einer durchgehenden Verbesserung der Lehr- und Lernbedingungen bestand und infolgedessen die allgemeine Alphabetisierung in Deutschland weiter voranbrachte. Seit 1872 erfuhren die Lehrpläne eine deutliche Erweiterung sowie eine Aufwertung der „Realien" und der deutschkundlichen Fächer. Dies hatte allerdings nicht zuletzt politische Gründe, denn an die Stelle der vor der Reichsgründung gepflegten regionalen Identitäten sollte nun die „vaterländische Erziehung" mit dem Ziel nationaler Integration und positiver Identifikation mit dem eigenen Staat treten, wozu vor allem der Geschichts-, aber auch der Deutschunterricht beizutragen hatte. Zeitgenössische liberale Pädagogen sahen hingegen in der „Vorbildung für das Kulturleben in Staat und Gesellschaft" (F. Paulsen) die wichtigste Bildungsaufgabe der modernen Volksschule. Ein seit den 1870er Jahren konstant verfolgtes Ziel, die Durchsetzung der überkonfessionellen „Simultanschule", konnte freilich nicht erreicht werden; die Konfessionsschule blieb im Reich auch weiterhin die Regelschule.

Klassenfrequenzen; Stadt und Land

Der intensive Schulausbau und die zunehmend verbesserte Schulfinanzierung führten nach 1871 in den städtischen Volksschulen zu ei-

2. Volksschulen und Mittelschulen, Mädchenbildung 49

nem langsamen Absinken der Klassenfrequenzen auf etwa 55 bis 60 Schüler pro Klasse gegen Ende des 19. Jahrhunderts – mit weiterhin abnehmender Tendenz. Diese Entwicklung führte allerdings zu einem noch größeren Auseinanderklaffen des städtischen und des ländlichen Elementarschulwesens. Denn auf dem Lande bestanden nicht nur weiterhin überwiegend einklassige Schulen, sondern hier blieben auch die Klassenfrequenzen extrem hoch; der (in Preußen) vom Kultusministerium vorgeschriebene Richtwert von höchsten 80 Schülern wurde fast überall weit überschritten; in der Regel hatte ein Dorfschullehrer deutlich über 100, zuweilen sogar bis zu 200 Schüler allein zu unterrichten. – So entstand im Deutschen Reich eine Art Hierarchie der Volksschulen: Die vergleichsweise beste Elementarschulbildung konnte in größeren und wohlhabenden Städten erworben werden, während die Qualität der Volksschulen etwa in den neuen Industriestädten an Rhein und Ruhr und auch in vielen kleineren Städten bereits deutlich abnahm. Der Besuch einer ländlichen Volksschule hingegen sicherte deren Absolventen lediglich einen Platz am unteren Ende der deutschen Bildungsskala.

Zwischen den Oberschulen einerseits, den Volksschulen andererseits hatte sich bereits früh ein wenig übersichtliches, stark von regionalen Traditionen und Erfordernissen bestimmtes Schulwesen herausgebildet, das sich schließlich nach der Reichsgründung in der neuen Form der „Mittelschule" konstituierte. Diese Schulform, durchaus konzipiert für Kinder aus dem „staatstragenden" Mittelstand, hatte eine „Scharnierfunktion" (F.-M. Kuhlemann) zwischen dem höheren und dem niederen Schulbereich zu erfüllen. Besser ausgestattet als die Volksschulen, umfassten die Mittelschulen fünf Jahrgangsklassen mit einer auf maximal 50 Schüler beschränkten Klassenstärke. Dazu verfügten sie über ein verbessertes Fächerangebot inklusive einer Pflichtfremdsprache und dem Angebot einer weiteren (wahlfreien) Fremdsprache. In einigen Mittelschulen gab es darüber hinaus spezielle Aufbauklassen mit Lateinunterricht, in denen sich besonders begabte Schüler auf den Übergang zum Gymnasium vorbereiten konnten. Waren die Mittelschulen zwar durch staatliche Verordnungen reguliert, so wurden sie in der Regel jedoch nicht vom Staat, sondern fast ausschließlich von Kommunen, Gemeinden, Verbänden oder sogar von privaten Stiftungen oder Unternehmern finanziert.

Mittelschulen

Die höhere Mädchenbildung war während fast des gesamten 19. Jahrhunderts im mittleren Bildungsbereich angesiedelt. Mit dem Aufstieg des Bürgertums wurden die bereits vor 1800 bestehenden (zumeist Adligen vorbehaltenen) Mädchenpensionate durch „Mittlere

Mädchenbildung vor 1871

Schulen für Töchter" ergänzt, die im frühen 19. Jahrhundert überall in Deutschland entstanden und die bis zur Jahrhundertmitte einen weitgehend einheitlichen Fächerbestand aufwiesen: Neben Religion, Deutsch, Geschichte sowie den Fächern Rechnen, Geographie und Naturlehre wurde als (in der Regel einzige) Fremdsprache Französisch gelehrt, hinzu kamen Zeichnen, Schönschreiben, Handarbeit und Gesang. Diese Art geschlechtsspezifischer Bildung blieb freilich, da das Schulgeld hoch war, ausschließlich den Angehörigen der gebildeten und besitzenden Gesellschaftsklassen vorbehalten. Die Mittleren Töchterschulen, denen oft auch Pensionate (für Schülerinnen aus ländlichen Gegenden) angeschlossen waren, befanden sich fast ausschließlich in nichtstaatlicher, privater Trägerschaft, getragen und finanziert etwa von Elternvereinen, Kirchengemeinden, in Teilen West- und Süddeutschlands besonders auch von katholischen Lehrorden.

Mädchenschulen im Kaiserreich

Nach 1871 wurde das Mädchenschulwesen nach und nach normiert und staatlich reguliert. Dabei wandelten sich auch die Lehrinhalte, denn angesichts der sich verändernden Gesellschaftsstruktur stand nun nicht mehr die Erziehung zur Ehefrau und Mutter allein im Mittelpunkt der Bemühungen, sondern es wurde der Mädchenbildung ebenfalls die Aufgabe zugewiesen, den Schulabsolventinnen „die Grundlage für eine mögliche Berufstätigkeit zu geben" (M. Kraul). Die höheren Mädchenschulen im Kaiserreich, z.T. zusammengelegt mit Lehrerinnenbildungsanstalten, umfassten einen insgesamt zehnjährigen Schulbesuch bis zum 18. Lebensjahr; gelehrt wurden zwei Pflichtfremdsprachen. Der Abschluss, die „Lehrerinnenprüfung", wurde von denen, die für eine Gleichstellung der höheren Mädchenschulen mit den Gymnasien kämpften, als Äquivalent zum Abitur verstanden. Der Kampf um die Gleichstellung machte in den 1890er Jahren weitere Fortschritte: Nun wurden vierjährige (zuerst privat organisierte) „Gymnasialkurse für Frauen" mit einem dem Abitur gleichwertigen Abschluss eingerichtet, und 1893 entstand in Karlsruhe das erste Mädchengymnasium auf deutschem Boden. Die volle Gleichberechtigung im Bildungsbereich wurde freilich erst nach 1900 erreicht.

3. Entwicklung des Fachschulwesens

Technische Fachschulen

Die Geschichte des technischen Fachschulwesens in Deutschland beginnt zwar im ausgehenden 18. Jahrhundert, doch die Gewerbeschule, die „zugleich Vollzeitschule und branchenspezifisch" war (P. Lund-

3. Entwicklung des Fachschulwesens 51

green), stellte tatsächlich eine Neugründung dar; in Preußen geht sie zurück auf den Leiter der Gewerbeabteilung im Berliner Finanzministerium, P. C. W. Beuth, der nach 1820 in jeder Provinz eine Provinzialgewerbeschule und dazu, als zentrale weiterführende Bildungsinstitution, in der Hauptstadt ein Gewerbeinstitut gründete. Ähnlich verlief die Entwicklung in Bayern, wo ab 1833 Kreisgewerbeschulen entstanden. Vermittelt wurde in diesen Fortbildungsschulen keine Spezialausbildung, sondern eine mathematisch-technische Allgemeinbildung, die für jede spätere Tätigkeit im technisch-gewerblichen Bereich nutzbringend war; der Fächerkanon konzentrierte sich dementsprechend auf Zeichnen, Mathematik, Physik und Chemie. Ihnen entsprachen, nur mit einer stärker fachlichen Ausrichtung, die Baugewerkschulen, die seit Anfang der 1830er Jahre überall in Deutschland eingerichtet wurden. Erst im späteren 19. Jahrhundert entstanden weitere technische Fachschulen, so etwa die Maschinenbauschulen, in der Regel in der Form einer technischen Mittelschule mit allerdings zunehmender Spezialisierung der Unterrichtsfächer.

Die im späten 18. Jahrhundert entstandenen Bergschulen zählen zu den ältesten Fachschulen in Deutschland. Es handelte sich zuerst um Teilzeitschulen für junge Bergleute, deren Grund- und Fachbildung erweitert werden sollte und die, in der Regel an zwei Nachmittagen in der Woche, das Bergmännische Rechnen erlernten sowie über Berggesetze und Berggewohnheiten informiert wurden. Mit der zunehmenden Bedeutung des Bergbaus im Zuge der Frühindustrialisierung entstanden in allen deutschen Bergbaugebieten neue Bergschulen, die bald schon zwei bis drei volle Tage Unterricht erteilten, u. a. in den Fächern Mathematik, Geometrie, Zeichnen, Feldmessen, Bergbau- und Gebirgskunde, Rechnungswesen; hinzu kamen die Grundzüge des Markscheidewesens und die Einweisung in den Gebrauch der dazugehörigen technischen Instrumente. Die in der Regel zweijährige Ausbildung der bereits berufstätigen Steiger in den Bergschulen differenzierte sich im späteren Kaiserreich im Zuge der fortschreitenden Technikentwicklung noch weiter aus; hierbei spielte die Bergschule in Bochum eine Vorreiterrolle, in der es um 1900 Kurse u. a. für Grubensteiger, Maschinensteiger und Elektriker gab. Schließlich wurden die Bergschulen durch berufsvorbereitende „Bergvorschulen" ergänzt.

Bergschulen

Die im frühen 19. Jahrhundert geschaffenen Ackerbauschulen auf größeren Gütern gehen auf ein Schweizer Vorbild zurück; die Ausbildung allerdings – sie erfolgte in der Regel durch eine dreijährige Einfügung der Auszubildenden in den laufenden Gutsbetrieb – ließ manches zu wünschen übrig. Ein anspruchsvolleres Programm verfolgten die in

Landwirtschaftsschulen

den 1830er Jahren in Bayern geschaffenen eigenen Landwirtschaftsschulen; sie gingen jedoch nach nur wenigen Jahrzehnten in den Gewerbe- und Realschulen auf. Erfolgreicher als diese beiden Typen waren die zuerst um 1820 in Hessen entstandenen landwirtschaftlichen „Winterschulen", die ihren Zöglingen innerhalb von zwei Winterhalbjahren nicht nur eine Verbesserung ihrer Allgemeinbildung und ihrer naturwissenschaftlichen Kenntnisse boten, sondern in denen auch Acker- und Pflanzenbau, Tierhaltung und Betriebsführung gelehrt wurde. In Norddeutschland waren diese Schulen in der Regel privat getragen, zumeist durch landwirtschaftliche Vereine, während sie in Süddeutschland vom Staat unterhalten und finanziert wurden; die meisten Lehrer waren nebenamtlich tätig. Während des Kaiserreichs erlebte das landwirtschaftliche Bildungswesen mit der Gründung landwirtschaftlicher Mittelschulen eine weitere Ausdifferenzierung; dazu entstanden seit Mitte der 1880er Jahre – als „landwirtschaftsnahe Bildungseinrichtungen für Frauen" (M. Schmiel) – die Hauswirtschaftsschulen.

Kunstgewerbe- und Textilfachschulen

Die Kunstgewerblichen Fachschulen, von denen einige bereits um 1850 gegründet wurden und die besonders nach der Reichsgründung einen bedeutenden Aufschwung erlebten, differenzierten sich in eine Vielzahl von größeren und (zumeist) kleineren Ausbildungsanstalten der verschiedensten Fachrichtungen, als Teilzeit- oder Vollzeitschulen, als Lehrlingsausbildungsschulen ebenso wie als Fortbildungsschulen für Kunsthandwerker. Allen gemeinsam war das Ziel der „Geschmacksbildung für Handwerker durch Zeichenunterricht" (G. Grüner) und durch fachliche Schulung ihrer künstlerischen Fähigkeiten. Ausgebildet wurden hier u. a. Buchbinder, Drucker und Setzer, Glasmaler und Glasschleifer, Gold- und Silberschmiede, Graveure und Schmiede, Holzschnitzer und Steinbildhauer, Innenarchitekten, Keramiker, Modelleure, Tischler, Zeichner und Graphiker. – Schon in der ersten Jahrhunderthälfte waren die ersten Webschulen entstanden, die sich später, besonders nach 1871, zu allgemeinen Textilfachschulen weiterentwickelten. Die höheren Textilfachschulen bildeten vor allem Betriebsbeamte und Fabrikanten aus, die niederen dagegen künftige Werkmeister; zu den dort gelehrten Fächern gehörten neben den naturwissenschaftlichen Disziplinen auch Fachrechnen, Maschinenlehre, Materiallehre und Warenkunde.

Militärschulen; Kadettenanstalten

Als „militärische Fachschulen" lassen sich die Kadettenanstalten bezeichnen, die indes nur einen kleinen Teil des Offiziersnachwuchses (in der Regel zwischen 12 und 15%) ausbildeten. Es bestanden gegen Ende des 19. Jahrhunderts insgesamt acht Voranstalten und eine Hauptanstalt (in Berlin-Lichterfelde), deren Lehrpläne sich nach denen der

Realschulen I. Ordnung (bzw. der Realgymnasien) richteten. Hinzu kam neben der militärischen Grundausbildung auch der Unterricht in den spezifisch militärischen Fächern. Eine Reifeprüfung wurde jedoch nur von sehr wenigen Absolventen abgelegt, da die meisten bereits nach dem elften Schuljahr (der Obersekunda) die Anstalt verließen, um in die Armee einzutreten. Besonderes Kennzeichen der Kadettenausbildung war ihre strenge militärische Zucht, verfeinert jedoch durch ein ausgeklügeltes Straf- und Privilegiensystem.

Die eigenständige kaufmännische Berufsbildung ist ein Kind des Kaiserreichs, hervorgerufen durch den Fortgang der Industrialisierung, durch das rapide Anwachsen der Städte sowie durch „Verschiebungen in der Berufsstruktur zugunsten des kaufmännischen Sektors" (M. Horlebein), denn gegen Ende des 19. Jahrhunderts waren bereits mehr als 10% aller deutschen Berufstätigen in den Bereichen von Handel und Verkehr tätig. Kaufmännische Schulen entstanden zuerst als berufsbegleitende Bildungseinrichtungen für Kaufmannslehrlinge, die sich im Rahmen dreijähriger Lehrgänge (in der Regel frühmorgens und abends) auf den Beruf des Handlungsgehilfen vorbereiteten und dabei nicht nur Kenntnisse in Fachgebieten wie Rechnen, Buchführung, Korrespondenz und Handelslehre erwerben, sondern auch Fremdsprachen erlernen konnten; dazu wurde Unterricht in „Bürgerkunde" erteilt. Neben diesen berufsbegleitenden Einrichtungen entstanden aber auch spezielle Handelsrealschulen als Vollzeitschulen, die organisatorisch zumeist mit Realschulen verknüpft waren. Die betriebsgebundene Lehre blieb gleichwohl auch jetzt noch Regelform der Kaufmannsausbildung. Träger der fast ausschließlich privaten kaufmännischen Bildungseinrichtungen waren Verbände, Kaufmannsvereinigungen und Handelskammern.

Kaufmännische Bildung; Handelsschulen

4. Lehrerbildung und Pädagogik

Während des 18. Jahrhunderts hatte es keine spezielle Elementarlehrerausbildung gegeben, doch im Zuge der allgemeinen Staats- und Bildungsreformbemühungen entstanden seit 1806 in Deutschland (zuerst in Sachsen, Bayern und Preußen) sukzessive Lehrerseminare, die seit den 1830er Jahren nach einem weitgehend einheitlichen Muster organisiert waren. Lediglich Österreich ging bis 1848 noch einen eigenen bildungspolitischen Weg, indem die angehenden Lehrer an den dortigen „Trivialschulen" unter geistlicher Leitung in drei- bis sechsmonatigen

Elementarschullehrer im frühen 19. Jahrhundert

Kursen an hierfür ausgewählten Schulen herangebildet wurden. Im übrigen Deutschland entwickelte sich bald ein dreiphasiges Ausbildungsmodell: (1) Besuch einer vorbereitenden Präparandenanstalt, (2) Absolvierung des (als Internat organisierten) zweijährigen Lehrerseminars, (3) Ableistung einer – regional unterschiedlich langen – Probezeit an der Schule; erst anschließend erfolgte die endgültige Anstellung als Lehrer. Da die Seminare lange Zeit als Brutstätten revolutionären Denkens galten, unterstanden die Seminaristen einer besonders strikten Aufsicht: ihr streng geregelter Tagesablauf wurde genauestens kontrolliert. In der Ausbildung dominierte „nicht selbstbestimmtes, gar wissenschaftliches Lernen, sondern rigide Schulung und stark kontrollierte Einübung in die Berufspraxis" (H.-E. Tenorth). Immerhin gab es bald auch die Möglichkeiten der Lehrerfortbildung durch Kurse, Zeitschriften und spezielle Lehrerbibliotheken; hierbei spielten die Lehrervereine und einzelne in der Lehrerausbildung tätige bedeutende Pädagogen wie A. Diesterweg eine wichtige Rolle.

Volksschullehrer seit 1850

Die „Reaktionszeit" der 1850er Jahre brachte zwar mit dem ersten „Stiehlschen Regulativ" in Preußen (1854) und mit dem „Normativ über die Bildung der Schullehrer" in Bayern (1857) eine erneute strikte Verpflichtung der Lehrer auf „Genügsamkeit, Mäßigkeit und Ordnungsliebe, Gottesfurcht, Gehorsam und Demut" (so das bayerische Normativ), doch eine wesentliche Einschränkung oder gar Beschneidung der Lehrerbildung war damit langfristig nicht verbunden. Seit den 1860er Jahren erlebte die Ausbildung der Volksschullehrer eine deutliche Verbesserung: Vor dem Probejahr war nunmehr eine sechsjährige Ausbildung (drei Jahre Präparandenanstalt, drei Jahre Lehrerseminar) zu absolvieren. Dazu wurden die Lehrpläne stark erweitert, ebenfalls wurde jetzt eine moderne Fremdsprache gelehrt, an manchen Seminaren sogar bereits Latein. Auch in anderer Hinsicht tat man einiges, um das traditionell sehr niedrige Sozialprestige der Volksschullehrer anzuheben und damit dem bis zum Ende des Jahrhunderts nachgerade chronischen Lehrermangel abzuhelfen. Im Jahr 1896 erhielten die Absolventen eines Lehrerseminars sogar das Privileg des einjährig-freiwilligen Militärdienstes.

Gymnasiallehrer

Gänzlich anders verlief die Ausbildung der Gymnasiallehrer, die im Wesentlichen in ihrem akademischen Studium bestand; immerhin mussten sie seit der sukzessiven Einführung des Staatsexamens (seit 1810) eine Prüfung ablegen. Die „Philologen", die sich als Bildungselite empfanden, mussten in der Frühzeit des Gymnasiums noch in der Lage sein, sämtliche Fächer zu unterrichten; erst ab den 1830er Jahren wurde es möglich, sich auf bestimmte Fächergruppen zu konzentrieren

4. Lehrerbildung und Pädagogik

(in Preußen: 1. Alte Sprachen und Deutsch, 2. Mathematik und Naturwissenschaften, 3. Geschichte und Geographie), dabei sollte wenigstens ein Fach auch in der Oberstufe unterrichtet werden können (hieraus leitete sich der Titel „Oberlehrer" ab). Ein pädagogisches „Probejahr" auch für Gymnasiallehrer gab es seit Mitte der 1820er Jahre, doch erst seit der Jahrhundertmitte wurde ein zweistufiger (wissenschaftlicher und pädagogischer) Ausbildungsgang geschaffen, und nach der Reichsgründung musste nach dem Staatsexamen zudem eine zweite (pädagogische) Lehramtsprüfung abgelegt werden. Die an einigen Universitäten bereits seit dem frühen 19. Jahrhundert gehaltenen pädagogischen Vorlesungen wurden allerdings erst gegen Ende des 19. Jahrhunderts ein fester Bestandteil der Berufsvorbereitung für Gymnasiallehrer. Ihre vorzügliche Ausbildung und ihr vergleichsweise hohes Gehalt sicherten den deutschen Philologen, von denen einige auch wissenschaftliche Arbeiten (z. B. in den sog. Schulprogrammen) publizierten, am Ende des Jahrhunderts ein hohes gesellschaftliches Ansehen; seit 1892 erhielt das jeweils dienstälteste Drittel der Oberlehrer das Recht zur Führung des Professorentitels. Nicht wenige von ihnen prägten „maßgeblich das Kulturleben vor allem in den Klein- und Mittelstädten" und übten im Ganzen „einen weit über die Schule hinausreichenden Einfluß auf ihre Mitbürger" (C. Führ) aus.

Der noch der Spätaufklärung zugehörige Schweizer J. H. Pestalozzi wurde auch in Deutschland zum einflussreichsten Pädagogen des Jahrhunderts; die neue Organisation des Bildungswesens in der Reformzeit nach 1806 ist durch seine Ideen wesentlich mitbestimmt worden. Das Ideal der Humanität, die Emporbildung des Menschen zu „reiner Menschlichkeit" ist das Leitmotiv seines pädagogischen Denkens. Dieses ganzheitliche Konzept, das auch die Bindung des Menschen an Gott und die starke Bedeutung der Familienerziehung betont, die reine Standes- und Berufsbildung hingegen in ihrer pädagogischen Bedeutung relativiert, hat das ganze 19. Jahrhundert über bedeutende und weitreichende Wirkungen ausgeübt. Als Schüler und Fortsetzer Pestalozzis hat sich F. Fröbel empfunden, der Erfinder des Kindergartens, der ebenfalls einen ganzheitlichen, dabei stark religiös ausgerichteten pädagogischen Ansatz vertrat, indem er als ein Hauptziel aller Erziehung die Befähigung des Menschen zur Wahrnehmung seiner eigenen Stellung in der Welt, als Teil einer göttlichen Weltordnung postulierte.

Pädagogik: Pestalozzi und Fröbel

In der Reform und Befreiungszeit nach 1806 hat die Idee der „Nationalerziehung" zeitweilig großen Einfluss ausgeübt, auch auf die Bildungspolitiker; der „nationale Diskurs" ist „integraler Bestandteil der klassischen Bildungsidee" (H. Stübig) gewesen. Eines der radikalsten

National- und Gemeinschaftserziehung

Konzepte dieser pädagogischen Idee entwarf J. G. Fichte, der das Modell einer konsequent egalitären, alle Herkunfts- und Standesunterschiede bewusst abschleifenden staatlichen Erziehung entwarf, welche die Jugend in speziell zu errichtenden ländlichen Erziehungsanstalten separieren sollte. Im Vergleich hiermit erscheinen die Nationalerziehungsideen von E. M. Arndt als weniger radikal; neben der Erweckung geistiger und moralischer Fähigkeiten wies er der Erziehung als wichtigste Aufgabe die Herausbildung des Gemeinschaftssinns und eines entschiedenen Patriotismus' zu. F. D. Schleiermacher entwickelte mit seiner Lehre von der Zeitbedingtheit und historischen Relativität jeder pädagogischen Theorie einen vergleichsweise modernen Ansatz; für seine eigene Zeit verlangte er die Verfolgung eines doppelten erzieherischen Ziels: Es umfasste ebenso die individuelle Persönlichkeitsbildung wie auch die „Hineinbildung" des jungen Menschen in die gegebenen Ordnungen von Familie, Volk und Staat. Den Gedanken einer Nationalerziehung haben später andere Autoren aufgegriffen und weitergeführt, darunter W. Harnisch, T. Hegner und L. Gurlitt.

Wissenschaftliche Pädagogik von Herbart bis Paulsen

J. F. Herbart gilt als der eigentliche Begründer einer modernen Pädagogik mit wissenschaftlichem Anspruch in Deutschland. Er entwickelte, auf den Begriffen seiner psychologisch grundierten Philosophie aufbauend, ein theoretisches System des Unterrichts als Abfolge von einzelnen Stufen der Wissensvermittlung, Wissenserfassung und Wissensverarbeitung. Nach Herbart sollte die Erziehung zwei Hauptziele verfolgen: Förderung individueller Willensbildung und Anregung der Geistestätigkeit. Der Berliner Philosoph F. Paulsen, der wohl einflussreichste deutsche Pädagoge am Ende des 19. Jahrhunderts, verband in seiner pädagogischen Theorie die Ideen Pestalozzis, Herbarts und Kants. Für Paulsen stellte Erziehung einen zentralen menschlichen Kulturvorgang dar, er definierte sie geradezu als „Übertragung des ideellen Kulturbesitzes von der elterlichen Generation auf die nachfolgende". Als strenger Ethiker in der Tradition Kants postulierte er vier zentrale Ziele einer gelungenen Erziehung: Willensstärke, Pflichttreue, Arbeitsfleiß und religiös-sittliche Lebensauffassung.

II. Grundprobleme und Tendenzen der Forschung

Im Gegensatz zur Geschichte des 20. Jahrhunderts, in dem die einschneidenden politischen Epochenwechsel unmittelbarste Folgen für die Gestaltung des geistigen und kulturellen Lebens sowie der Entwicklung der Bildung in Deutschland gehabt haben, können für das 19. Jahrhundert Abgrenzungen dieser Art nicht vorgenommen werden. Man weiß heute, dass etwa die große Reform und Erneuerung der Bildung, deren Wirkungen das weitere Jahrhundert geprägt haben, keineswegs erst um 1806/07 begonnen hat, sondern dass es vielerorts schon gegen Ende des 18. Jahrhunderts Bildungsreformen vor der großen Reform [197: W. NEUGEBAUER, Bildungsreformen vor Wilhelm von Humboldt] – und zwar nicht allein in Preußen – gegeben hat. Die Reformepoche hat in mehr als einer Hinsicht Entwicklungen abgeschlossen, die teilweise schon lange vorher angebahnt worden waren. Auch die zweite scheinbare Epochengrenze, die kleindeutsche Reichsgründung von 1871, relativiert sich bei näherem Hinsehen sehr deutlich, denn die auf starken eigenen Traditionen beruhende Kulturhoheit der Einzelstaaten gehörte auch damals zu den eifersüchtig verteidigten Reservaten des deutschen Föderalismus. Freilich gab es bald ebenfalls Tendenzen der Annäherung und Angleichung, die der bildungsmäßigen und kulturellen Diversifizierung Grenzen zu setzen begannen – doch hierbei handelte es sich um langfristige Prozesse, die vor und um 1900 noch keineswegs abgeschlossen waren.

Eine territorial und regional stark differenzierte kulturelle – und damit auch bildungsgeschichtliche – Vielfalt gehört zu den Grundkonstanten der deutschen Geschichte, zu denen eine Vielzahl unterschiedlicher Faktoren und Traditionen beigetragen hat: die Gegensätze zwischen den römisch besiedelten und den östlich des Limes gelegenen Gebieten, zwischen den alten Stämmen des Westens und Südens sowie den im Osten siedelnden Neustämmen, zwischen Oberdeutschland und Niederdeutschland, zwischen protestantischem und katholischem Deutschland – sie alle haben in der deutschen Kultur-, Geistes- und Bildungsgeschichte tiefe Spuren hinterlassen, die in ihrem Ausläufern bis

Epochenzäsuren

Kultur und Region

in die Gegenwart hineinreichen. Diese Tatsache spiegelt sich nicht zuletzt in bestimmten Aspekten der heutigen Forschungslage, nämlich u. a. darin, dass die Kultur- und Bildungsgeschichte einzelner deutscher Regionen mit sehr unterschiedlicher Intensität aufgearbeitet worden ist. Was das 19. Jahrhundert anbetrifft, so kann man davon ausgehen, dass Preußen und Bayern die in diesem Bereich am besten erforschten deutschen Einzelstaaten darstellen, und schon diese Tatsache muss alle allgemein und generell argumentierenden Aussagen über die Entwicklung „des" deutschen Bildungswesens immer noch mit einem gewissen Vorbehalt versehen.

Forschungsansätze und Fragestellungen

Neben der epochalen und der regionalen Abgrenzung ist die Forschung ebenfalls im Hinblick auf unterschiedliche wissenschaftliche Fragestellungen und Forschungsansätze zu differenzieren. Während innerhalb der Bildungsforschung lange Zeit ein (noch aus dem 19. Jahrhundert selbst stammender) allgemeiner Trend zur positivistischen Faktenanhäufung mit eher zurückhaltender Wertung und Analyse dominierte, setzte sich seit dem frühen 20. Jahrhundert unter dem nachwirkenden Einfluss W. Diltheys und seiner Schüler ein jahrzehntelang einflussreicher Trend zur spezifisch geistesgeschichtlichen Darstellung und Untersuchung durch, der die Forschung bis etwa zur Mitte der 1960er Jahre geprägt hat. Die folgenden beiden Jahrzehnte wiederum brachten – auch als Folge der Ausdehnung der Universitäten und der Aufwertung der pädagogisch-bildungshistorischen Lehre und Forschung – zunächst eine bedeutende, vor allem quantitative Ausweitung der bildungsgeschichtlichen Arbeit mit sich, die sich nun primär als historische Bildungsforschung „jenseits des Historismus" verstand, in besonders starkem Maße (und zuweilen auch etwas einseitig) sozialgeschichtlich ausgerichtet war und mit neuen Fragestellungen auch neue Einsichten brachte [79: F. BAUMGART, Historische Bildungsforschung jenseits des Historismus]. In der neuesten und der gegenwärtigen Bildungsforschung kann indes von einer klar vorherrschenden Methode oder Fragestellung nicht mehr die Rede sein; man versucht, im Gegenteil, verschiedene Ansätze miteinander zu kombinieren und damit die Bildungsgeschichte enger in den Zusammenhang sowohl der allgemeinen politisch-sozialen als auch der geistesgeschichtlich-kulturellen Entwicklung zu stellen.

1. Quellenlage

Zu den wichtigsten Quellen für die Universitätsgeschichte des frühen 19. Jahrhunderts zählen die wichtigen Quellenschriften zur um 1800 angestoßenen Debatte über eine grundlegende Erneuerung der deutschen Universitäten. Die bedeutendsten dieser Denkschriften liegen in der 1956 von E. ANRICH [2: Die Idee der deutschen Universität] edierten, weit verbreiteten Sammlung vor: Sie enthält die grundlegenden Texte von F. W. J. Schelling, J. G. Fichte, F. F. Schleiermacher, H. Steffens und W. von Humboldt. Ergänzungen hierzu finden sich in den Sammelbänden von W. WEISCHEDEL [16: Idee und Wirklichkeit einer Universität] und der etwas neueren Zusammenstellung von E. MÜLLER [13: Gelegentliche Gedanken über Universitäten], in denen weitere Texte zu dieser Debatte zwischen 1802 und 1816 u. a. von J. J. Engel, J. B. Erhard, F. A. Wolff, C. F. von Savigny und G. W. F. Hegel zu finden sind. Die Bedeutung der meisten dieser klassischen Texte liegt nicht zuletzt darin, dass sie weit über ihre Zeit und ihr Jahrhundert hinausgewirkt und noch der westdeutschen Reformdebatte der 1960er Jahre Anregungen vermittelt haben [dazu vor allem: 203: H. SCHELSKY, Einsamkeit und Freiheit].

Universitätsreformdebatte um 1800

Zu den zentralen Quellen einer modernen Universitätsgeschichte gehören die zeitgenössischen Verzeichnisse aller eingeschriebenen Studierenden, die Matrikel, deren Auswertung wichtige sozial- und kulturgeschichtliche Erkenntnisse vermittelt. Die vollständige Edition älterer deutscher Universitätsmatrikel und deren wissenschaftliche Bearbeitung und Auswertung hat sich bisher eher auf die Frühe Neuzeit konzentriert; für das 19. Jahrhundert sind die Matrikel bisher erst für einige Universitäten, etwa für Göttingen [15: G. VON SELLE; 6: W. EBEL], vollständig herausgegeben worden. Bei der Erforschung der Geschichte der Technischen Hochschulen hat Hannover Pionierarbeit geleistet, deren Matrikel seit ihrer Begründung als Polytechnische Schule seit 1831 inzwischen in vollständiger Edition vorliegen [14: H. MUNDHENKE]. – Eine bedauerlicherweise bisher kaum nachgedruckte, leider insgesamt vernachlässigte Quelle stellen die – in der Regel nur noch in den jeweiligen Universitätsarchiven vorhandenen – Vorlesungsverzeichnisse dar. Als vorläufiger Ersatz dürfen knappe Verzeichnisse gelten, die in einigen zeitgenössischen Periodika (wenngleich zuweilen unvollständig) abgedruckt worden sind und die dank eines nützlichen Verzeichnisses [3: H. W. BLANKE, Bibliographie] leicht erschlossen werden können. – Eine sehr materialreiche, auch in der Präsentation aufschlussreiche

Matrikel; Vorlesungsverzeichnisse; zeitgenössische Selbstdarstellungen

zeitgenössische Selbstdarstellung der deutschen Universitäten, ihrer Fakultäten, Disziplinen, Institute und Seminare bietet ein zweibändiges Großwerk, das 1893 zur Weltausstellung von Chicago von dem Statistiker W. LEXIS [11: Die deutschen Universitäten] herausgegeben worden ist.

Schulgeschichte; Pädagogik

Ein überaus reiches gedrucktes Quellenmaterial liegt zur deutschen Schulgeschichte und zur Entwicklung der pädagogischen Ideen im 19. Jahrhundert vor. Als Einführung bestens geeignet ist immer noch die vorzügliche Sammlung von G. GIESE [28: Quellen zur deutschen Schulgeschichte seit 1800]; ergänzend hierzu ist eine neuere Zusammenstellung von L. FERTIG [24: Die Volksschule des Obrigkeitsstaates] heranzuziehen. Die Erschließung der Schulbücher als historische Quelle ist durch neuere Verzeichnisse ebenso erleichtert [30: M. HEINEMANN (Hrsg.), Titelsammlung zum Elementar- und Volksschulunterricht] wie die quellennahe Erfassung der Entstehung und Entwicklung der technischen, landwirtschaftlichen sowie der betrieblichen Berufsbildung [dazu die materialreichen Sammlungen von 21: H. BRUCHHÄUSER/A. LIPSMEIER; 31, 32: W. JOST; 42: K. RENNER; 43: A. SCHLÜTER/ K. STRATMANN; 45: F. SCHÜTTE]. – Die seit 1886 erschienenen „Monumenta Germaniae Paedagogica" [33] enthalten wichtige Quellentexte zur Bildungsgeschichte und Pädagogik auch des 19. Jahrhunderts; sie werden neuerdings ergänzt durch wichtige Einzeleditionen zentraler Texte [etwa von 38: I. NIETHAMMER, 48: J. W. SÜVERN oder 29: F. HARKORT] und umfangreiche Gesamtausgaben der pädagogischen „Klassiker" [40: J. H. PESTALOZZI; 23: F. A. W. DIESTERWEG]. Auch die aufschlussreichen Nationalerziehungspläne der Reform- und Befreiungszeit sind inzwischen gut dokumentiert [34: H. KÖNIG (Hrsg.), Deutsche Nationalerziehungspläne].

Staat und Schule; Schulreformen

Die staatliche Schulpolitik im Allgemeinen sowie die Schulreformpolitik im Besonderen ist quellenmäßig ebenfalls recht gut erschlossen, zum einen durch ältere und neuere Sammlungen zur Schulgesetzgebung etwa in Preußen [26: L. FROESE/W. KRAWIETZ; 37: J. D. F. NEIGEBAUR], Bayern [51: Volksschulwesen und Kirche in Bayern; 20: W. K. BLESSING/R. KIESSLING/A. SCHMID (Hrsg.), Dokumente] und Württemberg [44: J. SCHNEIDERHAN (Hrsg.), Vademecum], zum anderen durch teilweise sehr ausführliche Dokumentationen zu den Schulreformen [etwa bei 46: L. SCHWEIM (Hrsg.), Schulreform; 18: H.-J. APEL/M. KLÖCKER (Hrsg.), Schulwirklichkeit] einzelner deutscher Länder, deren 1868 beginnende kultur- und bildungspolitische Zusammenarbeit ebenfalls bereits in einer Quellenpublikation dokumentiert ist [35: C. KÜRTEN (Bearb.), Zur kulturpolitischen Zusammenarbeit]. Von besonderer

Wichtigkeit für die Entwicklung des deutschen Gymnasialwesens im Kaiserreich sind die publizierten (und neuerdings auch nachgedruckten) Protokolle der Berliner „Verhandlungen über Fragen des höheren Unterrichts" von 1890 und 1900; die Neudrucke [49; 50] enthalten allerdings ideologisch verzerrende Einleitungen der Herausgeber H.-J. HEYDORN und G. KONEFFKE [dazu die berechtigte Kritik von 181: C. FÜHR, Bildungsgeschichte und Bildungspolitik, 56–68].

Als in mehr als einer Hinsicht besonders ergiebige persönliche Quellen zur allgemeinen Bildungs- und Wissenschaftsgeschichte sind schließlich die edierten Korrespondenzen besonders herausragender Gelehrter aus allen Bereichen der Geistes- und Naturwissenschaften – etwa: DAHLMANN [57], DROYSEN [55], RANKE [62; 63; 64], SAVIGNY [68], GAUSS [66], DU BOIS-REYMOND [56] – zu nennen, die gleich in dreifacher Hinsicht wichtige Aufschlüsse geben können: Zuerst zur internen Entwicklung einzelner Wissenschaften und Wissenschaftszweige, zweitens zur Geschichte der Universitäten und der im 19. Jahrhundert neu entstehenden oder sich weiter entwickelnden wissenschaftlichen Institutionen und drittens schließlich auch zu dem gerade in dieser Epoche besonders zentralen und komplexen Verhältnis zwischen Wissenschaft und Politik.

Gelehrtenkorrespondenzen

2. Überblicksdarstellungen und Sammelwerke

Unverzichtbarer Ausgangspunkt für alle neuere und neueste Bildungsforschung ist die seit 1995 erscheinende und seit 2000 von der Bibliothek für bildungsgeschichtliche Forschung (Berlin) herausgegebene, in Jahresbänden aufgelegte Bibliographie Bildungsgeschichte [71]. Ein außerordentlich umfassendes, bisher nur ansatzweise ausgewertetes Datenmaterial zur Sozial- und Strukturgeschichte aller Bereiche der modernen deutschen Bildungsgeschichte liefert das (in bisher fünf Teilbänden) vorliegende Datenhandbuch zur deutschen Bildungsgeschichte [72] mit ausführlichen statistischen Informationen zur Entwicklung des Hochschulstudiums in Deutschland seit 1820 (Bd. I/1), u. a. über Fächerströme, Studienalter, regionale, soziale und konfessionelle Herkunft der Studierenden, zum Wachstum und zur institutionellen Differenzierung der deutschen Universitäten (Bd. I/2), zur deutschen Schulstatistik seit 1800 (Bd. II/1), zur regionalen Differenzierung der Schulentwicklung (Bd. II/2) sowie zur Statistik des Mädchenschulwesens (Bd. II/3). Auch zur staatlichen Wissenschaftsfinanzierung in Deutschland seit 1850 liegt inzwischen umfassendes Datenma-

Bibliographien; Datensammlungen

terial vor [78: F. R. PFETSCH, Datenhandbuch zur Wissenschaftsentwicklung].

Forschungsberichte; Methodendiskussion

Über die neueste Forschung informieren ausführliche und fundierte Forschungsberichte sowohl zur allgemeinen Bildungsgeschichte und Bildungsforschung [76: W. NEUGEBAUER, (Literaturbericht) Bildungsgeschichte] als auch, mit speziellerer Fragestellung, zur Universitäts- und Gelehrtengeschichte [73: R. VOM BRUCH, Bildungssystem] oder zur Geschichte der höheren Bildung [77: L. O'BOYLE, Judgments of German Society]. Dem vor allem in den 1970er und den frühen 1980er Jahren zuweilen sehr vehement vorgetragenen Plädoyer für eine primär sozialgeschichtlich ausgerichtete Bildungsforschung [etwa 91: P. LUNDGREEN, Historische Bildungsforschung; 79: F. BAUMGART, Historische Bildungsforschung jenseits des Historismus] ist in jüngster Zeit ein eher pluralistisch orientierter, stärker institutionengeschichtliche Zusammenhänge aufnehmender und reflektierender Ansatz gefolgt [74: R. VOM BRUCH, Methoden], ebenso das überzeugend vorgetragene Plädoyer für die Erweiterung bisheriger bildungsgeschichtlicher Ansätze „zu einer *Realhistorie der Bildungsrezeption*" [75: W. NEUGEBAUER, Zu Stand und Aufgaben, 236].

Handbücher

Seit den 1980er Jahren bereichern eine Reihe neuer wichtiger Handbücher und Handbuchbeiträge zur Bildungsgeschichte die Forschung, die nicht nur wegen der von ausgewiesenen Spezialisten verfassten Darstellungen, sondern auch wegen der beigegebenen umfangreichen Forschungsbibliographien unverzichtbare Arbeitsinstrumente für jeden bildungshistorisch Arbeitenden gelten dürfen. An erster Stelle sind hier die Bände 3 und 4 (sie umfassen den Zeitraum 1800–1914) des Handbuchs der deutschen Bildungsgeschichte [87: K.-E. JEISMANN/ P. LUNDGREEN; 80: C. BERG] zu nennen, die zu allen Bereichen von Schule, Hochschule, Pädagogik und Lehrerbildung, Berufs- und Volksbildung umfassende und im Allgemeinen sehr fundierte Beiträge enthalten. Ein 1912 erschienenes Handbuch enthält nicht nur auch heute noch wichtige Informationen über alle Bereiche des deutschen Kultur- und Bildungslebens im 19. Jahrhundert [86: P. HINNEBERG (Hrsg.), Die Kultur der Gegenwart], sondern stellt ebenfalls ein sprechendes Zeugnis dar für den ausgeprägten Kulturoptimismus der mit dem Jahr 1914 endenden Epoche. Ein ebenso knappes wie kompakt und fundiert informierendes Handbuch zur neueren Universitätsgeschichte der deutschsprachigen Länder [81: L. BOEHM/R. A. MÜLLER (Hrsg.), Universitäten und Hochschulen] liegt inzwischen ebenso vor wie ausführliche Handbuchdarstellungen der preußischen, der bayerischen und der österreichischen Bildungsentwicklung [93: W. NEUGEBAUER, Das Bildungswe-

2. Überblicksdarstellungen und Sammelwerke

sen in Preußen; 90: M. Liedtke (Hrsg.), Handbuch der Geschichte des Bayerischen Bildungswesens; 85: H. Engelbrecht, Geschichte des österreichischen Bildungswesens].

Den Klassiker der deutschen Bildungsgeschichte des 19. Jahrhunderts hat der um 1900 bedeutendste deutsche Bildungshistoriker verfasst [97: F. Paulsen, Geschichte des gelehrten Unterrichts, Bd. 2; als Kurzfassung: 96: Ders., Das deutsche Bildungswesen], geschrieben vom Standpunkt der klassischen deutschen Bildungsidee – seinerzeit ein Meilenstein der Forschung und noch heute wegen konkurrenzloser Materialfülle und exzellenter Einzelinterpretationen ein unverzichtbares Arbeitsinstrument. Eine ebenfalls kenntnisreich-ausführliche, geistes- und sozialgeschichtliche Ansätze miteinander verbindende Gesamtdarstellung hat 1961 W. Roessler geliefert [98: Die Entstehung des modernen Erziehungswesens], mit umfassender Bibliographie der älteren Forschungsliteratur [ebd., 462–502]. Unter den neueren großen Darstellungen der deutschen Geschichte des 19. Jahrhunderts finden sich vor allem bei T. Nipperdey exzellent informierte und glänzend geschriebene große Überblickskapitel zu allen Themen der Entwicklung von Kultur, Wissenschaft und Bildung [94: T. Nipperdey, Deutsche Geschichte 1800–1866, 451–594; 95: Ders., Deutsche Geschichte 1866–1918, Bd. 1, 531–811].

Überblicksdarstellungen

Die Genese und die Entwicklung des deutschen Begriffs der „Bildung" ist seit einigen Jahren ausführlich rekonstruiert, sowohl aus philosophischer als auch aus geschichtswissenschaftlicher Perspektive [89: E. Lichtenstein, Art. „Bildung", 921–937; 99: R. Vierhaus, Art. „Bildung", 508–551, bes. 523–551] und ebenfalls mit Blick auf dessen Wandlungen unter den sich stetig verändernden politik- und sozialhistorischen Rahmenbedingungen während des 19. Jahrhunderts [K.-E. Jeismann, in: 87: K.-E. Jeismann/P. Lundgreen (Hrsg.), Handbuch der deutschen Bildungsgeschichte, Bd. 3, 1–21]. – Auch die „Begriffs- und Dogmengeschichte" des „Bildungsbürgertums" ist materialreich aufgearbeitet [103: U. Engelhardt, „Bildungsbürgertum", bes. 64–180 (zum 19. Jahrhundert)], ebenso wie die Entwicklung der spezifisch bürgerlichen Bildungspraxis und Bildungsidee in übernational vergleichender Perspektive [102: W. Conze/J. Kocka (Hrsg.), Bildungsbürgertum im 19. Jahrhundert, Bd. 1, mit instruktiven Einzelstudien zu Frankreich, Großbritannien, den USA, Russland und Polen (ebd., 109–230)].

„Bildung" und „Bildungsbürger"

Als Reaktion auf eine allzu stark geistesgeschichtlich orientierte Pädagogik und Bildungsgeschichte in der Zeit nach dem Zweiten Weltkrieg entwickelte sich seit den 1960er Jahren eine entschieden sozialhistorisch orientierte Richtung innerhalb der bildungsgeschichtlichen

Bildung in sozial- und verfassungshistorischer Perspektive

Forschung, der neben einer Fülle von Detailforschungen auch Überblicke zu größeren Problembereichen gelungen sind [wichtig: 122: R. VIERHAUS, Umrisse einer Sozialgeschichte]. So ist etwa gezeigt worden, dass unter den spezifischen Entwicklungsbedingungen des deutschen Bürgertums um und nach 1800 der Begriff „Bildung" tatsächlich „*ein sozialer Statusbegriff* geworden" ist [107: R. W. KECK, Das „Bürgerrecht auf Bildung", 266], was wiederum die Art und Ausrichtung der Professionalisierung akademischer Berufe entscheidend mitbestimmt hat [112: C. E. MCCLELLAND, Zur Professionalisierung]. Genau an dieser Stelle verband sich nämlich der politische mit dem kulturellen Führungsanspruch des Bürgertums, denn „die ‚bürgerliche Kultur' sollte die allgemeine Kultur schlechthin werden, so wie die ‚bürgerliche Gesellschaft' die Gesellschaft der Zukunft sein würde" [L. GALL, Bürgertum in Deutschland, Berlin 1989, 202]. Ein weiterer verfassungshistorischer Aspekt der Bildungsgeschichte ist die erst teilweise aufgearbeitete, insgesamt eher beschwerliche Entwicklung des freien Forschens, Lehrens und Lernens [hierzu, ausgehend vom Beispiel der Tübinger Universität, vorzüglich: 119: K. SCHREINER, Disziplinierte Wissenschaftsfreiheit]. Den „Verfassungsfaktor" Wissenschaft in Deutschland vom Vormärz bis zum wilhelminischen Zeitalter hat, unter Verwendung eines ungewöhnlich breit ausgreifenden Verfassungsbegriffs, P. SCHIERA untersucht [117: Laboratorium der bürgerlichen Welt].

Konfession und Bildung

Eine von den deutschen Bildungstheoretikern und Bildungspolitikern seit dem späteren 19. Jahrhundert intensiv diskutiertes Problem ist das „katholische Bildungsdefizit", also die Benachteiligung der katholischen Bevölkerungsteile in der Folge der weitgehenden Zerschlagung des alten kirchlichen Bildungssystems im Zuge der Säkularisation seit 1803. Während Teile der Forschung die Bedeutung der Zäsur der Säkularisationsbewegung [100: L. BOEHM, Katholizismus, Bildungs- und Hochschulwesen] und die Konkurrenz des besonders bildungsbeflissenen Protestantismus stark herausgearbeitet haben [108: M. KLÖCKER, Das katholische Bildungsdefizit; 109: DERS., Ursachen des katholischen Bildungsdefizits], betonen weitere Arbeiten, dass auch mehrere andere Faktoren für eben jenes Defizit verantwortlich gemacht werden müssen: „die besondere Sozial- und Berufsstruktur und die historisch bedingte ländlich-kleinstädtische Zuordnung der katholischen Bevölkerung" sowie ebenfalls bestimmte „innerkatholische Momente, die zu einer verhängnisvollen Abwehrhaltung des Katholizismus gegen die moderne Welt und zur Skepsis gegenüber neuen Tendenzen in Wissenschaft und Kultur" geführt haben [115: W. RÖSENER, Das katholische Bildungsdefizit, 126]. Zu den konfessionsgeschichtlich bedingten Ei-

2. Überblicksdarstellungen und Sammelwerke

gentümlichkeiten der deutschen Schulgeschichte zählt schließlich die während des gesamten 19. Jahrhunderts (bis auf wenige Ausnahmen) verhinderte Einführung interkonfessioneller Simultanschulen [dazu eingehend: 342: K. ERLINGHAGEN, Die Säkularisierung der deutschen Schule].

Die verschlungenen und überaus komplexen Wege der deutschen Begriffe von „Kultur" und „Bildung" sind mehrfach, auch in ideologiekritischer Absicht aus der Perspektive der zweiten Nachkriegszeit nachgezeichnet worden: Die These, dass es sich bei eben jenen Begriffen und ihrer Definition und Perzeption während des 19. Jahrhunderts um einen spezifisch deutschen „semantischen Sonderweg" handele, der sowohl durch einen „verengte[n] Bedeutungsumfang" als auch durch einen „komplexe[n] Bedeutungsinhalt" [101: G. BOLLENBECK, Bildung und Kultur, 20, 126] gekennzeichnet worden sei, hat sich zeitweise (wenn auch mit durchaus unterschiedlicher Bewertung dieses Tatbestands) durchsetzen können. Andere neuere Arbeiten wiederum haben herausgestellt, dass dort, wo von einem genuin „europäischen Bildungskanon" die Rede ist, keine wesentliche Differenz zwischen deutschem und außerdeutschem Bildungsverständnis ausgemacht werden kann; die Begriffe, die historischen Voraussetzungen, die gemeinsamen Institutionen und Sachbereiche (wie etwa Literatur, Philosophie, Geschichte, sodann Wissenschaften, aber auch Enzyklopädie und Museum) sind allen europäischen Kulturvölkern gemeinsam [106: M. FUHRMANN, Der europäische Bildungskanon].

<small>Kultur, Bildung, Bildungskanon</small>

Eine europäisch vergleichende Bildungsforschung, gerade auch mit Blick auf das 19. Jahrhundert, steht trotz beachtlicher Einzelleistungen [etwa: 111: P. LUNDGREEN, Deutsche Bildungsgeschichte] noch immer am Anfang. Immerhin sind neuerdings die Wirkungen des Humboldtschen Universitätsmodells auch im außerdeutschen Bereich näher untersucht worden [208: R. C. SCHWINGES (Hrsg.), Humboldt International], und im Rahmen eines neuen vergleichenden Handbuchs ist die gemeineuropäische Universitätsgeschichte in komparativer Absicht ausführlich aufgearbeitet worden [284: W. RÜEGG (Hrsg.), Geschichte der Universität in Europa, Bd. 3] – ebenso wie die vergleichende Geschichte der „Gebildeten" in der neueren Geschichte Europas, erfreulicherweise unter Einbeziehung des in von der früheren Forschung nicht selten ausgesparten europäischen Ostens [120: D. SDVIŽKOV, Das Zeitalter der Intelligenz].

<small>Vergleichende Perspektiven</small>

3. Zur Geistesgeschichte, Literatur, Kunst und Musik

Allgemeine Geistesgeschichte

Eine umfassende allgemeine Synthese der deutschen Geistesgeschichte des 19. Jahrhunderts liegt bis heute nicht vor. Eine ältere Darstellung des Philosophen T. ZIEGLER [163: Die geistigen und sozialen Strömungen Deutschlands im neunzehnten Jahrhundert] versucht eine enge Verbindung von Geistes-, Kultur- und Politikgeschichte, während H.-J. SCHOEPS [155: Deutsche Geistesgeschichte der Neuzeit, Bd. 4] die Formung der politischen Ideen des 19. Jahrhunderts in den Mittelpunkt seiner Betrachtung stellt. Die ebenfalls bereits älteren Studien des (aus der Schule W. Diltheys stammenden) Pädagogen und Philosophen H. NOHL [146: Die deutsche Bewegung] konzentrieren sich auf die zentrale Phase der neueren deutschen Geistes- und Kulturgeschichte um 1800 unter systematischen und epochenspezifischen Fragestellungen oder versuchen sich an einer Rekonstruktion der Entstehung und Entwicklung des historischen Bewusstseins vom „Sturm und Drang" über den Historismus bis zur Geschichtsphilosophie des ausgehenden 19. Jahrhunderts [147: NOHL, Das historische Bewußtsein].

Philosophie

Die Entwicklung der deutschen Philosophie im 19. Jahrhundert ist vielfach nachgezeichnet worden – sei es im Rahmen der gängigen Überblicksdarstellungen [immer noch anregend: 125: E. VON ASTER, Geschichte der Philosophie, 292–411], sei es im Rahmen ausführlicher neuerer Handbücher [etwa: 149: S. POGGI/W. RÖD, Die Philosophie der Neuzeit 4; 158: R. C. SOLOMON/K. M. HIGGINS (Hrsg.), Routledge History of Philosophy 6]. Eine vorzügliche, themenbezogene und problemorientierte Synthese hat H. SCHNÄDELBACH geliefert [154: Philosophie in Deutschland 1831–1933], der sich besonders dem Historismus, dem Verständnis von Wissenschaft sowie dem Verstehens- und dem Wertproblem widmet. Andere Überblicke wiederum sind stärker personenbezogen orientiert; so behandelt W. HOGREBE [134: Deutsche Philosophie im XIX. Jahrhundert] das Denken von Schelling, Schleiermacher, Schopenhauer, Stirner, Kierkegaard, Engels, Marx, Dilthey und Nietzsche. Unverzichtbar zum Verständnis der Philosophie jener Epoche bleibt weiterhin die kenntnisreich interpretierende und souverän argumentierende Monographie von K. LÖWITH [140: Von Hegel zu Nietzsche].

Literaturhistorische Synthesen

Als Standardwerke von kaum noch zu übertreffender, umfassender Gründlichkeit müssen zuerst die einschlägigen, im Ganzen exzellenten Bände aus der von H. DE BOOR/R. NEWALD begründeten „Geschichte der deutschen Literatur von den Anfängen bis zur Gegenwart" genannt werden, die bisher leider nur für die Jahre bis 1830 [156: G.

3. Zur Geistesgeschichte, Literatur, Kunst und Musik

SCHULZ, Die deutsche Literatur 1789–1830] sowie ab 1870 [159: P. SPRENGEL, Geschichte der deutschsprachigen Literatur 1870–1900] vorliegen. Umfassend angelegte und stark ins Detail gehende Epochendarstellungen mit traditionell philologisch-historischer Fragestellung liegen für die Biedermeierzeit [157: F. SENGLE, Biedermeierzeit] und für den bürgerlichen Realismus vor [142: F. MARTINI, Deutsche Literatur im bürgerlichen Realismus]. Stärker rezeptionsästhetisch oder auch politikhistorisch argumentieren einige neuere literarhistorische Sammelwerke [164: V. ŽMEGAČ (Hrsg.), Geschichte der deutschen Literatur; 126: E. BAHR (Hrsg.), Geschichte der deutschen Literatur – Kontinuität und Veränderung]; auch die Frühgeschichte der „Kulturindustrie" [135: P. U. HOHENDAHL, Literarische Kultur, 376 ff.] ist bereits erforscht.

Unter dem Eindruck der sozialgeschichtlichen Wende seit den ausgehenden 1960er Jahren wurde „Hansers Sozialgeschichte der deutschen Literatur vom 16. Jahrhundert bis zur Gegenwart" konzipiert, von der die vier das gesamte 19. Jahrhundert abdeckenden Bände inzwischen erschienen sind [160: G. UEDING, Hansers Sozialgeschichte, Bd. 4; 152: G. SAUTERMEISTER/U. SCHMID (Hrsg.), Hansers Sozialgeschichte, Bd. 5; 143: E. MCINNES/G. PLUMPE (Hrsg.), Hansers Sozialgeschichte, Bd. 6; 145: Y.-G. MIX (Hrsg.), Hansers Sozialgeschichte, Bd. 7]. Das Sammelwerk ist im Stil der 1970er Jahre konzipiert, die zuweilen recht heterogen wirkenden Einzelbeiträge verschiedener Autoren argumentieren in der Regel explizit politisch; die Schwerpunktsetzung erscheint eher willkürlich (so enthält Bd. 5 Einzeldarstellungen *nur* zu Heine und Büchner!). Die Bedeutung der deutschen „oppositionelle[n] bis revolutionäre[n] Literaturtradition" [139: U. KÖSTER, Literatur und Gesellschaft, 10] wird auch von anderen primär sozialgeschichtlich orientierten Darstellungen stark betont; weitere Untersuchungen widmen sich bis dahin kaum beachteten Themengebieten, etwa den „populären Lesestoffen" jener Epoche [sehr materialreich, wenn auch mit einigen anfechtbaren Thesen: 153: R. SCHENDA, Volk ohne Buch].

Literaturgeschichte als Sozialgeschichte

Die kulturgeschichtlich für Deutschland besonders fruchtbare Epoche um 1800 hat auch in der bildenden Kunst, besonders in der Malerei, ihre tiefen Spuren hinterlassen; am besten und umfassendsten aufgearbeitet findet sie sich in zwei neueren Synthesen [131: H. VON EINEM, Deutsche Malerei des Klassizismus und der Romantik; 127: H. BÖRSCH-SUPAN, Die Deutsche Malerei von Anton Graff bis Hans von Marées]. Neuere kunstgeschichtliche Darstellungen liefern sowohl gute, gerade auch als Einführung bestens geeignete Überblicke [129: H. BÜNEMANN, Deutsche Malerei des 19. Jahrhunderts; 137: H. KELLER,

Bildende Kunst

Deutsche Malerei des 19. Jahrhunderts; 138: H. KLOTZ, Geschichte der deutschen Kunst 3], aber ebenso auch eindringliche, die nationalen Grenzen durchaus überschreitende Gesamtdeutungen [besonders anregend: 133: W. HOFMANN, Das irdische Paradies]. Die Architekturkunst des 19. Jahrhunderts ist in mehreren Überblicken dargestellt [132: E. HEMPEL, Geschichte der deutschen Baukunst, 499–549; in vergleichender Perspektive: 144: C. MIGNOT, Architektur des 19. Jahrhunderts]; auch die Entwicklung der Plastik ist in umfassenden Synthesen überblicksartig aufgearbeitet [148: G. VON DER OSTEN, Plastik des 19. Jahrhunderts; 161: H. WEIGERT, Geschichte der deutschen Kunst 2].

Musikgeschichte   Unter den Künsten verfügt die Musik in Deutschland traditionell über einen besonders hohen Stellenwert, und dem entspricht die Fülle der zusammenfassenden, gerade auch für Liebhaber geschriebenen musikgeschichtlichen Kompendien und Synthesen. Einen im engeren Sinne wissenschaftlichen Anspruch erheben können eine Reihe von mehrbändigen Gesamtdarstellungen [150: M. RAEBURN/A. KENDALL (Hrsg.), Geschichte der Musik; 128: M. BRZOSKA/M. HEINEMANN (Hrsg.), Die Geschichte der Musik] und einschlägigen Handbüchern [vorzüglich: 162: K. H. WÖRNER, Geschichte der Musik, darin: S. GROSSMANN-VENDREY, Das 19. Jahrhundert, 372–525], denen wiederum Darstellungen einzelner Autoren gegenüberstehen [etwa: 124: G. ABRAHAM, Geschichte der Musik], von denen allerdings nur wenigen eine einheitliche Synthese der Musikgeschichte des 19. Jahrhunderts geglückt ist, die „einerseits eine in sich zusammenhängende Geschichtserzählung und nicht bloß die Schilderung eines imaginären Museums sein möchte, andererseits aber auf eine Geschichte der Musik als Kunst und nicht als Dokument außermusikalischer Vorgänge zielt" und die „primär von der Entwicklung der musikalischen Gattungen" ausgeht, „in denen ästhetische und kompositionstechnische Prinzipien mit ihren ideen- und sozialgeschichtlichen Bedingungen vermittelt worden sind" [so, in der besten Gesamtdarstellung für diesen Zeitraum: 130: C. DAHLHAUS, Neues Handbuch der Musikwissenschaft, 332].

4. Zur Geschichte der Wissenschaftspolitik und Bildungsreform

Übergreifende Perspektiven; der „Kulturstaat"   Eine Gesamtgeschichte der deutschen Bildungsreformen ist noch nicht geschrieben [trotz 180: L. VON FRIEDEBURG, Bildungsreform in Deutschland, 151–201 (zum 19. Jahrhundert, mit einigen durchaus anfechtba-

4. Zur Geschichte der Wissenschaftspolitik und Bildungsreform

ren Urteilen)]; immerhin gibt es einzelne Überblicke, etwa zur Geschichte der Universitätserneuerung und der Hochschulreformen [203: H. SCHELSKY, Einsamkeit und Freiheit; 169: L. BOEHM, Universitätsreform als historische Dimension; 173: B. VOM BROCKE, Preußische Hochschulpolitik]. Das um 1800 entstandene, nach 1945 von juristisch-verfassungshistorischer Seite erneut in die Diskussion eingeführte Konzept des „Kulturstaats" [182: E. R. HUBER, Zur Problematik des Kulturstaats; vgl. hierzu ebenfalls: DERS., Deutsche Verfassungsgeschichte seit 1789, Bd. 4. 2. Aufl., Stuttgart/Berlin/Köln/Mainz 1982, 637–644] wird – besonders auch mit Blick auf das 19. Jahrhundert – von der neuesten bildungshistorischen Forschung erfolgreich wieder aufgegriffen, die zugleich darauf hinweist, „dass der leistungsverwaltende Kulturstaat in seinen besten Zeiten nicht nur zu immer erweiterter Daseinsvorsorge beitrug, sondern auch zu einer Ausweitung derjenigen Schichten, die an ihm teilhaben konnten" [198: W. NEUGEBAUER, Kulturstaat als Kulturinterventionsstaat, 124].

Die neuere und neueste Forschung hat den Blick auf die Reformen vor der Reformzeit und damit auf deren „Vorläuferprozesse im letzten Drittel des 18. Jahrhunderts" gelenkt [U. HERRMANN, Das 18. Jahrhundert als Epoche der deutschen Bildungsgeschichte und der Übergang ins 19. Jahrhundert, in: N. HAMMERSTEIN/U. HERRMANN (Hrsg.), Handbuch der deutschen Bildungsgeschichte, Bd. 2, München 2005, 548]. Inzwischen liegen Untersuchungen darüber vor, dass es beispielsweise in Preußen z. T. sehr umfassende Aktivitäten im Bereich der Schul- und Bildungsreformen bereits vor 1800 gegeben hat [197: W. NEUGEBAUER, Bildungsreformen vor Wilhelm von Humboldt], die vor allem mit dem Namen des (seinerzeit auch für den Schul- und Bildungsbereich zuständigen) Berliner Innenministers J. E. von Massow verbunden waren [201: G. ROELLECKE, Julius von Massow; 206: M. SCHNEIDER, Julius Eberhard Wilhelm Ernst von Massows Beitrag]. Freilich scheiterte er mit seinem – die Idee einer allgemeinen Menschenbildung verschmähenden, auf Kosten der alten Universität zu errichtenden – Konzept höherer Spezialschulen.

Reformen vor der Reform

Der von der älteren Forschung manchmal überschätzte [210: E. SPRANGER, Wilhelm von Humboldt und die Reform des Bildungswesens; 203: H. SCHELSKY, Einsamkeit und Freiheit, bes. 66 ff., 91 ff.; mit allerdings deutlich abweichender Interpretation: 183: S. A. KAEHLER, Wilhelm von Humboldt und der Staat, 211–249], heute zuweilen allzu gering bewertete Beitrag W. von Humboldts zur Erneuerung des Bildungswesens in Preußen und Deutschland während seiner kurzen Zeit als Leiter der Sektion für Unterricht und Kultus im preußischen Innen-

W. von Humboldts Bildungsidee und Bildungsreform

ministerium ist immer wieder eingehend thematisiert worden [grundlegende neuere Darstellung und Interpretation: 194: C. MENZE, Die Bildungsreform Wilhelm von Humboldts (mit der These vom Scheitern Humboldts als Bildungsreformer und dem – wohl allzu pessimistischen – Schlussurteil, Humboldts Reformversuch sei „eine im Grunde folgenlose Episode" (ebd., 479) gewesen; wichtig ebenfalls (mit positiverem Urteil): 195: C. MENZE, Wilhelm von Humboldt und die deutsche Universität; sodann: 168: D. BENNER, Wilhelm von Humboldts Bildungstheorie]. Die Reichweite und die Intensität des Weiterwirkens der Humboldtschen Reformen im Allgemeinen und seiner Universitätsidee im Besonderen ist freilich nach wie vor sehr umstritten [dazu die Einzelbeiträge in den Sammelbänden: 207: G. SCHUBRING (Hrsg.), ‚Einsamkeit und Freiheit'; 208: R. C. SCHWINGES (Hrsg.), Humboldt International].

Schulpolitik bis 1870

Schulgeschichte [siehe dazu unten die Abschnitte II. 8–11] und Schulpolitik im weiteren Sinne sind kaum zu trennen, insofern sind eigenständige Arbeiten mit thematischem Schwerpunkt auf den *schulpolitischen* Aktivitäten der deutschen Regierungen eher rar. Immerhin sind Preußen und Bayern vergleichend untersucht worden [382: K. A. SCHLEUNES, Schooling and Society, der die restriktiv-rückwärtsgewandten Aspekte herausstreicht; zu Bayern ebenfalls: 373: J. NEUKUM, Schule und Politik]; daneben liegen ebenfalls neuere Studien zur Schulpolitik der Berliner Regierung bis 1859 vor [167: F. BAUMGART, Zwischen Reform und Reaktion, der vor kurzschlüssigen, nur politisch argumentierenden Deutungen warnt]. Immerhin ist von rechtshistorischer Seite das Verhältnis von Staat und höherer Schule unter dem Aspekt der Gestaltung der „deutschen Bildungsverfassung" ebenso analysiert worden [377: H. ROMBERG, Staat und höhere Schule] wie der zuweilen noch immer unterschätzte Beitrag, den die Städte und Gemeinden zur Entwicklung des deutschen Schulwesens geleistet haben [351: H. HECKEL, Die Städte und ihre Schulen].

Konservative und liberale Bildungspolitik

Die eher berüchtigten als berühmten Regulative des Berliner Kultusbeamten F. Stiehl aus der Reaktionszeit Preußens nach 1848/49 [47: F. STIEHL, Die drei preußischen Regulative; Auszüge auch in: 28: G. GIESE (Hrsg.): Quellen zur deutschen Schulgeschichte, 145–154] sind begreiflicherweise immer wieder von den Bildungshistorikern diskutiert und problematisiert worden [besonders extrem etwa von 180: L. VON FRIEDEBURG, Bildungsreform in Deutschland, der (ebd., 85) von „schwülstiger Frömmelei" spricht und lediglich „rigide Bildungsbeschneidung" als Folge von „religiöse[r] Schwärmerei" zu erkennen vermag]. Die neuere Forschung hat dagegen herausgearbeitet, dass

4. Zur Geschichte der Wissenschaftspolitik und Bildungsreform

Stiehl – bei durchaus konservativ-christlicher Grundüberzeugung – dennoch für eine sorgsame Fortentwicklung des Schulwesens eintrat, diese Haltung aber unter den erschwerten Bedingungen der Reaktionsära nur stark verklausuliert zu artikulieren vermochte [grundlegend: 188: B. KRUEGER, Stiehl und seine Regulative]. Ebenfalls ist inzwischen erwiesen, dass seine Regulative im Zusammenhang der deutschen Schulgeschichte der 1850er Jahre nicht isoliert betrachtet werden dürfen [184: H. KEMNITZ/C. RITZI (Hrsg.), Die preußischen Regulative], da es ähnliche schulpolitische Maßnahmen auch in anderen deutschen Ländern (z. B. in Bayern und Kurhessen) gegeben hat. – Den konservativen Konzepten der 1850er Jahre folgte, worauf ebenfalls hinzuweisen ist, ein Jahrzehnt später eine Reformulierung liberaler Bildungsideen, deren führende Protagonisten (z. B. der Historiker Gervinus im Jahr 1862) der Überzeugung Ausdruck verliehen, „daß von der Gestaltung des Bildungswesens die innere Ordnung einer Gemeinschaft, das Maß an Freiheit und Entfaltungsmöglichkeiten, die sie gewährt, entscheidend abhänge" [27: L. GALL, Verfassungsstaat und Bildungswesen, 408].

Die biographische Dimension der Bildungsgeschichte darf nicht unterschätzt werden, da, wie sich an einer Reihe von Beispielen zeigen lässt, so manche bildungsreformerische Innovation nicht zuletzt auf persönliche Initiative einzelner Bildungspolitiker oder höherer Beamter zurückzuführen ist. Aus diesem Grund können Kenntnisse über Werdegang und Lebenslauf bedeutender Persönlichkeiten dieses Kreises – erwähnt seien beispielsweise J. W. Süvern [48: H.-G. GROSSE JÄGER/K.-E. JEISMANN], G. H. L. Nicolovius [176: F. FISCHER] und J. Schulze [212: C. VARRENTRAPP; 205: B. SCHNEIDER] in Preußen und F. W. Thiersch [185: H.-M. KIRCHNER] in Bayern – wichtige Hintergrundinformationen zur Genese bestimmter grundlegender Ideen und Konzepte der Bildungsreformer liefern. Zumeist ältere, manchmal materialreiche, dennoch in vielen Einzelaspekten überholte Biographien liegen zu einigen preußischen Kultusministern vor, so zu K. S. F. von Altenstein [213: W. VOGEL], M. A. von Bethmann Hollweg [177: F. FISCHER], H. von Mühler [200: W. REICHLE] und A. Falk [178: E. FOERSTER]; ebenso ist zu nennen ein Sammelband mit biographischen Kurzdarstellungen zur preußischen und deutschen Wissenschaftspolitik [211: W. TREUE/K. GRÜNDER (Hrsg.), Wissenschaftspolitik in Berlin]. Die Geschichte des preußischen Kultusministeriums, die man zum einhundertjährigen Jubiläum erstmals erforscht hatte [190: R. LÜDICKE, Die Preußischen Kultusminister; 196: E. MÜSEBECK, Das Preußische Kultusministerium], wird gegenwärtig (2007) im Rahmen eines anspruchsvollen

Bedeutende Schul- und Bildungsreformer; Kultusministerien

Berliner Akademieprojekts über „Preußen als Kulturstaat" erneut mit breitgefächerter Fragestellung untersucht. – Zur Geschichte der (im Vergleich zum übrigen Deutschland verspäteten) österreichischen Bildungsreformen unter dem Minister L. Graf von Thun und seinen wichtigsten Mitarbeitern F. Exner und H. Bonitz in den 1850er Jahren liegen ebenfalls ältere und neuere Forschungsarbeiten vor [179: S. FRANKFURTER, Graf Leo Thun-Hohenstein; 189: H. LENTZE, Die Universitätsreform des Ministers Graf Leo Thun-Hohenstein].

Bildungspolitik im Kaiserreich; das „System Althoff"

Die erfolgreichen Bemühungen um eine Reform des höheren Schulwesens, die nach den beiden Schulkonferenzen von 1890 und 1900 erst in der wilhelminischen Zeit einen vorläufigen Abschluss gefunden haben [dazu: 345: C. FÜHR, Die preußischen Schulkonferenzen; 165: J. C. ALBISETTI, Secondary School Reform], fanden bereits unter besonderer Anteilnahme einer breiten Öffentlichkeit statt. Auch auf die Hochschulpolitik (nicht nur auf allgemeine Reformmaßnahmen, sondern ebenfalls auf Einzelentscheidungen, etwa auf Berufungen) haben, wie am preußischen Beispiel gezeigt werden konnte, die großen im Landtag vertretenen Parteien bereits lange vor 1900 einen keineswegs unbeträchtlichen Einfluss ausgeübt [166: N. ANDERNACH, Der Einfluß der Parteien]. Die Bedeutung, die ein einzelner Bildungspolitiker, F. Althoff, seit Ende der 1880er Jahre nicht nur auf das preußische, sondern darüber hinausgehend auch auf das gesamtdeutsche Bildungswesen ausgeübt hat, ist von der älteren wie der neueren Forschung mehrmals ausführlich gewürdigt und nachgezeichnet worden [202: A. SACHSE, Friedrich Althoff; aus der neueren Forschung sind grundlegend die Arbeiten von 171: B. VOM BROCKE, Hochschul- und Wissenschaftspolitik; 172: DERS. (Hrsg.) Wissenschaftsgeschichte und Wissenschaftspolitik].

Allgemeine Wissenschaftspolitik und Bildungsfinanzierung

Eine anspruchsvolle Wissenschaftspolitik haben im 19. Jahrhundert nicht zuletzt die deutschen Mittelstaaten betrieben, besonders das Königreich Bayern [hierzu neben H. GOLLWITZER, Ludwig I. von Bayern – Königtum im Vormärz, München 1986, 537–560, 868–873, für die folgende Epoche vor allem: 209: A. SING, Die Wissenschaftspolitik Maximilians II. von Bayern], das auf diese Weise mangelnde politisch-militärische Macht kompensieren wollte; nach dem Willen Maximilians II. sollte sein Königreich „zu einem angesehenen deutschen Zentrum, der Kultur und der Wissenschaften werden und in diesem Sektor eine Führungsrolle übernehmen" [ebd., 80]. Dem entsprach u. a. eine gezielt inszenierte Geschichtspolitik mit vorrangig integrationspolitischer, aber auch nationaler Funktion [186: H.-M. KÖRNER, Staat und Geschichte in Bayern]. Die (nicht nur) hiermit verbundenen hohen

Kosten wurden über ein stetig ausgebautes System staatlicher Investitionen in Bildung und Wissenschaft aufgebracht [hierzu etwa 170: K. BORCHARDT, Zum Problem der Erziehungs- und Ausbildungsinvestitionen; 199: F. R. PFETSCH, Zur Entwicklung der Wissenschaftspolitik 14, 43–102], das um 1900 bereits enorme Ausmaße angenommen hatte [vgl. hierzu auch 191: P. LUNDGREEN/B. HORN/W. KROHN/G. KÜPPERS/R. PASLACK, Staatliche Forschung in Deutschland; 174: R. VOM BRUCH, Wissenschaftspolitik]. Entsprechend zügig entwickelte sich die im Wesentlichen staatlich organisierte wissenschaftliche Forschung in Deutschland [wichtig hierzu: 199: F. R. PFETSCH, Zur Entwicklung der Wissenschaftspolitik, 193–251, in vergleichender Perspektive: 314–354], von der zudem gesagt werden kann, dass sie keinerlei staatlicher Gängelung unterlag. T. SCHIEDERS Beobachtung, dass „die Wissenschaftsfreiheit neben den Rechtsstaatsgarantien gegen willkürliche Verwaltungsakte und der lokalen und kommunalen Selbstverwaltung zu den freien Räumen in dem sonst überwiegend autoritär-obrigkeitsstaatlich organisierten Reich gehörte" [204: T. SCHIEDER, Kultur, Wissenschaft und Wissenschaftspolitik, 347], beschreibt daher einen zentralen Tatbestand des wissenschaftlichen Lebens in Deutschland am Ende des 19. Jahrhunderts.

5. Zur Entwicklung der Wissenschaften

Die Wissenschaftsentwicklung während des 19. Jahrhunderts ist zum einen durch außerwissenschaftliche Faktoren, d. h. vor allem politische und soziale, aber ebenfalls in starkem Maße durch genuin innerwissenschaftliche Faktoren bestimmt worden, wie etwa durch die Entwicklung von Klassifikationssystemen, Hierarchien, Binnen- und Außendifferenzierung sowie durch Herausbildung neuer Formen der Institutionalisierung [hierzu besonders aufschlussreich: 546: R. STICHWEH, Zur Entstehung, 7–93; vgl. auch 121: DERS., Wissenschaft, Universität, Professionen]. Die neuere und neueste Forschung hat ihre Aufmerksamkeit erneut den politischen und sozialen Rahmenbedingungen der Entwicklung der Wissenschaften zugewandt und dazu auch die besondere Bedeutung der Wissenschaftspopularisierung vor allem in der zweiten Jahrhunderthälfte herausgearbeitet [paradigmatisch: 511: P. J. BOWLER/ I. R. MORUS, Making Modern Science; in vergleichender deutsch-britischer Perspektive: 544: A. SCHWARZ, Der Schlüssel zur modernen Welt]. Der Historismus und der Materialismus in den Naturwissen-

Allgemeine Wissenschaftsgeschichte

schaften [516: D. VON ENGELHARDT, Historisches Bewußtsein in der Naturwissenschaft; 520: F. GREGORY, Scientific Materialism] ebenso wie in den Geisteswissenschaften bleiben zentrale Themen auch neuerer interdisziplinärer Studien [wichtig hierzu ebenfalls: 554: A. WITTKAU, Historismus; 555: A. WITTKAU-HORGBY, Materialismus].

Geschichts- und Staatswissenschaften

Als noch immer unverzichtbar zur Geschichte und Entwicklung der deutschen historischen Wissenschaften im 19. Jahrhundert darf die trotz Zeitgebundenheit und stilistischer Patina an Materialfülle bisher nicht übertroffene Darstellung von H. RITTER VON SRBIK gelten [545: Geist und Geschichte]. Neuerdings hat die lange unterschätzte katholisch-großdeutsche Richtung innerhalb der deutschen Historiographie verstärkte Aufmerksamkeit erfahren [grundlegend dazu: 512: T. BRECHENMACHER, Großdeutsche Geschichtsschreibung]; auch der spezifisch geschichtswissenschaftliche Historismus in seinen Wandlungen wird immer wieder thematisiert [525: F. JAEGER/J. RÜSEN, Geschichte des Historismus; 529: W. KÜTTLER/J. RÜSEN/E. SCHULIN (Hrsg.), Geschichtsdiskurs; 522: N. HAMMERSTEIN (Hrsg.), Deutsche Geschichtswissenschaft um 1900]. – Die Politischen Wissenschaften und die (juristischen oder wirtschaftlichen) Staatswissenschaften in Deutschland sind neuerdings mehrfach in Überblicksdarstellungen und Einzelstudien untersucht worden [509: W. BLEEK, Geschichte der Politikwissenschaft, 91–197, mit umfassender Quellen- und Forschungsbibliographie, 458–523; die Zeit bis 1840 umfasst: 549: K. TRIBE, Governing Economy; noch nicht überholt: 527: V. JOHN, Geschichte der Statistik], z. T. mit einem deutlichen Interessenschwerpunkt auf der Nationalökonomie [553: H. WINKEL, Die deutsche Nationalökonomie; 550: N. WASZEK (Hrsg.), Die Institutionalisierung der Nationalökonomie].

Klassische und neuere Philologien

Der Aufstieg und der Einfluss des Neuhumanismus auf die deutsche Schul- und Bildungsentwicklung brachte es mit sich, dass die klassischen Altertumswissenschaften während des gesamten 19. Jahrhunderts einen besonders hohen Rang im Bildungsgefüge der Deutschen eingenommen haben [dazu nach wie vor wichtig 97: F. PAULSEN, Geschichte des gelehrten Unterrichts, Bd. 2]; ihre wissenschaftspolitische, pädagogische wie aber auch wissenschaftsinterne Entwicklung hat daher stets besondere Aufmerksamkeit gefunden [523: A. HENTSCHKE/U. MUHLACK, Einführung in die Geschichte der Klassischen Philologie, 60–114; 536: R. PFEIFFER, Die klassische Philologie von Petrarca bis Mommsen, 207–233; wichtige Einzelstudien enthält: 518: H. FLASHAR/K. GRÜNDER/A. HORSTMANN (Hrsg.), Philologie und Hermeneutik]. – Die wissenschaftliche Behandlung der neueren Fremdsprachen im Rahmen der Englischen und der Romanischen Philologie hat

5. Zur Entwicklung der Wissenschaften 75

sich dagegen erst im späteren Verlauf des 19. Jahrhunderts herausgebildet [Zur Anglistik: 521: G. HAENICKE, Biographisches und Bibliographisches; 541: H. SCHREY, Anglistisches Kaleidoskop; besonders auch: 517: T. FINKENSTAEDT, Kleine Geschichte der Anglistik, 27–125; zur bisher wenig erforschten frühen Romanistik anregend: 548: J. TRABANT (Hrsg.), Beiträge zur Geschichte der Romanischen Philologie].

Die Entstehung und Entwicklung der Germanistik seit dem Wirken der Brüder Jacob und Wilhelm Grimm ist immer wieder untersucht worden, nicht zuletzt unter dem Aspekt des Zusammenhangs von Wissenschaft und kulturell grundiertem Nationalismus [556: U. WYSS: Die wilde Philologie; 528: C. KÖNIG/H.-H. MÜLLER/W. RÖCKE (Hrsg.), Wissenschaftsgeschichte der Germanistik, mit Beiträgen u. a. zu J. Grimm, G. F. Benecke, K. Lachmann, M. Haupt, W. Scherer, E. Schmidt], aber auch mit Blick auf die auch hier entscheidende innerwissenschaftliche Ausdifferenzierung [grundlegend nach wie vor: 551: K. WEIMAR, Geschichte der deutschen Literaturwissenschaft bis zum Ende des 19. Jahrhunderts; anregende Einzelstudien bei: 533: U. MEVES, Ausgewählte Beiträge zur Geschichte der Germanistik und des Deutschunterrichts im 19. und 20. Jahrhunderts]. – Ebenfalls im Wesentlichen ein Produkt des 19. Jahrhunderts (von wichtigen Vorläufern wie J. J. Winckelmann einmal abgesehen) ist die Kunstgeschichte, die sich als eigenständige wissenschaftliche Disziplin an den Universitäten erst vergleichsweise spät herausbildete [umfassender Überblick in dem Standardwerk von: 530: U. KULTERMANN, Geschichte der Kunstgeschichte, 71–175; vgl. ebenfalls den knappen Überblick bei: 508: H. BAUER, Kunsthistorik, 60–107]. *Germanistik und Kunstgeschichte*

Besser und ausführlicher als viele andere Disziplinen haben die Rechtswissenschaften sowie die Theologie beider Konfessionen ihre eigene Geschichte in teilweise voluminösen und materialreichen Kompendien aufgearbeitet, von denen manche, bis heute unersetzte, bereits im späten 19. Jahrhundert entstanden sind [531: E. LANDSBERG, Geschichte der Deutschen Rechtswissenschaft]. In wichtigen neueren, ebenso ausführlichen wie reflektierten Darstellungen finden sich die Geschichte des deutschen Staatsrechts [grundlegend und gediegen: 547: M. STOLLEIS, Geschichte des öffentlichen Rechts; deutlich knapper dagegen: 519: M. FRIEDRICH, Geschichte der deutschen Staatsrechtswissenschaft, 139–319] wie auch des Privatrechts [zu Recht berühmte und nachgerade klassische Darstellung: 552: F. WIEACKER, Privatrechtsgeschichte der Neuzeit, 348–488] aufgearbeitet. – Die Theologiegeschichte wird neuerdings nicht mehr nur nach Konfessionen getrennt dargestellt [Beispiele hierfür etwa: 534: F. MILDENBERGER, Ge- *Jurisprudenz und Theologie* schichte der deutschen evangelischen Theologie; 538: J. ROHLS, Protestantische Theologie, 256–869; 537: H. J. POTTMEYER, Unfehlbarkeit und Souveränität], sondern ebenfalls im interkonfessionellen Zusammenhang oder in gemeinsamen Sammelwerken [543: G. SCHWAIGER (Hrsg.), Historische Kritik in der Theologie; 507: C. ANDRESEN (Hrsg.), Handbuch der Dogmen- und Theologiegeschichte, hierin die Beiträge zur evangelischen Theologie des 19. Jahrhunderts von G. HORNIG, 147–220, und zur katholischen Theologie von W. DANTINE/E. HULTSCH, 289–343].

Naturwissenschaften und Technik

Nicht nur wissenschaftliches, sondern auch populärwissenschaftliches Interesse hat von jeher die Entwicklung der Naturwissenschaften und besonders der Technik begleitet, daher genügt nicht jede übergreifende Darstellung mit allgemein gehaltenem Titel wirklich wissenschaftlichen Ansprüchen. Aber natürlich gibt es eine Reihe sehr zuverlässiger und exakt ausgearbeiteter Gesamt- und Überblicksdarstellungen zur Naturwissenschaft [hierzu vorzüglich: 532: S. F. MASON, Geschichte der Naturwissenschaft, 466–627 (zum 19. Jahrhundert), ebenfalls mit guter Auswahlbibliographie, 697–718] und Technik [guter Überblick: 557: G. ZWECKBRONNER, Technische Wissenschaften im Industrialisierungsprozeß] ebenso wie zu zahlreichen Einzeldisziplinen, etwa zur Biologie [526: I. JAHN, Grundzüge der Biologiegeschichte], zur Astronomie [535: J. NORTH, Viewegs Geschichte der Astronomie und Kosmologie] oder zur Chemie [513: W. H. BROCK, Viewegs Geschichte der Chemie], die auch im Blick auf ihre ökonomisch-technische Verwertbarkeit für das 19. Jahrhundert von größter Bedeutung gewesen ist [hierzu u. a.: 539: U. SCHLING-BRODERSEN, Entwicklung und Institutionalisierung der Agrikulturchemie; 524: E. HICKEL (Hrsg.), Biochemische Forschung].

Medizin und Mathematik

Zu den Wissenschaften, die im 19. Jahrhundert außerordentliche Fortschritte zu verzeichnen hatten – mit an Bedeutung kaum zu überschätzenden Folgen für Demographie und soziale Entwicklung –, gehörte in besonderer Weise die Medizin, die aus der Perspektive des Historikers gerade deshalb immer wieder besondere Beachtung verdient [gute neuere Überblicke bei 506: E. ACKERKNECHT/A. H. MURKEN, Geschichte der Medizin, 103–152, und: 515: W. U. ECKART, Geschichte der Medizin, 179–240]. Die Mathematik wiederum – als Einzelwissenschaft ebenso wie die meisten der sich rasch weiterentwickelnden und ausdifferenzierenden Naturwissenschaften zu jener Zeit noch der Philosophischen Fakultät zugeordnet – schwankte auch im 19. Jahrhundert zwischen einer im engeren Sinne zweckfreien Disziplin ähnlich der Philosophie und einer wichtigen, in mehr als einer Hinsicht grundlegenden Hilfswissenschaft sowohl der neueren Naturwissenschaften als auch der modernen Statistik und der sich gegen Ende des Jahrhunderts herausbildenden Ökonometrie [514: J. DIEUDONNÉ, Geschichte der Mathematik 1700–1900].

Biographische und teilweise auch monographische Gesamtdarstellungen zu Leben und Werk bedeutender Gelehrter sind und bleiben auch künftig unentbehrlich, besonders dann, wenn sie zugleich umfangreiche Quellenpublikationen bieten [wie etwa: 489: M. HOFFMANN, August Boeckh; 68: A. STOLL, Friedrich Karl von Savigny; neuerdings auch im Blick auf die Wissenschaftspolitik im Kaiserreich besonders aufschlussreich: 502: S. REBENICH, Theodor Mommsen und Adolf Harnack]. Eine Fülle von Einzel- und Sammeldarstellungen zu Geistes- ebenso wie zu Naturwissenschaftlern liegen aus der älteren wie auch der neueren und neuesten Forschung vor, etwa zu Historikern wie J. Burckhardt [486: W. HARDTWIG], G. G. Gervinus [491: G. HÜBINGER], O. Hintze [498: W. NEUGEBAUER], H. Leo [495: C. VON MALTZAHN], F. Meinecke [496: S. MEINEKE], T. Mommsen [488: A. HEUSS], B. G. Niebuhr [505: G. WALTHER], L. von Ranke [487: H. F. HELMOLT], H. von Sybel [479: V. DOTTERWEICH], H. von Treitschke [476: W. BUSSMANN], Juristen und Ökonomen wie etwa P. J. A. Feuerbach [501: G. RADBRUCH], E. Gans [473: J. BRAUN], R. von Mohl [470: E. ANGERMANN], F. C. von Savigny [503: J. RÜCKERT], T. A. H. Schmalz [492: H.-C. KRAUS], F. J. Stahl [483: W. FÜSSL], sodann ebenfalls W. Lexis [482: I. ESENWEIN-ROTHE], G. von Schmoller [474: C. BRINKMANN], W. Sombart [494: F. LENGER], aber auch Theologen, Philologen und Naturwissenschaftler wie I. von Döllinger [472: F. X. BISCHOF], F. Schleiermacher [500: K. NOWAK], J. Wellhausen [504: R. SMEND], J. und W. Grimm [478: L. DENECKE], C. F. Gauss [475: W. K. BÜHLER] und H. von Helmholtz [480: W. U. ECKART/K. VOLKERT].

Gelehrtenbiographien

6. Zur Geschichte der Universitäten und Hochschulen

Die deutschen Universitäten und Hochschulen sind seit dem 19. Jahrhundert ein aus naheliegenden Gründen besonders intensiv bearbeiteter Forschungsgegenstand gewesen und geblieben [252: D. GOLDSCHMIDT/ U. TEICHLER/W.-D. WEBLER (Hrsg.), Forschungsgegenstand Hochschule]. Im Rahmen manchmal opulenter oder wenigstens gut illustrierter Gesamtdarstellungen sind „Wissen und Widerstand" als charakteristische Momente auch der Universitätsentwicklung des 19. Jahr-

Überblicksdarstellungen

hunderts herausgearbeitet worden [249: T. ELLWEIN, Die deutsche Universität, 109–224; 271: R. A. MÜLLER, Geschichte der Universität, 66–88; 239: H. BOOCKMANN, Wissen und Widerstand, 192–224; eine 1902 erschienene, immer mehr Quellencharakter annehmende zeitgenössische Gesamtdarstellung ist: 277: F. PAULSEN, Die deutschen Universitäten und das Universitätsstudium]. Auch eine ansehnliche Reihe knapperer, insgesamt ausnahmslos vorzüglicher und als Einführung geeigneter Überblicke liegen vor [R. S. TURNER, in: 87: K.-E. JEISMANN/P. LUNDGREEN (Hrsg.), Handbuch der deutschen Bildungsgeschichte, 221–249; K. H. JARAUSCH, in: 80: C. BERG (Hrsg.), Handbuch der deutschen Bildungsgeschichte, 313–345; sehr anregend ebenfalls: 263: H. LÜBBE, Fortschritt durch Wissenschaft; 245: R. VOM BRUCH, Langsamer Abschied von Humboldt?; 273: R. A. MÜLLER, Vom Ideal der Humboldt-Universität]. Auch zur Universitätsentwicklung einzelner deutscher Staaten, etwa der beiden Hauptmächte des Deutschen Bundes, liegen Darstellungen vor [267: P. MOLISCH, Politische Geschichte der deutschen Hochschulen in Österreich; 276: T. NIPPERDEY, Preußen und die Universität], ebenso zum „Lyzealwesen" in Bayern bis zur Jahrhundertmitte [grundlegend und materialreich: 270: R. A. MÜLLER, Akademische Ausbildung zwischen Staat und Kirche].

Vergleichende Universitätsgeschichte

Die historisch vergleichende Perspektive ist auch im Bereich der Bildungs- und Universitätsgeschichte ebenso unverzichtbar wie in der Sache überaus fruchtbar, gerade wenn es um die Frage nach kulturellen Wechselbeziehungen, nach Einflüssen sowie den Formen und Folgen des allgemeinen kulturellen Transfers geht. So wird neuerdings die Universitätsgeschichte, besonders der letzten zweihundert Jahre, auch in europäischer Perspektive erforscht und dargestellt [296: W. E. J. WEBER, Geschichte der europäischen Universität, 154–234; vgl. schon 297: DERS., Universitäten, 62–91]. Besonders hervorzuheben ist ein kürzlich erschienenes Handbuch, das eine Fülle von ungemein kenntnisreichen vergleichenden Querschnitten durch alle Aspekte der europäischen Universitätsgeschichte des 19. Jahrhunderts enthält [284: W. RÜEGG (Hrsg.), Geschichte der Universität in Europa]. Auch den internationalen Wirkungen der Humboldtschen Bildungsideen [208: R. C. SCHWINGES (Hrsg.), Humboldt International] und den Wechselwirkungen verschiedener Universitätsmodelle [E. SHIELDS/J. ROBERTS, in: 284: W. RÜEGG (Hrsg.), Geschichte der Universität in Europa, Bd. 3, 145–196] ist neuerdings nachgegangen worden.

Universität, Politik und Gesellschaft

Die Forschung der 1970er und 1980er Jahre hat die sozial- und gesellschaftshistorische Dimension der Universitätsentwicklung eingehend, hier und da vielleicht etwas überpointiert herausgearbeitet [vor

6. Zur Geschichte der Universitäten und Hochschulen

allem: 280: H.-W. PRAHL, Sozialgeschichte des Hochschulwesens; in historisch übergreifender Perspektive sodann: 266: C. E. MCCLELLAND, State, Society and University in Germany 1700–1914; für das Deutsche Kaiserreich: K. H. JARAUSCH, in: 80: C. BERG (Hrsg.), Handbuch der deutschen Bildungsgeschichte, 313–345; ertragreiche Einzelstudie zu Heidelberg: 281: R. RIESE, Die Hochschule auf dem Wege zum wissenschaftlichen Großbetrieb, mit umfassendem statistischem Material (ebd., 338–377)]. Auch Detailfragen wie etwa der frühe Nationalismus von 1813 bis zum Ende des Vormärz [immer noch wichtig hierzu: 242: C. BRINKMANN, Der Nationalismus und die deutschen Universitäten] oder die Entwicklungen an den Universitäten in der Revolutionszeit 1848/49 [244: R. VOM BRUCH, Die Universität in der Revolution 1848/49; 253: E. J. C. HAHN, The Junior Faculty in „Revolt"; 259: W. KÖNIG, Universitätsreform in Bayern in den Revolutionsjahren 1848/49] sind von der älteren wie der neueren Forschung thematisiert worden. Bereits ältere Arbeiten haben sozialhistorische Grundlagenforschung betrieben, etwa zur Frequenzentwicklung [251: F. EULENBURG, Die Frequenz der deutschen Universitäten, 253–265]; ebenfalls liegt inzwischen ein geraffter Überblick zur Entwicklung der deutschen „Wissenschaftsressourcen" mit interessantem Zahlenmaterial zur Anzahl der Hochschulen und Professoren sowie der Forschungsausgaben vor [258: M. KÖLBEL, Wachstum der Wissenschaftsressourcen].

In mehrfacher Hinsicht hat die 1810 gegründete Berliner Universität als Modelluniversität, als maßstabsetzendes Paradigma für die deutsche Universitätsentwicklung im weiteren 19. Jahrhundert gedient; es war insofern kein Zufall, dass ein Ruf nach Berlin in der Regel den Höhepunkt einer akademischen Karriere im Deutschland dieser Zeit darstellte. Die Umstände und der Verlauf ihrer Gründung sowie ihre frühe Entwicklung sind daher mehrfach, auch von der neuesten Forschung untersucht und dargestellt worden [274: U. MUHLACK, Die Universitäten im Zeichen von Neuhumanismus und Idealismus; 243: R. BOM BRUCH, Zur Gründung der Berliner Universität; zu einzelnen wichtigen Details vgl. ebenfalls: 492: H.-C. KRAUS, Theodor Anton Heinrich Schmalz, 105–188; in vergleichender Perspektive: 278: L. PETRY, Die Gründung der drei Friedrich-Wilhelms-Universitäten Berlin, Breslau und Bonn], wenngleich eine neuere Gesamtdarstellung [aus der älteren Literatur für das 19. Jahrhundert immer noch grundlegend: 261: M. LENZ, Geschichte der königlichen Friedrich-Wilhelms-Universität zu Berlin, mit umfangreichem Quellenteil] bis heute nicht vorliegt [anregende Einzelbeiträge, aber kein Ersatz hierfür: 262: H. LEUSSINK/E. NEUMANN/G. KOTOWSKI (Hrsg.), Studium Berolinense].

Die Berliner Friedrich-Wilhelms-Universität

Geschichten einzelner Universitäten

Dagegen mangelt es nicht an älteren und besonders auch neueren, vornehmlich zu Jubiläumsfeiern verfassten Gesamtdarstellungen zur Geschichte einzelner deutscher Universitäten, von denen insbesondere die älteren – und natürlich vor allem die zwischen 1933 und 1945 sowie die in der ehemaligen DDR entstandenen – Überblickswerke aus mehrfachen Gründen (Neigung zu unkritischer „Selbstfeier", inhaltliche Manipulationen aus politisch-ideologischen Motiven) manchmal mehr, manchmal weniger problematisch erscheinen und in jedem Fall mit kritischer Zurückhaltung gelesen werden müssen. Teils in der Form von Gesamtdarstellungen „aus einem Guss", teils auch als Sammelwerke liegen für die meisten Universitäten derartige Überblicke vor, so – pars pro toto – etwa für Breslau [256: G. KAUFMANN], Erlangen [298: A. WENDEHORST], Gießen [268: P. MORAW], Göttingen [238: H. BOOCKMANN], Greifswald [246: W. BUCHHOLZ], Halle [254: H. HÜBNER], Jena [287: S. SCHMIDT; 269: G. MÜLLER/K. RIES/P. ZICHE], Königsberg [292: G. VON SELLE], München [233: L. BOEHM/J. SPÖRL], Münster [248: H. DOLLINGER], Würzburg [232: P. BAUMGART].

Technische Hochschulen

Die Geschichte der Entstehung und der ungemein rasanten Entwicklung des technischen Hochschulwesens seit dem frühen 19. Jahrhundert ist lange Zeit kaum beachtet worden; erst nach 1945 begann die Erforschung ihrer Anfänge [hierzu neuerdings instruktiv: 260: W. KÖNIG, Zwischen Verwaltungsstaat und Industriegesellschaft] und ihrer weiteren Entwicklung im Zusammenhang mit den allgemeinen wirtschaftlichen und sozialen Veränderungen in Deutschland [264: K.-H. MANEGOLD, Universität, Technische Hochschule und Industrie]. Inzwischen liegen ebenso informative Überblicksdarstellungen vor [grundlegend: 265: K.-H. MANEGOLD, Geschichte der Technischen Hochschulen; knapp: P. LUNDGREEN, in: 87: K.-E. JEISMANN/P. LUNDGREEN (Hrsg.), Handbuch der deutschen Bildungsgeschichte, 294–300; K. H. JARAUSCH bzw. G. GRÜNER, in: 80: C. BERG (Hrsg.), Handbuch der deutschen Bildungsgeschichte, Bd. 4, 320f., 391f.] wie auch Gesamtdarstellungen der Geschichte einzelner technischer Hochschulen von einem Autor oder mehreren Verfassern, etwa für Berlin [285: R. RÜRUP], Darmstadt [237: H. BÖHME], Dresden [279: R. POMMERIN], Hannover [291: R. SEIDEL] und Stuttgart [295: J. H. VOIGT].

Universitätsorganisation, Finanzierung und Hochschulbau

Was die organisatorischen, ökonomischen und nicht zuletzt auch bauhistorischen Aspekte der Universitätsgeschichte anbetrifft, so sind auf diesen Gebieten wohl noch die meisten Forschungsdefizite zu verzeichnen, obwohl gerade in den letzten Jahren einige Pionierstudien erschienen sind, etwa zur korporativen Verfassung der deutschen Universitäten oder zur geschichtlichen Tradition der Institution des Universi-

6. Zur Geschichte der Universitäten und Hochschulen 81

tätskanzlers [hierzu siehe besonders die grundlegenden und historisch weit ausholenden Untersuchungen von: 236: L. BOEHM, Die körperschaftliche Verfassung der Universität; 235: DIES., Cancellarius Universitatis]; daneben gibt es Einzeldarstellungen zur Universitätsorganisation und Hochschulpolitik in Preußen [240: C. BORNHAK, Geschichte der preussischen Universitätsverwaltung; neuerdings: B. VOM BROCKE, in: 246: W. BUCHHOLZ (Hrsg.), Die Universität Greifswald, 27–56] und Bayern [234: L. BOEHM, Das akademische Bildungswesen]. Die Erforschung der Universitätsfinanzierung befindet sich noch am Anfang [neuerdings anregend hierzu: 289: R. C. SCHWINGES (Hrsg.), Finanzierung von Universität und Wissenschaft], und dies gilt ebenfalls für die Geschichte des seit der Mitte des 19. Jahrhunderts expansiv ausgreifenden Hochschulbaus [einen leider nur knappen, aber sehr anregenden und wertvollen Überblick liefert vorerst: 275: H.-D. NÄGELKE, Gelehrte Gemeinschaft].

Die Institutionalisierung von Lehr- und Forschungsstätten an den Universitäten waren ein wesentlicher Aspekt ihres inneren Ausbaus während des gesamten 19. Jahrhunderts. Das bereits im späten 18. Jahrhundert (in Halle und Göttingen) vorbereitete Seminarwesen begann sich seit 1812, von Preußen ausgehend, in ganz Deutschland zu verbreiten [immer noch wichtige Pionierstudie: 250: W. ERBEN, Die Entstehung der Universitäts-Seminare], und zwar sowohl in den Geisteswissenschaften, als auch in der Mathematik und den Naturwissenschaften. Das Seminar war zuerst angelegt „als den Hörsaal ergänzende Studienform" und bestimmt „für einen kleinen Kreis persönlich ausgewählter und zugelassener, meist fortgeschrittener Studenten" [288: G. SCHUBRING, Kabinett – Seminar – Institut, 270, 274]. Das „Seminarium" („Pflanzstätte") als spezifische Lehrveranstaltung, also „an eine Person gebundene Institution", veränderte und erweiterte sich, besonders seit der Jahrhundertmitte, bald zur übergreifenden Institution des „Instituts", das sich nicht nur als Lehr-, sondern ebenfalls (besonders in den aufstrebenden Naturwissenschaften) als Forschungsstätte verstand [286: E. K. SCHEUCH (Hrsg.), Das Forschungsinstitut; besonders auch: 241: L. BRAUER/A. MENDELSSOHN BARTHOLDY/A. MEYER (Hrsg.), Forschungsinstitute, mit zahlreichen Einzelbeiträgen zur Geschichte der geistes-, natur- und technikwissenschaftlichen sowie der medizinischen und länderkundlichen Forschungsinstitute in Deutschland].

Seminare und Institute

Die Lehr- und Forschungspraxis an den deutschen Universitäten des 19. Jahrhunderts ist bisher erstaunlich wenig untersucht worden; die gedruckten Quellen, etwa Professorenbriefwechsel und Autobiographien bedeutender Gelehrter, können hierfür manches Material bie-

Lehre und Forschung; Prüfungswesen

ten, ebenso die amtliche Überlieferung [dazu am Beispiel Bayerns: 247: H. DICKERHOF, Bildung und Ausbildung]. Eine neuere Untersuchung wenigstens ist der Debatte um die (offenbar manchmal nur in rudimentärer Form vorhandenen) pädagogischen Fähigkeiten deutscher Hochschullehrer gewidmet [293: H.-E. TENORTH, „Über das Verderben auf den deutschen Universitäten"]; erst in Gang gekommen ist ebenfalls die Erforschung des Examinierungs-, Prüfungs- und Promotionswesens [290: R. C. SCHWINGES (Hrsg.), Examen, Titel, Promotionen]. Andere Arbeiten analysieren, wiederum vorrangig am Beispiel Preußens, die Entwicklung der deutschen Forschungsuniversität [294: R. S. TURNER, The Prussian Universities]. Auch nach Auffassung der neuesten wissenschafts- und universitätsgeschichtlichen Forschung ist es unbestreitbar, dass sich das deutsche Modell gelehrter Forschung und damit „die deutsche Wissenschaftsidee nach 1830 in den übrigen deutschsprachigen Ländern und um die Jahrhundertwende im übrigen Europa durchsetzte", – eine Idee, die „auf den Kern, das philosophische ‚Wesen', den historischen oder physischen Ursprung der natürlichen oder geistigen Erscheinungen" abzielte [so sehr treffend: 283: W. RÜEGG, Die deutschen Wegbereiter der modernen Forschungsuniversität, 359, 361].

7. Zur Geschichte der Professoren, Dozenten und Studenten

Sozialgeschichte der Professoren

Nach einer im Ganzen noch immer unersetzten Vorläuferstudie aus den 1950er Jahren [312: C. VON FERBER, Die Entwicklung des Lehrkörpers; hieran anknüpfend u. a. 325: F. K. RINGER, A Sociography of German Academics] ist die Sozialgeschichte des deutschen Universitätsprofessors erst kürzlich eingehend aufgearbeitet worden – teilweise in regionalen, auf eine einzige Universität bezogenen Studien, so etwa für Gießen [319: P. MORAW, Humboldt in Gießen; 300: M. BAUMGARTEN, Vom Gelehrten zum Wissenschaftler], Erlangen [333: O. WILLETT, Sozialgeschichte Erlanger Professoren], Ingolstadt-Landshut-München [320: R. A. MÜLLER, Die soziale Herkunft der Professoren], und teilweise bezogen auf einzelne Disziplinen, etwa Historiker [332: W. WEBER, Priester der Klio] oder Juristen [317: G. KÖBLER, Zur Herkunft der deutschen Rechtslehrer]. Eine neuere zusammenfassende Studie kommt zu dem Resultat, die Herkunft der deutschen Professoren sei „vornehmlich bildungsbürgerlich und protestantisch" gewesen, zudem habe im Verlauf

7. Zur Geschichte der Professoren, Dozenten und Studenten 83

des Jahrhunderts ein „Wandel im Berufungsverhalten der Universitäten vom enzyklopädisch gebildeten Gelehrten zum spezialisierten Wissenschaftler" stattgefunden [301: M. BAUMGARTEN, Professoren und Universitäten im 19. Jahrhundert, 270, 269].

Der auch aus anderen Zusammenhängen nur allzu bekannte Wechsel von Mangel und Überfüllung hat auch die akademischen Karriereverläufe des 19. Jahrhunderts nachhaltig beeinflusst und geprägt [dazu grundlegend die Arbeiten von: 329: H. TITZE, Überfüllungskrisen in akademischen Karrieren (mit ausführlichem statistischem Material); 330: DERS., Die zyklische Überproduktion von Akademikern]. Wie die neueste Forschung herausgearbeitet hat, war das Risiko des „akademischen Hasards" vor allem dann besonders groß und oftmals kaum überwindbar, wenn ein angehender Universitätsgelehrter dem vermögenslosen und bildungsfernen Milieu entstammte; für ihn wurde eine akademische Karriere in der Regel nur im Rahmen eines Klientelverhältnisses möglich, also einer dauerhaften Verbindung mit „einer älteren Person des Milieus [...], in das der Betreffende aufsteigen möchte", [326: M. SCHMEISER, Akademischer Hasard, 95]. Und in der Regel hatte ein Angehöriger jenes Personenkreises ein berufliches „Doppelleben" zu führen, das zur Existenzsicherung die akademische Daseinsform mit der Welt des materiellen Erwerbs verband – auch um „sich gegen den Ernstfall der Nichtberufung abzusichern", indem man sich „noch andere Optionen der Unterhaltssicherung" [ebd., 114] offen hielt. Es verwundert angesichts dieser Schwierigkeiten nicht, dass noch gegen Ende des 19. Jahrhunderts mehr als drei Viertel aller deutschen Hochschullehrer dem Bildungs- und Besitzbürgertum entstammten [ebd., 75 ff.].

Seit der Mitte des 19. Jahrhunderts entwickelte sich an den deutschen Universitäten eine „hierarchische Differenzierung des wissenschaftlichen Lehrkörpers unter Bewahrung des Fachvertreterprinzips" [303: K.-D. BOCK, Strukturgeschichte der Assistentur, 213], und zwar zuerst in den experimentell arbeitenden Naturwissenschaften und etwas später, im Zuge der Expansion der Universitäten, auch in den Geisteswissenschaften. Der Assistent repräsentierte den akademischen Nachwuchs, der auf der nächsten Stufe, nach erfolgreich abgeschlossenem Habilitationsverfahren, die Chance zum Aufstieg in den universitären Olymp erhielt. Das „Fegefeuer" der Privatdozentur (G. Simmel) begann sich, vor allem natürlich während universitärer Überfüllungskrisen, immer länger hinzuziehen: Um 1900 betrug das Durchschnittsalter der deutschen und österreichischen Privatdozenten bereits 38½ Jahre [nach: 311: F. EULENBURG, Der „akademische Nachwuchs", 103]. Da zu den Privatdozenten [grundlegend: 308: A. BUSCH, Die Geschichte des

Karrierezyklen und Karriererisiken

Privatdozenten und Assistenten

Privatdozenten; wichtige Regionalstudie mit reichem statistischem Material: 323: E. T. NAUCK, Die Privatdozenten der Universität Freiburg i. Br.] bald auch die nicht berufenen, meist schlecht versorgten außerordentlichen Professoren hinzukamen, entstand um 1900 bereits ein akutes Nicht-Ordinarienproblem [307: R. VOM BRUCH, Universitätsreform als soziale Bewegung], nicht nur bezüglich der rechtlichen Stellung dieses „Mittelbaus" an den Universitäten, sondern ebenfalls im Hinblick auf dessen Versorgung.

Standesbewusstsein

Tatsächlich verstanden es die Ordinarien – und zwar lange über das 19. Jahrhundert hinaus – ihre privilegierte Stellung gegenüber den Nicht-Ordinarien zu bewahren, veranlasst nicht zuletzt durch ein (bisher von der Forschung allerdings kaum thematisiertes) ausgeprägtes Gruppen- und Standesbewusstsein, das in bestimmten Formen geistig-intellektueller Selbstdarstellung, sozialem Verhalten, aber auch politischer Gesinnung seinen Ausdruck fand [dazu etwa: 316: E. KLAUSA, Vom Gruppenbewußtsein akademischer Subkulturen]. In dieser Hinsicht hoben sich die deutschen Ordinarien etwa von ihren französischen Kollegen deutlich ab [hierzu die instruktive vergleichende Studie von: 309: C. CHARLE, Paris/Berlin]. Der deutsche Professor verstand sich seit dem frühen 19. Jahrhundert als Teil einer intellektuellen Elite [wichtige Beiträge hierzu in: 328: K. SCHWABE (Hrsg.), Deutsche Hochschullehrer als Elite], und aus diesem Bewusstsein heraus leitete er für sich das Recht nicht nur zur öffentlichen politischen Stellungnahme, sondern auch zu politischem Handeln ab.

Gelehrtenpolitik

Insofern gehört der Typus des „politischen Professors" zum Erscheinungsbild des deutschen Gelehrten dieser Epoche [331: R. VIERHAUS, Der politische Gelehrte; 322: U. MUHLACK, Der „politische Professor"]. Er begann in der Regel als Publizist und Parlamentarier [dazu: B. VOM BROCKE, in: 328: K. SCHWABE (Hrsg.), Deutsche Hochschullehrer als Elite, 55–92] und entwickelte im Laufe der Jahrzehnte spezifische Formen einer „Gelehrtenpolitik" [327: G. SCHMIDT/J. RÜSEN/U. LEHMKUHL (Hrsg.), Gelehrtenpolitik und politische Kultur], die nach 1871 im Kaiserreich nicht unproblematische Züge anzunehmen begann. Die politischen Professoren, die inzwischen umfassend erforscht sind, brachten es fertig, ein weites Feld politisch-sozialer Aktivitäten abzudecken – vom Engagement für eine bürgerliche Sozialreform bis hin zu extrem nationalistischer Agitation [hierzu immer noch grundlegend: 306: R. VOM BRUCH, Wissenschaft, Politik und öffentliche Meinung; vgl. ebenfalls, aber mit z.T. problematisch-einseitigen Wertungen: 324: F. K. RINGER, Die Gelehrten]. Gegen Ende des 19. Jahrhunderts allerdings gerieten die Professorenpolitiker „in die Spannung zwi-

7. Zur Geschichte der Professoren, Dozenten und Studenten 85

schen Wissenschaft als Beruf und Politik, die sich mit der Zeit ebenfalls professionalisierte, in Spannung auch zwischen Theorie und Praxis in der Politik und unter dem Druck propagandistischer und ideologischer Inanspruchnahmen, die dem Anspruch der Wissenschaft widersprach" [331: VIERHAUS, Der politische Gelehrte, 318].

Neben der Sozialgeschichte der Professoren hat auch die Sozialgeschichte der deutschen Studenten im 19. Jahrhundert in den letzten Jahrzehnten eingehende Beachtung seitens der bildungsgeschichtlichen Forschung gefunden, wozu auch die gründlichere Auswertung der Matrikel beigetragen haben. Neben regional begrenzten Studien, etwa zum Habsburgerreich [313: C. HELFER/M. RASSEM (Hrsg.), Student und Hochschule] oder neuerdings auch zu einzelnen Universitäten [302: M. BIASTOCH, Tübinger Studenten im Kaiserreich] existieren ebenfalls auf Gesamtdeutschland bezogene sozialgeschichtliche Längsschnitte, die sich mit der Sozialstruktur der deutschen Studenten vor und nach 1871 auf der Grundlage eines ausgedehnten statistischen Materials befassen [314: K. H. JARAUSCH, Die neuhumanistische Universität; für die Zeit des Kaiserreichs: DERS., in: 80: C. BERG (Hrsg.), Handbuch der deutschen Bildungsgeschichte, 324 ff.] und deren Resultate schließlich ebenfalls in eine knappe, zeitübergreifende Gesamtdarstellung eingegangen sind [315: K. JARAUSCH, Deutsche Studenten, 13–105 (zum 19. Jahrhundert, mit etwas einseitiger Betonung des akademischen „Illiberalismus")]. Eingesetzt hat inzwischen ebenfalls die Erforschung studentischer „Überfüllungskrisen" an den akademischen Lehranstalten [321: V. MUELLER-BENEDICT, Confirming long waves].

Eine allgemeine Darstellung des studentischen Lebens an den deutschen Universitäten des 19. Jahrhunderts fehlt – trotz vieler Einzelbeiträge – bis heute [einige Hinweise dazu finden sich, neben 315: K. JARAUSCH, Deutsche Studenten, auch bei: R. S. TURNER, in: 87: K.-E. JEISMANN/P. LUNDGREEN (Hrsg.), Handbuch der deutschen Bildungsgeschichte, 242 ff.]. Das in Deutschland traditionell sehr ausgeprägte studentische Verbindungswesen erfuhr und erfährt seitens der Forschung bis zur Gegenwart sehr unterschiedliche Einschätzungen [gute Überblicke verschaffen zwei neuere Sammelbände: 305: H.-H. BRANDT/M. STICKLER (Hrsg.), „Des Burschen Herrlichkeit"; 299: R.-J. BAUM (Hrsg.), „Wir wollen Männer, wir wollen Taten!"]. Betont die eine Seite besonders stark die freiheitlichen Ursprünge sowie den Aspekt der studentischen Selbsterziehung innerhalb der Verbindungen, die eben nicht nur ermöglicht, sondern geradezu herausgefordert wurde durch die „Lücke' des Humboldtschen Systems" [304: H.-H. BRANDT, Studentische Korporationen und politisch-sozialer Wandel, 126], so arbeitet die

Sozialgeschichte der Studenten

Studentenleben und akademisches Verbindungswesen

andere Seite vorzugsweise die antimodernen, hierarchischen, sozialexklusiven sowie die ausgeprägt „männerbündlerischen" Aspekte des Korporationswesens heraus [318: S. MÖLLER, Zwischen Wissenschaftlichkeit und „Burschenherrlichkeit"].

8. Zur Schulgeschichte im Allgemeinen

<small>Bedeutung und Grenzen der Sozialgeschichte</small>

In kaum einem anderen Bereich der neueren deutschen Bildungsgeschichte haben sich bestimmte Deutungsmuster und Interpretationslinien in den vergangenen Jahren so sehr verändert wie in der Analyse und Einschätzung der Schulentwicklung. Anfang der 1970er Jahre waren die deutschen Schulen des 19. Jahrhunderts von einflussreicher Seite im Stil der damaligen Zeit noch als Teil einer „Matrix der autoritären Gesellschaft" denunziert und ausschließlich im Zusammenhang einer vorgeblichen „Perpetuierung der Sozialstruktur und der gesellschaftlichen Machtverhältnisse durch das Erziehungssystem" [H.-U. WEHLER, Das Deutsche Kaiserreich 1871–1918. 3. Aufl. Göttingen 1977, 122, 124] untersucht und interpretiert worden. Obwohl inzwischen – gerade auch von der neueren sozialhistorischen Forschung – entschiedener Widerspruch hiergegen erhoben worden ist [vgl. z. B. F.-M. KUHLEMANN, in: 80: C. BERG (Hrsg.), Handbuch der deutschen Bildungsgeschichte, 179 f.], haben sich jene älteren Auffassungen, z.T. sogar in verschiedenen Überblicksdarstellungen, bis in die Gegenwart hartnäckig halten können [etwa: 352: H.-G. HERRLITZ/W. HOPF/H. TITZE/E. CLOER, Deutsche Schulgeschichte].

<small>Überblicksdarstellungen</small>

An neueren Gesamt- und Überblicksdarstellungen zur deutschen Schulentwicklung während des 19. Jahrhunderts mangelt es inzwischen nicht mehr. Die bei weitem solidesten, zumeist auch durch eigene Forschungen der Verfasser fundierten Abrisse sind enthalten in den Bänden 3 und 4 des Handbuchs der deutschen Bildungsgeschichte [87: K.-E. JEISMANN/P. LUNDGREEN (Hrsg.), Handbuch der deutschen Bildungsgeschichte, Bd. 3, 123–221 (Beiträge von G. FRIEDERICH, K.-E. JEISMANN, E. KÜPPER, G. JÄGER, G. SCHUBRING); 80: C. BERG (Hrsg.), Handbuch der deutschen Bildungsgeschichte, Bd. 4, 179–313 (Beiträge von F.-M. KUHLEMANN, J. C. ALBISETTI, P. LUNDGREEN, M. KRAUL)]. Abgesehen von einem knappen neueren, sehr allgemein gehaltenen Abriss [338: U. A. J. BECHER, Schulen] dominieren die stark sozialgeschichtlich akzentuierten Überblicke [368: A. LESCHINSKY/P. M. ROEDER, Schule im historischen Prozeß (mit einem Schwerpunkt auf

8. Zur Schulgeschichte im Allgemeinen

dem Elementarschulwesen); 370: P. LUNDGREEN, Sozialgeschichte der deutschen Schule im Überblick, bes. 53–120]. Auch die Kontinuitäten und Brüche zwischen dem 18. und dem frühen 19. Jahrhundert sind neuerdings zusammenfassend behandelt worden [383: W. SCHMALE, Die Schule in Deutschland im 18. und frühen 19. Jahrhundert].

Natürlich findet sich in den Überblicksdarstellungen das Verhältnis zwischen Schule und Gesellschaft im allgemeinen durchgehend thematisiert, doch sind im Zusammenhang dieses Themas eine Fülle von weiter heranzuziehenden Einzeluntersuchungen vorgelegt worden [einen guten Überblick (mit teilweise grundlegenden Einzelbeiträgen) vermittelt immer noch ein bereits etwas älterer Sammelband: 353: U. HERRMANN (Hrsg.), Schule und Gesellschaft]. Ausführliche und ins Detail gehende Untersuchungen, zumeist aufbauend auf einem regional begrenzt erhobenen statistischen Material, liegen vor für die Frage des Zusammenhangs von Sozialstruktur und Schulsystem [am Beispiel Berlins: 372: D. K. MÜLLER, Sozialstruktur und Schulsystem, der für das ausgehende 19. Jahrhundert die „Realisierung des sozialen Klassenschulsystems" (287) konstatiert] und ebenfalls für die Frage nach den real vorhandenen Bildungschancen im Rahmen der städtischen Gesellschaft jener Epoche [am Beispiel von Minden und Duisburg: 371: P. LUNDGREEN/M. KRAUL/K. DITT, Bildungschancen und soziale Mobilität in der städtischen Gesellschaft des 19. Jahrhunderts]. *Schule und Gesellschaft*

Das Verhältnis zwischen Staat und Schule erschöpft sich nicht mit den Themen staatlicher Bildungsreform und Bildungspolitik (dazu vgl. oben, Abschnitt II. 4.), sondern ist beeinflusst von den unterschiedlichen Konjunkturen der – für die Geschichte des 19. Jahrhunderts besonders zentralen – Wechselwirkung von Staat und Gesellschaft. Zu diesem Thema gehört ebenfalls die immer wieder einmal auch in Deutschland geführte Debatte um Notwendigkeit oder Grenzen eines im eigentlichen Sinne „öffentlichen" Bildungswesens und um das Verhältnis zwischen öffentlichem und privatem Schulsektor [337: H.-J. APEL/H. KEMNITZ/U. SANDFUCHS (Hrsg.), Das öffentliche Bildungswesen]. Und hierzu gehört ebenfalls die Frage nach dem Einfluss politisch-revolutionärer Entwicklungen, etwa der Jahre 1848/49, auf den Schulalltag [anschaulich hierzu: 359: H. KEMNITZ/H. J. APEL/C. RITZI (Hrsg.), Bildungsideen und Schulalltag im Revolutionsjahr 1848]. Nicht zu vergessen ist in diesem Zusammenhang schließlich das Verhältnis von (staatlicher oder kommunaler) Schulpolitik, Schulverwaltung und Schulgesetzgebung [hierzu vgl. den vorzüglichen Abriss von: K.-E. JEISMANN, in: 87: K.-E. JEISMANN/P. LUNDGREEN (Hrsg.), Handbuch der deutschen Bildungsgeschichte, 105–122]. *Schule und Staat*

Vergleichende und Regionalstudien

Die Kenner des historisch sehr tief verankerten deutschen Bildungsföderalismus wissen, wie problematisch es oft ist, von „der" deutschen Schulentwicklung zu sprechen, ohne dabei stets die vielfältigen regionalen Unterschiede und Sonderentwicklungen im Blick zu haben. Deshalb sind hier die Regionalstudien von grundlegender Bedeutung, die – etwa im Rahmen größerer Handbücher – u. a. für Preußen [93: W. NEUGEBAUER, Das Bildungswesen in Preußen, 696–726] und Bayern [375: A. REBLE, Das Schulwesen; ausführlicher: 90: M. LIEDTKE (Hrsg.), Handbuch der Geschichte des Bayerischen Bildungswesens, Bd. 2] und ebenfalls für einige der kleineren deutschen Territorien, etwa für Kurhessen [sehr ertragreich: 360: S. KESPER-BIERMANN: Staat und Schule] vorliegen. Die Ergebnisse neuerer Forschungen zur mittel- und kleinstaatlichen Bildungspolitik zeigen allerdings auch die zuweilen durchaus engen Grenzen des Bildungsföderalismus auf: So konnte beispielsweise für Kurhessen nachgewiesen werden, dass man dort keine wirklich „eigenständige" Schulpolitik betrieb, sondern teils preußische, teils süddeutsche Vorbilder mehr oder weniger intensiv rezipierte [vgl. ebd., 357f.]. Noch ganz am Anfang befindet sich die innerdeutsch vergleichend vorgehende Erforschung der Schulgeschichte [eine Ausnahme: 382: K. A. SCHLEUNES, Schooling and Society].

Kirche, Stadt und Staat

Von zentraler Bedeutung für die deutsche Schulentwicklung im 19. Jahrhundert ist, vor allem im Blick auf die Schulträgerschaft und Schulfinanzierung, das Verhältnis zwischen dem Staat auf der einen, den Kommunen und Gemeinden auf der anderen Seite; hier bestanden Konkurrenzverhältnisse – etwa in der Frage nach dem Stellenwert von gymnasialer und „realistischer" Schulbildung –, die bis zur Jahrhundertwende immer wieder einschneidende Veränderungen und neue Entwicklungen zur Folge hatten. Insofern ist es zu bedauern, dass die Bedeutung der Städte und Gemeinden für die deutsche Schulgeschichte erst in Ansätzen erforscht ist [einen vorläufigen Überblick liefert die ältere, inzwischen vielfach erweiterungs- und ergänzungsbedürftige Studie von: 351: H. HECKEL, Die Städte und ihre Schulen]. Ebenso bisher kaum erforscht ist das Verhältnis von Schule und Kirche – nicht nur mit Blick auf die „Säkularisierung" des deutschen Schulwesens, also auf die beginnende Emanzipation des niederen Schulwesens von der (bis in die Zeit um 1900 andauernden) kirchlichen Schulaufsicht, sondern ebenfalls auf die Auseinandersetzung um den Konflikt zwischen Konfessions- und Simultanschule [guter Überblick hierzu, aber inzwischen ebenfalls ergänzungsbedürftig: 342: K. ERLINGHAGEN, Die Säkularisierung der deutschen Schule].

Die früher vernachlässigte Geschichte der Mädchenbildung wiederum ist in den vergangenen Jahren eingehend untersucht worden; es liegen neuerdings sowohl eine grundlegende und ausführliche Synthese vor [334: J. C. ALBISETTI, Schooling German Girls and Women; vgl. aus der älteren Forschung noch: 406: E. BLOCHMANN, Das „Frauenzimmer" und die „Gelehrsamkeit"] als auch Überblicksdarstellungen für die Jahrzehnte vor und nach der deutschen Reichsgründung [E. KÜPPER, in: 87: K.-E. JEISMANN/P. LUNDGREEN (Hrsg.), Handbuch der deutschen Bildungsgeschichte, 180–191; M. KRAUL, in: 80: C. BERG (Hrsg.), Handbuch der deutschen Bildungsgeschichte, 279–303, mit aufschlussreichem statistischem Material (ebd., 296–303)]. Die Tatsache, dass der deutsche Südwesten bei der Etablierung besonders des höheren Mädchenschulwesens eine unbestreitbare Vorreiterrolle gespielt hat, spiegelt sich auch in einer besonders starken Beachtung dieser Region durch die neueste Forschung wider [365: R. KUBON, Weiterführende Mädchenschulen; 379: S. SCHAMBACH, Mädchenbildung in standesgemäßen Grenzen; 346: R. GODEL-GASSNER, Die Geschichte der mittleren Mädchenbildung in Baden und Württemberg; das Kölner Beispiel behandelt hingegen eine der älteren Darstellungen: 393: L. VOSS, Geschichte der höheren Mädchenschule]. Eine besondere Förderung dessen, was im 19. Jahrhundert als spezifisch weiblich angesehen wurde, stand – so ein weiteres Resultat der neueren Forschung – als treibende Kraft bei der Institutionalisierung moderner Mädchenbildung im Vordergrund, kaum jedoch Emanzipation und Gleichberechtigung im heutigen Verständnis [364: M. KRAUL, Normierung und Emanzipation].

Mädchenbildung

9. Zur Geschichte der Gymnasien und Oberschulen

Die Geschichte des deutschen Gymnasiums beginnt im frühen 19. Jahrhundert; sie ist schon seit der zweiten Hälfte dieses Jahrhunderts mehrfach eingehend bearbeitet worden; einige der großen Synthesen dieser Zeit bleiben auch weiterhin von größtem Wert [vor allem 97: F. PAULSEN, Geschichte des gelehrten Unterrichts, Bd. 2, 278–692], da die neueren Gesamtdarstellungen das 19. Jahrhundert im allgemeinen weniger ausführlich und z. T. stark gerafft behandeln [gediegen und immer noch wichtig: 339: F. BLÄTTNER, Das Gymnasium, 67–231; ein neuerer, stark sozialgeschichtlich orientierter Abriss bei: 363: M. KRAUL, Das deutsche Gymnasium, 28–126]; das komplexe wechselseitige Verhältnis zwischen Staat und höherer Schule ist aus mehr rechts- als bil-

Überblicksdarstellungen

dungshistorischer Perspektive ebenfalls eingehend rekonstruiert worden [377: H. ROMBERG, Staat und höhere Schule]. Die besten neuen Überblicke, in der Regel im Anhang versehen mit guten Bibliographien, Statistiken, Tabellen und ausgewählten Lehrplänen, finden sich wiederum im Handbuch der deutschen Bildungsgeschichte [K.-E. JEISMANN, in: 87: K.-E. JEISMANN/P. LUNDGREEN (Hrsg.), Handbuch der deutschen Bildungsgeschichte, 152–180; J. C. ALBISETTI/P. LUNDGREEN, in: 80: C. BERG (Hrsg.), Handbuch der deutschen Bildungsgeschichte, 228–278].

Gymnasium und Neuhumanismus

Die Prägung der Gymnasien durch den Neuhumanismus, ja deren Imprägnierung mit dem Gedankengut einer zeitgemäßen Erneuerung antiker Denk- und Lebenswelten, hat das Gymnasium während des gesamten 19. Jahrhunderts tief geprägt; jede Beschäftigung mit der Gymnasialentwicklung hat daher diesem Aspekt besondere Aufmerksamkeit zuzuwenden. Das Bildungsprogramm und die – davon zuweilen abweichende, weil den sozialen Realitäten und politischen Zwängen der Zeit sich annähernde – Reformpraxis des Neuhumanismus ist sowohl in klassischer Darstellung [96: F. PAULSEN, Geschichte des gelehrten Unterrichts, Bd. 2, 210–247, 278–362, 406–442] als auch aus der Perspektive der neueren historischen Bildungsforschung sehr ausführlich dargestellt worden [356: K.-E. JEISMANN, Das preußische Gymnasium, Bd. 1, 323–428]. Dabei bleibt die Einordnung des Phänomens Neuhumanismus in größere bildungs- und geistesgeschichtliche Zusammenhänge [meisterhaft: 118: F. SCHNABEL, Das humanistische Bildungsgut, 24–58; in ideengeschichtlich-vergleichender Perspektive: 388: K. SOCHATZKY, Das Neuhumanistische Gymnasium] ebenso erforderlich wie eine kritische Beleuchtung aus sozialgeschichtlichem Blickwinkel [unternommen von: 362: M. KRAUL, Gymnasium und Gesellschaft im Vormärz].

Gymnasien in Preußen und Norddeutschland

Da das preußische Gymnasium unbestreitbar der Vorreiter des modernen Gymnasiums in ganz Deutschland gewesen ist, hat dessen Geschichte und Entwicklung naturgemäß die besondere Aufmerksamkeit bereits der Zeitgenossen gefunden [äußerst gründliche, unverzichtbare Materialsammlung eines Schulmanns und späteren hohen Kultusbeamten: 52: L. WIESE, Das höhere Schulwesen in Preußen] und ist heute durch eine in jeder Hinsicht magistrale, umfassende, auch die reiche ungedruckte Überlieferung auswertende Gesamtdarstellung (bis 1859) neu erschlossen worden [356: K.-E. JEISMANN, Das preußische Gymnasium, mit vielen Tabellen, Statistiken, Karten, Lehrplänen und anderem Material (ebd., Bd. 2, 681–769)]. Mit Recht betont JEISMANN als bester Kenner die „Ambivalenz", mit der das preußische Gymna-

9. Zur Geschichte der Gymnasien und Oberschulen

sium nach 1815 „zwischen Anpassung und Widerstand zum politischen System stand": Und dennoch sahen, so sein abschließendes Urteil, sachkundige ausländische Beobachter „im Gymnasium eine progressive Kraft. Der liberale Geist, der in seinen Mauern herrschte, das Prinzip zum ‚Selbstdenken' zu befähigen oder zu ermuntern, der Aufwand, den das Land überhaupt für seine Schulen bereitstellte und der hohe professionelle Standard der Lehrerschaft, das konnte von außen als starke Kraft zur Überwindung der autoritären politischen Strukturen des Vormärz durch eine auf Bürgerrechte gegründete Verfassung gedeutet werden" [357: K.-E. JEISMANN, Das preußische Gymnasium in sozialgeschichtlicher Perspektive, 326]. Neben den grundlegenden Arbeiten JEISMANNS liegen noch weitere Studien vor, etwa zur Gymnasialentwicklung in den preußischen Westprovinzen [336: H.-J. APEL, Das preußische Gymnasium in den Rheinlanden und Westfalen] sowie in Braunschweig [387: B. SCHÖNEMANN, Das braunschweigische Gymnasium].

Im Vergleich zu Preußen ist das süddeutsche Gymnasialwesen, vorzüglich das bayerische, württembergische und badische, bis heute erst ansatzweise untersucht worden [in der älteren Forschung findet sich ein knappe Überblick bei: 97: F. PAULSEN, Geschichte des gelehrten Unterrichts, Bd. 2, 421–442]. Immerhin liegen einige neuere sozialgeschichtlich fundierte Studien vor, die beispielsweise belegen, dass es sich beim frühen bayerischen Gymnasium um eine (wohl auch wegen des vergleichsweise niedrigen Schulgeldes) sozial offene Eliteschule mit großer Anziehungskraft auch auf Schüler aus nichtakademischen Herkunftsgruppen und sogar aus ländlichen Regionen gehandelt hat [354: M. E. HOFMANN, Offene Schule und geschlossene Welt]. Eine ähnliche relative Offenheit der Gymnasien für nicht aus dem Bildungsbürgertum stammende Schüler ist neuerdings (für die Zeit ab Mitte der 1830er Jahre) auch für Baden nachgewiesen worden [361: P. KÖPPENHÖFER, Bildung und Auslese, mit reichem statistischen Material (ebd., 243–317)].

Gymnasien in Süddeutschland

Das Vordringen der „realistischen" höheren Schulbildung, veranlasst vornehmlich durch die Wandlungen in der modernen Lebenswelt und durch die immer stärker zunehmende Technisierung aller Daseinsbereiche, erzwang schließlich eine Reform des Gymnasiums, die den neuen Bedürfnissen Rechnung trug und den Anteil der im engeren Sinne humanistischen Bildungselemente im Unterricht unaufhaltsam, wenn auch langsam zu reduzieren begann [siehe dazu bereits den zeitgenössischen Überblick bei: 97: F. PAULSEN, Geschichte des gelehrten Unterrichts, Bd. 2, 576–637; aus der neueren Forschung den knappen

Gymnasialreformen im Kaiserreich

Abriss bei: J. C. ALBISETTI/P. LUNDGREEN, in: 80: C. BERG (Hrsg.), Handbuch der deutschen Bildungsgeschichte, 229 ff.]. Die durchaus konfliktträchtigen Debatten um eine Gymnasialreform im Rahmen der beiden Schulreformkonferenzen von 1890 und 1900 sind in deren Protokollen nachzulesen [49: Verhandlungen über Fragen des höheren Unterrichts; 50: Verhandlungen über Fragen des höheren Unterrichts] und ebenfalls durch eine vorzügliche neuere Spezialuntersuchung wissenschaftlich aufgearbeitet [345: C. FÜHR, Die preußischen Schulkonferenzen von 1890 und 1900]. Wie stark das Gedankengut des Neuhumanismus noch bis in die Zeit um und nach 1900 die führenden Bildungsreformer jener Zeit bewegte, zeigt eine Äußerung Friedrich Paulsens, der „das Ideal einer wahren Nationalbildung" mit den Worten umschrieb: „nicht Gleichheit der Bildung aller, sondern: auf dem Grunde einer einheitlichen Volksbildung, die selbst wieder als ein Glied der Menschheitsbildung eingeordnet wäre, ein Höchstes von individueller Ausbildung, nach der unendlichen Vielheit der Aufgaben, der Kräfte und Begabungen, welche die schöpferische Natur hervorbringt. Und das Ideal eines nationalen Bildungswesens wäre dies: daß einem jeden Gelegenheit geboten würde, zu einem Maximum persönlicher Kultur und sozialer Leistungsfähigkeit nach dem Maß seiner Anlagen und seiner Willensenergie sich auszubilden" [96: F. PAULSEN, Das deutsche Bildungswesen, 189 f.].

10. Zur Geschichte der Volks-, Mittel- und Realschulen

Allgemeine und Überblicksdarstellungen

Zu einer neuen, ausführlichen und zeitgemäßen Fragestellungen folgenden Gesamtdarstellung hat es die Erforschung der deutschen Volksschule bisher nicht gebracht, obwohl inzwischen eine Fülle älterer und neuerer Einzeluntersuchungen vorliegen und obwohl die Themenstellung einer deutschen Volksschulgeschichte ebenfalls bereits im Rahmen neuerer Ansätze für eine historische Kulturforschung wenigstens angedacht worden ist [340: E. DILLMANN, Institution Schule]. Immerhin liegen auch für dieses Thema sehr brauchbare geraffte Überblicksdarstellungen im Rahmen des Handbuchs der deutschen Bildungsgeschichte vor [G. FRIEDERICH, in: 87: K.-E. JEISMANN/P. LUNDGREEN (Hrsg.), Handbuch der deutschen Bildungsgeschichte, 123–152; F.-M. KUHLEMANN, in: 80: C. BERG (Hrsg.), Handbuch der deutschen Bildungsgeschichte, 179–227, mit Tabellen und ausgewählten Lehrplänen (ebd., 217–227)].

10. Zur Geschichte der Volks-, Mittel- und Realschulen

In den 1970er und 1980er Jahren ist die Volksschulgeschichte vorzugsweise als Sozialgeschichte geschrieben worden; hier hat man denn auch besonders deutlich den disziplinierenden und konditionierenden Charakter der Elementarschulbildung im Rahmen der Klassenauseinandersetzungen des 19. Jahrhunderts herausgearbeitet [370: P. LUNDGREEN, Sozialgeschichte der deutschen Schule; ähnlich vorher bereits: 335: E. N. ANDERSON, Die preußische Volksschule]. Dagegen haben ausführliche neuere Untersuchungen vor allem den modernisierenden Effekt der Volksschulentwicklung, verstanden als „partielle Modernisierung" im langen Übergang von der traditionalen zur modernen Gesellschaft [so in einer grundlegenden, umfangreiches ungedrucktes Material auswertenden Studie: 366: F.-M. KUHLEMANN, Modernisierung und Disziplinierung, 41], hervorgehoben.

Sozialgeschichte der Volksschule

Die Tatsache, dass auch auf diesem Gebiet der deutschen Bildungsgeschichte eine fehlende Gesamtdarstellung durch eine Reihe regional begrenzter Einzeluntersuchungen zwar nicht ersetzt, jedoch teilweise kompensiert wird, ist ebenfalls dem historisch tief verankerten deutschen Bildungsföderalismus geschuldet. Wie das preußische Gymnasium, so ist ebenfalls die Volksschule in Preußen durch neuere, besonders gründliche Untersuchungen am besten erforscht [vor allem, leider nur die Zeit bis zur Reichgründung umfassend: 366: F.-M. KUHLEMANN, Modernisierung und Disziplinierung; gute Überblicke ebenfalls bei 367: DERS., Tradition und Innovation, und: 93: W. NEUGEBAUER, Das Bildungswesen in Preußen, 707–753, der ebd., 707, von der „elementare[n] Bildungsrevolution des 19. Jahrhunderts" spricht]. Auch für Bayern liegen neben Überblicksdarstellungen in Handbüchern [375: A. REBLE, Das Schulwesen; 90: M. LIEDTKE (Hrsg.), Handbuch der Geschichte des Bayerischen Bildungswesens] ebenfalls Spezialuntersuchungen vor [für die erste Jahrhunderthälfte sehr ergiebig: 373: J. NEUKUM, Schule und Politik], daneben ist das Volksschulwesen in Hessen [381: O. SCHLANDER, Der Aufbau des Schulwesens; 394: A. WACHTER, Dorfschule zwischen Pastor und Schulmeister] und in Württemberg [grundlegend: 343: G. FRIEDERICH, Die Volksschule in Württemberg, mit ausführlichem Quellenanhang (314–406) sowie umfangreichen Quellen- und Literaturverzeichnissen (409–501)] neuerdings näher erforscht worden.

Regionalstudien

Die bildungshistorische Forschung hat dem Thema der politischen Indienstnahme der Volksschule durch die führenden Schichten und die politischen Eliten mit dem Zweck der „Disziplinierung" der Untertanen und ihrer möglichst engen Einbindung in Staat und Gesellschaft immer wieder besondere Aufmerksamkeit gewidmet. Die „Frage

„Politische" Erziehung, Disziplinierung, Integration

nach der Instrumentalisierung der Volksschule zum Zwecke der auf Integration zielenden politischen Sozialisation von Unterschichtkindern" wurde dabei zumeist beantwortet mit dem postulierten „Ideal des zukünftigen, durch öffentliche Erziehung konditionierten [...] Untertans und zufriedenen Kleinbürgers" [so 369: P. LUNDGREEN, Die Eingliederung der Unterschichten, 92, 94; ähnlich: 104: R. ENGELSING, Zur politischen Bildung der deutschen Unterschichten]. Die Neuordnung Deutschlands nach 1815 brachte noch eine weitere Notwendigkeit mit sich, die während der Restaurationszeit und des Vormärz ein zentrales Anliegen der Volksschulbildung gewesen ist: die Herstellung eines einheitlichen Staatsbewusstseins und Zusammengehörigkeitsgefühls durch besondere Pflege eines spezifischen Landespatriotismus; vor allem in Bayern sind hierzu entsprechende Anstrengungen unternommen worden [433: R. ROTH, Politische Bildung in Bayern; zum Zusammenhang auch: 186: H.-M. KÖRNER, Staat und Geschichte in Bayern]. Die führenden Pädagogen im Kaiserreich wollten hiervon freilich zumeist nichts mehr wissen; F. PAULSEN bestimmte um 1900 jedenfalls „die Aufgabe der Schule" zuerst als „die Vorbildung für das Kulturleben der Gegenwart in Staat und Gesellschaft" [39: F. PAULSEN, Gesammelte Pädagogische Abhandlungen, 588].

Kirchliche Schulaufsicht und Säkularisierung

In Deutschland ist die kirchliche Schulaufsicht – sowohl in katholischen wie in protestantischen Territorien – als eine Folge der Reformation und der konfessionellen Zersplitterung entstanden [hierzu: 97: F. PAULSEN, Geschichte des gelehrten Unterrichts, Bd. 1, 331 ff.]. Während die z. T. aus den alten Latein- und Gelehrtenschulen hervorgegangenen Gymnasien sich hiervon rechtzeitig freimachen konnten, blieb das Volksschulwesen bis zum frühen 20. Jahrhundert, freilich gegen zuweilen heftige Widerstände besonders der Lehrerschaft, der kirchlichen Schulaufsicht unterworfen [knapp hierzu etwa: 96: F. PAULSEN, Das deutsche Bildungswesen, 162f., 171ff.]. Dieser Aspekt zählt bis heute zu den am wenigsten erforschten Teilgebieten der deutschen Volksschulgeschichte des 19. Jahrhunderts, sowohl im Hinblick auf den langsam voranschreitenden Säkularisierungsvorgang [knapp hierzu: 342: K. ERLINGHAGEN, Die Säkularisierung der deutschen Schule, 33–49] wie auch auf die spezifische Schulpolitik der beiden großen Kirchen und Konfessionen [am Beispiel Bayerns im Vormärz behandelt von: 373: J. NEUKUM, Schule und Politik, 119–143].

Mittel- und Realschulen

Ebenfalls vergleichsweise wenig bekannt ist bis heute die Entstehung und Entwicklung der neueren deutschen Mittel- und Realschulen, deren Geschichte im frühen 19. Jahrhundert beginnt und die zumeist summarisch in zeitlich und thematisch übergreifenden Handbuchartikeln knapp abgehandelt werden [K.-E. JEISMANN, in: 87: K.-E. JEISMANN/P. LUNDGREEN (Hrsg.), Handbuch der deutschen Bildungsgeschichte, 161 ff.; F.-M. KUHLEMANN, in: 80: C. BERG (Hrsg.), Handbuch der deutschen Bildungsgeschichte, 188 ff., 198 ff. (Mittelschulen); J. C. ALBISETTI/P. LUNDGREEN, in: ebd., 240 ff., 248 ff. (Realschulen)]. Lediglich die „realistische" Schulbildung, die im Verlauf jahrzehntelanger schulpolitischer Auseinandersetzungen gegen Ende des 19. Jahrhunderts schließlich zu den Gymnasien aufschließen und sich im Bereich der höheren Schulbildung etablieren konnte, hat neuerdings eine (freilich begrenzte) Aufmerksamkeit gefunden [376: W. ROESSLER, Die Entstehung der Realschule; 358: R. W. KECK, Das Selbstverständnis der Realschule], nicht zuletzt im Zusammenhang der Erforschung der mittleren Mädchenbildung [346: R. GODEL-GASSNER, Die Geschichte der mittleren Mädchenbildung].

11. Zur Geschichte des Fach- und Spezialschulwesens

Ein bereits gegen Ende des 19. Jahrhundert erschienenes und sehr ausführliches (1982 nachgedrucktes) Standardwerk ist noch heute der Ausgangspunkt für jede Beschäftigung mit dem militärischen Bildungswesen [374: B. POTEN, Geschichte des Militär-Erziehungs- und Bildungswesens]; eine neuere Gesamtdarstellung existiert bisher nicht. Dafür aber gibt es – neben den knappen Überblicken im Handbuch der deutschen Bildungsgeschichte [H. STÜBIG, in: 87: K.-E. JEISMANN/P. LUNDGREEN (Hrsg.), Handbuch der deutschen Bildungsgeschichte, 362–377; H. STÜBIG, in: 80: C. BERG (Hrsg.), Handbuch der deutschen Bildungsgeschichte, 515–527] – eine Reihe von Einzel- und Detailstudien, etwa zur Geschichte der militärischen Bildung in Bayern [349: O. HACKL, Die bayerische Kriegsakademie] und zur Entwicklung der militärischen Jugenderziehung in Preußen ab 1806 [385: K. SCHMITZ, Militärische Jugenderziehung, 16–104 (zum 19. Jahrhundert, auf der Grundlage archivalischer Forschungen)]. Grundlegende Beiträge zur Geschichte des militärischen Erziehungswesens zwischen preußischer Reformzeit und Kaiserreich enthält ein Aufsatzband des wohl besten Kenners dieses Themas [390: H. STÜBIG, Bildung, Militär und Gesellschaft].

Militärisches Bildungswesen

Das moderne Fortbildungs- und Gewerbeschulwesen kann ebenfalls als ein Kind der ersten Hälfte des 19. Jahrhunderts angesehen werden, und auch hier hat der preußische Staat eine gewisse Vorreiterrolle

Berufliche Fortbildungs- und Gewerbeschulen

gespielt, wie neuere Untersuchungen zu dessen Entstehung und „zur pädagogischen Legitimation und normativen Auslegung der Fortbildungsschule" [350: K. HARNEY, Die preußische Fortbildungsschule, 118] zeigen konnten. Für diesen Schultyp liegen gleichfalls informative und knappe Überblicksdarstellungen vor [K. HARNEY, in: 87: K.-E. JEISMANN/P. LUNDGREEN (Hrsg.), Handbuch der deutschen Bildungsgeschichte, 281–292; K. HARNEY, in: 80: C. BERG (Hrsg.), Handbuch der deutschen Bildungsgeschichte, 380–389], hinzu kommen Einzeluntersuchungen zum Verhältnis von betrieblicher Lehrlingsausbildung und Gewerbeschulwesen [386: R. SCHÖFER, Berufsausbildung und Gewerbepolitik] sowie zur Entwicklung der preußischen Provinzial-Gewerbeschulen, den Vorreitern der frühen technischen Bildung [380: C. SCHIERSMANN, Die preußischen Provinzial-Gewerbeschulen].

Technische Fachschulen

Eine Erweiterung und Spezifizierung der Fortbildungs- und Gewerbeschulen (von denen sie anfangs nicht völlig zu trennen waren) stellten die technischen Fachschulen dar, deren Geschichte ebenfalls im frühen 19. Jahrhundert beginnt. Ihre Entstehung und Entwicklung ist vergleichsweise gründlich aufgearbeitet worden; es liegen einerseits geraffte Überblicke vor [P. LUNDGREEN, in: 87: K.-E. JEISMANN/P. LUNDGREEN (Hrsg.), Handbuch der deutschen Bildungsgeschichte, 293–305; G. GRÜNER, in: 80: C. BERG (Hrsg.), Handbuch der deutschen Bildungsgeschichte, 389–398] wie auch eine ausführliche, gründlich gearbeitete Gesamtdarstellung [347: G. GRÜNER, Die Entwicklung der höheren technischen Fachschulen; siehe ebenfalls 348: DERS., Entwicklung der technischen Fachschulen; vgl. auch: 403: H. BLANKERTZ, Bildung im Zeitalter der großen Industrie]. Der Technikunterricht an allgemeinbildenden Schulen ist von der Wissenschaft inzwischen ebenso behandelt worden [392: W. E. TRAEBERT, Technik und allgemeinbildende Schulen] wie die Entwicklung der mittleren technischen Bildung nach 1871 [175: M. FESSNER, Gewerbliche Bildungspolitik; 395: W. WEBER, Mittlere technische Bildung].

Landwirtschaftliches und kaufmännisches Bildungswesen

Das landwirtschaftliche Bildungswesen, das in seinen ersten Anfängen noch hinter das 19. Jahrhundert zurückreicht, steht bislang noch wenig im Interesse der Forschung; inzwischen gibt es allerdings Überblicksdarstellungen [M. SCHMIEL, in: 87: K.-E. JEISMANN/P. LUNDGREEN (Hrsg.), Handbuch der deutschen Bildungsgeschichte, 306–310; M. SCHMIEL, in: 80: C. BERG (Hrsg.), Handbuch der deutschen Bildungsgeschichte, 398–404] und auch ausführlichere Untersuchungen [grundlegend: 384: M. SCHMIEL, Die Landwirtschaftsschule, 16–35] sowie eine Studie zur Entwicklung in Bayern [341: B. DORN, Entwicklung und Bedeutung der landwirtschaftlichen Berufsschule, 6–22]. Das sehr viel jüngere kaufmännische Bildungswesen, entstanden im Zuge der fortschreitenden ökonomischen Differenzierung in Deutschland, hat inzwischen ebenfalls eine erste wissenschaftliche Aufarbeitung gefunden [M. HORLEBEIN, in: 80: C. BERG (Hrsg.), Handbuch der deutschen Bildungsgeschichte, 404–409; 355: M. HORLEBEIN, Die berufsbegleitenden kaufmännischen Schulen, 15–203].

Das frühe, in Deutschland etwa seit Mitte des 19. Jahrhunderts entstehende Hilfs- und Behindertenschulwesen war vor allem eine Sache der Städte und Gemeinden, von denen die ersten Initiativen zur Errichtung solcher Bildungseinrichtungen ausgingen und in deren Trägerschaft sie sich in dieser Zeit auch befunden haben [hierzu besonders: 351: H. HECKEL, Die Städte und ihre Schulen, 39–50]. Auch die Entwicklung dieses – der kommunalen sozialen Fürsorge eng verbundenen – Bildungsbereichs ist, vornehmlich am Beispiel Berlins, inzwischen wenigstens ansatzweise erforscht [als Pionierstudie ist die Arbeit eines zeitgenössischen Praktikers zu nennen: 344: A. FUCHS, Schwachsinnige Kinder, 1–46; als neuere, sehr gründliche Gesamtdarstellung sodann: 391: J. SYNWOLDT, Von der Hilfsschule zur Schule für Lernbehinderte, 13–85 (zum 19. Jahrhundert), mit guter Forschungsbibliographie (ebd., 348–360)].

Bildungseinrichtungen für Behinderte und Hilfsschulen

12. Zur Geschichte des Unterrichts, der Lehrer, Lehrerbildung und Pädagogik

Die Geschichte des Deutschunterrichts an den niederen wie an den höheren deutschen Schulen des 19. Jahrhunderts ist vornehmlich unter dem Gesichtspunkt der politischen Instrumentalisierung, also der Erziehung der Schüler zu einem positiven Staats- und später, nach 1871, zum Nationalbewusstsein untersucht worden, weniger im Hinblick auf die Förderung zu sprachlicher Ausdrucksfähigkeit und literarischem Verständnis. Immerhin liegt eine umfassende Studie mit eingehender Erforschung gerade des 19. Jahrhunderts vor [416: H. J. FRANK, Geschichte des Deutschunterrichts, 151–569], ebenso eine sozialgeschichtliche, die Zeit bis zum Vormärz abdeckende Arbeit [421: G. JÄGER, Schule und literarische Kultur, 21–95], die ebenso wie eine zeitlich weiter reichende Arbeit zum Deutschunterricht an den Volksschulen die politisch-zeithistorische (und dazu auch die ausgeprägt konfessionell-kirchliche) Komponente bei der Gestaltung dieses Unterrichtsfachs stark herausstreicht [397: K. ABELS, Deutschunterricht vor und

Unterricht

nach 1848]. Ähnliches gilt ebenfalls für den Geschichtsunterricht [als wichtige Fallstudie zum Kaiserreich siehe 435: B. SCHÖNEMANN, Nationale Identität als Aufgabe des Geschichtsunterrichts, der (ebd., 126) auf das Desiderat einer noch zu schreibenden „Geschichte des Geschichtsunterrichts als Wandel von Deutungsstrukturen" hinweist] und den Religionsunterricht [442: R. VANDRÉ, Schule, Lehrer und Unterricht], während sich etwa die klassischen Sprachen den entsprechenden Einflüssen im allgemeinen weniger stark ausgesetzt sahen [für die Zeit ab 1890: 400: H.-J. APEL/S. BITTNER, Humanistische Schulbildung, 1–79].

Schulbücher und Schulraumgestaltung

Die Schulbücher der deutschen Elementarschulen sind inzwischen dank eines umfangreichen, wenn auch auf Norddeutschland zentrierten Verzeichnisses [30: M. HEINEMANN (Hrsg.), Titelsammlung zum Elementar- und Volksschulunterricht] wenigstens bibliographisch gut erschlossen, während deren Erforschung noch immer nicht sehr weit gediehen ist, trotz bedeutender älterer Vorleistungen [das gilt vor allem für: 410: F. BÜNGER, Entwickelungsgeschichte des Volksschullesebuches (mit Abbildungen und reichen bibliographischen Angaben)] und trotz einzelner ertragreicher neuerer Spezialstudien [beispielsweise: 401: U. A. J. BECHER, Politische Erziehung durch Geschichte]. Die Erforschung der Ausgestaltung der Schulhäuser und der Einrichtung der Klassenräume [dazu bereits knapp, aber informativ: G. FRIEDERICH, in: 87: K.-E. JEISMANN/P. LUNDGREEN (Hrsg.), Handbuch der deutschen Bildungsgeschichte, 142–147] kann ebenfalls noch als wichtiges Desiderat der historischen Bildungsforschung gelten [ein erster Zugriff auf die Entwicklung in der ersten Jahrhunderthälfte bei: 443: K. A. WIEDERHOLD, „Von der Einrichtung der Schulhäuser und Schulzimmer"].

Gymnasiallehrer

Die Ausbildung für das höhere Lehramt hat während des 19. Jahrhunderts eine durchgreifende Professionalisierung erfahren, die besonders auch das früher vernachlässigte pädagogische Feld umfasste. Dieses Thema ist inzwischen umfassend aufgearbeitet, sowohl durch eine ausführliche Gesamtdarstellung [411: U. VON DER BURG, Entstehung und Entwicklung der Gymnasialseminare, mit umfangreichem Literaturverzeichnis (ebd., 475–538)] wie auch durch Einzelstudien zu Preußen [398: H.-J. APEL, Durch Seminar und Probejahr; 399: DERS., Gymnasiallehrer] und Bayern [430: K. NEUERER, Das höhere Lehramt in Bayern, mit wichtigen Quellen und Statistiken im Anhang (ebd., 203–254)] sowie zur Herausbildung des modernen Mathematiklehrerberufs [436: G. SCHUBRING, Die Entstehung des Mathematiklehrerberufes]. – Auch das Selbstverständnis und Standesbewusstsein des „gelehrten Schulmanns" im 19. Jahrhundert hat das Interesse der Forschung gefunden: Während die eine Seite sehr deutlich die „staatstragende Rolle"

12. Zur Geschichte des Unterrichts 99

der „Oberlehrer" und deren positive Identifikation mit dem herrschenden politischen Zuständen, besonders während des Kaiserreichs, herausstreicht [440: H. Titze, Die soziale und geistige Umbildung des preußischen Oberlehrerstandes], betonen andere Autoren in stärkerem Maße die frühe Entwicklung des Elitebewusstseins innerhalb dieses Berufsstandes [417: C. Führ, Gelehrter Schulmann – Oberlehrer – Studienrat; 426: C. Menze, Zur Geschichte der Professionalisierung des Pädagogen].

Die Geschichte der Elementarschullehrerschaft und besonders der Lehrerausbildung ist hauptsächlich unter sozialhistorischen Fragestellungen, die sich bei diesem Thema auch bevorzugt anbieten, untersucht und analysiert worden [414: S. Enzelberger, Sozialgeschichte des Lehrerberufs; 407: R. Bölling, Sozialgeschichte der deutschen Lehrer], und dies gilt ebenfalls für die Gruppe der frühen Hilfsschullehrer [413: S. Ellger-Rüttgardt, Der Hilfsschullehrer]. Neuere Spezialstudien zur Lehrerausbildung betonen nachdrücklich die Bedeutung der straff organisierten Lehrerseminare für die vom Staat beabsichtigte „Konditionierung der Lehramtskandidaten für einen spezifischen und sozialen Verhaltensstil" [427: F. Meyer, Schule der Untertanen, 197]. Näher untersucht ist die Lehrerbildung vor allem in Regionalstudien; sie liegen u. a. vor für Schleswig-Holstein [424: K. Knoop, Zur Geschichte der Lehrerbildung; 409: A. Bruhn, Die Präparanden], für Hannover und Preußen [434: H.-D. Schmid (Hrsg.), Beiträge zur Geschichte der Lehrerbildung], für Südhessen [402: E. Berlet, Lehrerbildung in Hessen-Darmstadt] und für Bayern [389: A. Spörl, Die Entwicklung der deutschen Schule].

Volksschullehrer

Die Oberlehrer wie auch die im niederen Schulwesen tätigen Pädagogen haben sich – freilich streng voneinander separiert – bereits früh zu eigenen Interessenvereinigungen zusammengeschlossen [419: M. Heinemann (Hrsg.), Der Lehrer und seine Organisation], wobei, so ein Ergebnis der neueren Forschung, die Volksschullehrervereine in stärkerem Maße politisch ausgerichtet waren (etwa in ihrem Einsatz für die Simultanschulen) und daneben besonders die Idee der Lehrerfortbildung propagierten und sehr bald auch praktizierten (etwa durch Organisation von Vortragsveranstaltungen, durch Einrichtung von speziellen Lehrerbibliotheken); dies haben neuere Studien zu den Berliner Lehrerorganisationen anschaulich herausgearbeitet [441: C. Uhlig, Der Berliner Lehrerverein; 423: H. Kemnitz, Lehrerverein und Lehrerberuf]. Auch die Oberlehrer und Gymnasialprofessoren haben sich in eigenen Vereinigungen zusammengeschlossen, als deren bedeutendster sich bald der Deutsche Philologenverband herauskristallisierte [425:

Organisationen der Lehrerschaft

P. MELLMANN, Geschichte des Deutschen Philologen-Verbandes; 428: S. MÜLLER-ROLLI, Grenzen der beruflichen Organisation].

Pädagogik Die Geschichte der pädagogischen Lehrmeinungen und der pädagogischen Praxis zählt traditionell zu den am besten erforschten Bereichen der deutschen Bildungsforschung. Dabei hat sich der ursprünglich stark geistes- und theoriegeschichtliche Schwerpunkt [besonders ausgeprägt bei: 412: J. VON DEN DRIESCH/J. ESTERHUES, Geschichte der Erziehung und Bildung, Bd. 2; ebenfalls noch spürbar bei: 405: F. BLÄTTNER, Geschichte der Pädagogik, 165–277; und bei: 431: A. REBLE, Geschichte der Pädagogik] langsam verschoben zu einer in stärkerem Maße sozial- und politikgeschichtliche Aspekte aufnehmenden, unterschiedliche Ansätze und Perspektiven integrierenden Interpretationsrichtung [etwa bei: 404: H. BLANKERTZ, Die Geschichte der Pädagogik; und neuerdings ebenfalls bei der systematisch angelegten Darstellung von: 429: H.-U. MUSOLFF/S. HELLEKAMPS, Geschichte des pädagogischen Denkens]. Erst ansatzweise erforscht ist die akademisch-institutionelle Fachgeschichte [für Österreich vgl. die vorzügliche Studie von: 408: W. BREZINKA, Die Geschichte des Faches Pädagogik]. Dagegen sind Teilgebiete der Erziehung und Erziehungslehre eingehend untersucht worden, so etwa die Pädagogik der Berufsbildung [403: H. BLANKERTZ, Bildung im Zeitalter der großen Industrie], die politische Erziehung [vorzüglich und gediegen: 415: A. FLITNER, Die politische Erziehung in Deutschland] und neuerdings auch die lange Zeit stark vernachlässigte Nationalerziehung [437: H. STÜBIG, Nationalerziehung]. Unverzichtbar bleibt weiterhin ebenfalls der ständige bildungshistorische Rekurs auf das Denken der bedeutendsten Pädagogen jener Zeit wie etwa J. H. Pestalozzi [420: R. HINZ, Pestalozzi und Preußen], F. Fröbel [418: H. HEILAND, Zum Verhältnis von Politik und Pädagogik bei Friedrich Fröbel] und F. A. W. Diesterweg [432: B. H. REIFENRATH, Pädagogik und Philosophie bei F. A. W. Diesterweg].

13. Zur Geschichte gelehrter Gesellschaften und kultureller Institutionen

Akademien der Wissenschaften Die deutschen Wissenschaftsakademien haben im Verlauf des 19. Jahrhunderts eine bedeutende, streckenweise herausragende Rolle im Prozess der Institutionalisierung der modernen Wissenschaften, besonders der Geisteswissenschaften, gespielt, insofern erscheint es als besonders bedauerlich, dass eine eingehende, mit modernen Fragestellungen ar-

13. Zur Geschichte gelehrter Gesellschaften und kultureller Institutionen

beitende Erforschung dieser Entwicklung noch ganz am Anfang steht. Immerhin ist neuerdings die deutsche Akademiegeschichte in den internationalen Zusammenhang eingeordnet worden [220: C. GRAU, Berühmte Wissenschaftsakademien, 156–250], und auch der in jener Epoche sich vollziehende Differenzierungsprozess innerhalb der einzelnen Wissenschaften wie ebenfalls unter den deutschen Akademien ist inzwischen thematisiert worden [222: C. GRAU, Profildifferenzen und Profildifferenzierungen]. Die fortschreitende Institutionalisierung geisteswissenschaftlicher Forschung am Beispiel der Göttinger Akademie im Zusammenhang ihrer Verbindungen mit dem deutschen Akademiekartell und der Internationalen Assoziation der Akademien im ausgehenden 19. Jahrhundert ist in einer neueren Studie ebenfalls eingehend nachgezeichnet worden [219: M. GIERL, Geschichte und Organisation].

Im Gegensatz zur besser erforschten älteren Akademiegeschichte der Aufklärungszeit ist die Epoche des 19. Jahrhunderts gleichfalls erst unzureichend aufgearbeitet worden; am besten immerhin noch die Berliner Akademiegeschichte seit A. HARNACKs Standardwerk zum zweihundertjährigen Jubiläum [223: Geschichte der Königlich Preußischen Akademie der Wissenschaften zu Berlin, Bd. 1/II], aber auch durch neuere Überblicke [221: C. GRAU, Die preußische Akademie der Wissenschaften zu Berlin, 127–197] und Sammelwerke [225: J. KOCKA/R. HOHLFELD/P. T. WALTER (Hrsg.), Die Königlich Preußische Akademie der Wissenschaften zu Berlin]. Ähnliche Abrisse und Einzelstudien liegen für die Leopoldina in Halle [228: B. PARTHIER/D. VON ENGELHARDT (Hrsg.), 350 Jahre Leopoldina] für die Königliche Gesellschaft der Wissenschaften zu Göttingen [231: R. SMEND, Die Göttinger Gesellschaft der Wissenschaften] und für die Sächsische Akademie zu Leipzig vor [226: E. LEA/G. WIEMERS, Planung und Entstehung der Sächsischen Akademie der Wissenschaften zu Leipzig]. Das vergangene wie das gegenwärtige Forschungsprofil jeder Akademie ergibt sich in erster Linie aus ihrer Zusammensetzung, deshalb sind Sammlungen von Mitgliederverzeichnissen und Kurzbiographien, wie sie etwa für München [215: F. BAETHGEN (Hrsg.), Geist und Gestalt] und Göttingen [214: K. ARNDT/G. GOTTSCHALK/R. SMEND (Hrsg.), Göttinger Gelehrte] vorliegen, unverzichtbare Einzelbeiträge zur Erforschung der Akademiegeschichte.

Geschichte einzelner Akademien

Die Einheit von Forschung und Lehre nach dem Humboldtschen Modell hat sich bereits während des 19. Jahrhunderts auch in den historischen Wissenschaften niemals vollständig umsetzen lassen; neben dem lehrenden Forscher und forschenden Lehrer stand immer auch schon der ausschließlich forschende Gelehrte [allgemein hierzu: 224:

Institutionalisierte historische Forschung

H. HEIMPEL, Über Organisationsformen historischer Forschung]. Er war, etwa im Rahmen der Monumenta Germaniae Historica, mit der Erschließung, Sammlung und wissenschaftlichen Aufbereitung historischer Quellen beschäftigt [218: H. FUHRMANN, „Sind eben alles Menschen gewesen"], eine Tätigkeit, die sich mit der Gründung der Historischen Kommission bei der Bayerischen Akademie der Wissenschaften noch stark erweiterte [dazu: 230: F. SCHNABEL, Die Idee und die Erscheinung; 229: TH. SCHIEDER, Organisation und Organisationen der Geschichtswissenschaft]. In der Spätzeit des 19. Jahrhunderts wandte man sich, wie ebenfalls neuerdings näher erforscht wird, verstärkt der Erschließung neuzeitlicher Quellen zu, wie etwa das von der Berliner Akademie institutionalisierte Unternehmen der Acta Borussica zeigt [grundlegend hierzu: 227: W. NEUGEBAUER, Zum schwierigen Verhältnis von Geschichts-, Staats- und Wirtschaftswissenschaften].

Kultur-, Geschichts- und Bildungsvereine

Das Vereinswesen hat einen keineswegs zu unterschätzenden Beitrag zur kulturellen Entwicklung Deutschlands im 19. Jahrhundert geleistet, das gilt besonders für die in allen Territorien verbreiteten Geschichtsvereine [444: H. BOOCKMANN/A. ESCH/H. HEIMPEL/T. NIPPERDEY/H. SCHMIDT, Geschichtswissenschaft und Vereinswesen] und die kleineren historischen Kommissionen [ebenfalls ertragreich hierzu: 461: K. PABST, Historische Vereine und Kommissionen]. Während die frühere Forschung den national-patriotischen Charakter dieser Vereine stark herausgestrichen hat, heben neuere, vergleichend angelegte Studien den eher regional begrenzten, „partikularistischen", einem engeren Heimatverständnis verhafteten Charakter des historischen Vereinswesens hervor [449: G. B. CLEMENS, Sanctus amor patriae]. – In breiterer Perspektive sind die Bildungs- und Kulturvereine des 19. Jahrhunderts durch ein neueres Handbuch vorzüglich erschlossen [468: W. WÜLFING/K. BRUNS/R. PARR (Hrsg.), Handbuch literarisch-kultureller Vereine], ebenfalls existieren gut fundierte Einzeluntersuchungen etwa zu juristischen [445: W. BRAUNEDER, Leseverein und Rechtskultur] und technischen Bildungsvereinen [458: W. KÖNIG, Technische Vereine als Bildungseinrichtungen; 463: C. PRIESNER, Polytechnische Vereine und technische Bildung].

Bibliotheken

Die Deutsche Bibliotheksgeschichte des 19. Jahrhunderts ist – zumeist von Bibliothekaren selbst – eingehend erforscht, wenn auch in der Regel unter bibliothekswissenschaftlichen, daher eher systematischen als im strengen Sinne historischen Gesichtspunkten [das gilt etwa für: 447: L. BUZAS, Deutsche Bibliotheksgeschichte der neuesten Zeit; 466: W. SCHMITZ, Deutsche Bibliotheksgeschichte], während neuere Sammelwerke und Überblicke die allgemeinhistorische Ent-

13. Zur Geschichte gelehrter Gesellschaften und kultureller Institutionen

wicklung etwas stärker mit einbeziehen [457: P. KAEGBEIN/P. VOSODECK (Hrsg.), Staatliche Initiative und Bibliotheksentwicklung; 452: W. ENDERLE, Bibliotheken]. Zur Geschichte der für das Kulturleben des 19. Jahrhunderts besonders wichtigen Leihbibliotheken liegt ebenfalls inzwischen ein grundlegendes Standardwerk vor [460: A. MARTINO, Die deutsche Leihbibliothek, mit einem wertvollen Verzeichnis der erhaltenen Leihbibliothekskataloge (917–1017) und ausführlicher Forschungsbibliographie (1018–1082)]. Unter den größeren staatlichen Bibliotheken kann besonders die Geschichte der alten Preußischen Staatsbibliothek zu Berlin als vergleichsweise gut erforscht gelten [462: E. PAUNEL, Die Staatsbibliothek zu Berlin; 465: W. SCHOCHOW, Die Berliner Staatsbibliothek und ihr Umfeld]; auch zur Entstehung des modernen Bibliothekarsberufs liegen inzwischen eigene Studien vor [456: U. JOCHUM, Das Opfer der Schrift; vgl. hierzu ebenfalls: 465: W. SCHOCHOW, Die Berliner Staatsbibliothek und ihr Umfeld, 15–46].

Während des 19. Jahrhunderts, das dem „Historischen" in allen seinen Formen besonders zugewandt war, erlebte die Museumskultur nicht nur in Deutschland einen beispiellosen Aufstieg [grundlegend, ausführlich und ertragreich hierzu: 448: G. CALOV, Museen und Sammler], dessen Wirkungen noch bis in die Gegenwart hineinreichen. Dabei entwickelte sich, so ein Resultat der neuesten Forschung, das Museum „vom Musentempel zum Lernort", also von einer Stätte des Sammelns und Konservierens zu einer Bildungsinstitution sui generis [an den Beispielen des Alten Museums in Berlin, des Germanischen Nationalmuseums in Nürnberg und des Historischen Museums in Frankfurt a.M. sehr treffend beschrieben durch: 455: W. HOCHREITER, Vom Musentempel zum Lernort; zum späteren 19. Jahrhundert ebenfalls aufschlussreich: 459: A. KUNTZ, Das Museum als Volksbildungsstätte]. Neben dem Kunstmuseum im engeren Sinne [dazu neuerdings: 467: J. J. SHEEHAN, Geschichte der deutschen Kunstmuseen] entwickelte sich bald das kulturhistorische Museum – allen voran das Germanische Nationalmuseum in Nürnberg – zu einem zentralen Museumstyp dieser Epoche [451: B. DENEKE/R. KAHSNITZ (Hrsg.), Das Germanische Nationalmuseum Nürnberg], der neuerdings auch in länderübergreifender, vergleichender Perspektive dargestellt und untersucht wird [454: J. GERCHOW, Museen; 450: B. DENEKE/R. KAHSNITZ (Hrsg.), Das kunst- und kulturgeschichtliche Museum].

Museen

Unter den zentralen kulturellen Institutionen sind die Archive im Bewusstsein der Öffentlichkeit im Allgemeinen weniger präsent als die Bibliotheken, Museen oder Vereine. Ihre herausragende Bedeutung als

Archive

einer der drei zentralen „Dokumentationsbereiche" des kulturellen Gedächtnisses [hierzu wichtig: 464: J. ROGALLA VON BIEBERSTEIN, Archiv, Bibliothek und Museum als Dokumentationsbereiche] ist jedoch kaum zu bestreiten, deshalb ist auch ihre Geschichte ein integraler Bestandteil der allgemeinen Kultur- und Bildungsgeschichte [grundlegende ältere Darstellung: 446: A. BRENNEKE, Archivkunde, 139–176, 285–408, mit umfassender Forschungsbibliographie, 437–509; exzellenter und kenntnisreicher neuerer Überblick: 453: E. G. FRANZ, Archive].

14. Zur Geschichte der Periodika, des Buch- und Verlagswesens

Pressepolitik   Die ältere Zensurpraxis des 18. Jahrhunderts hatte sich, dies zeigt etwa die Vorgeschichte der Französischen Revolution sowie deren Rezeption in Deutschland in den 1790er Jahren, im Wesentlichen als defizitär und unzureichend erwiesen. Das führte im frühen 19. Jahrhundert zu dem Versuch, eine eigene, gewissermaßen vom Staat inszenierte „Öffentlichkeit" herzustellen, und zwar mit Hilfe eigens gegründeter Zeitungen, Zeitschriften, Pressebüros sowie staatlich besoldeter literarischer Agenten und Journalisten. Diese Art von Pressepolitik, deren Anfänge in Deutschland in der Reformzeit liegen [572: W. PIERETH, Propaganda im 19. Jahrhundert], ist inzwischen eingehend erforscht worden, besonders mit Blick auf die beiden wichtigsten politischen Protagonisten dieser Bemühungen, Hardenberg und Metternich [565: A. HOFMEISTER-HUNGER, Pressepolitik und Staatsreform; 570: S. LECHNER, Gelehrte Kritik und Restauration].

Zensur   Als begleitende Maßnahme wurde die Zensur nicht nur verschärft, sondern mittels der verschiedensten Kontrollmechanismen auch effektiver gemacht als früher [dazu besonders: 573 W. SIEMANN, Ideenschmuggel; 574: DERS., Von der offenen zur mittelbaren Kontrolle], andererseits setzte, wie die neueste Forschung zeigen konnte, bereits in der Restaurationszeit ein Prozess zunehmender Verrechtlichung der Zensur ein [559: U. EISENHARDT, Wandlungen von Zweck und Methoden der Zensur; 578: E. ZIEGLER, Zensurgesetzgebung und Zensurpraxis in Deutschland]. Von den Zensurbestimmungen – etwa der berühmten „Zwanzig-Bogen-Klausel" der Karlsbader Beschlüsse von 1819 – war nicht nur die politische Publizistik im engeren Sinne, sondern ebenfalls die Literatur betroffen, deren Schicksale unter dem Schatten der Zensur vor allem in der Periode zwischen 1815 uns 1848

14. Zur Geschichte der Periodika, des Buch- und Verlagswesens

bereits seit längerem aufgearbeitet [erinnert sei an die frühen, immer noch brauchbaren und manchmal amüsant zu lesenden Arbeiten von: 566: H. H. HOUBEN, Jungdeutscher Sturm und Drang; 567: DERS., Der gefesselte Biedermeier] und überdies mehrfach detailliert dargestellt worden ist [558: D. BREUER, Geschichte der literarischen Zensur, 145–198; 579: E. ZIEGLER, Literarische Zensur in Deutschland].

Zeitungen und Zeitschriften stellen seit dem 17. Jahrhundert einen Kulturfaktor von kaum zu überschätzender Bedeutung dar, schon aus diesem Grund sind die von den Kommunikationswissenschaften erarbeiteten pressehistorischen Gesamtdarstellungen für alle historisch Arbeitenden von besonderem Wert. Dies trifft auf Standardwerke schon etwas älteren Datums [569: K. KOSZYK, Geschichte der deutschen Presse] ebenso zu wie auf neuere Überblicke [575: R. STÖBER, Deutsche Pressegeschichte, 118–291, mit umfangreicher Forschungsbibliographie (ebd., 355–385)]. Wichtige Zeitungen und Zeitschriften sind im Rahmen von Sammelwerken näher untersucht und dargestellt [561: H.-D. FISCHER (Hrsg.), Deutsche Zeitungen des 17. bis 20. Jahrhunderts; 562: DERS. (Hrsg.), Deutsche Zeitschriften des 17. bis 20. Jahrhunderts], daneben sind ebenfalls die wichtigsten literarischen und politischen Zeitschriften in Deutschland zwischen 1830 und 1880 durch ein ausgesprochen nützliches Repertorium erschlossen worden [571: S. OBENAUS, Literarische und politische Zeitschriften].

Periodika

Ein funktionierendes, sich ständig neuen ökonomischen, sozialen und politischen Bedingungen anpassendes Buch- und Verlagswesen gehört zu den Grundbedingungen eines lebendigen geistigen und kulturellen Lebens. Die Geschichte des Buchhandels, besonders auch die Verlagsgeschichte im 19. Jahrhundert ist mit unterschiedlichen Fragestellungen erforscht und aufgearbeitet worden – teils aus einer eher engeren Verlags-, Buchhändler- und Bibliotheksperspektive [hierfür steht etwa die Darstellung von: 576: H. WIDMANN/S. BESSLICH-WIDMANN, Annalen zur Geschichte des Buchwesens], teils aber auch im Rahmen einer breiter angelegten, zumeist kultur- und sozialhistorischen Fragestellung [exzellente, grundlegende Gesamtdarstellung: 577: R. WITTMANN, Geschichte des deutschen Buchhandels, 186–328; für das Kaiserreich nunmehr sehr gründlich und erschöpfend: 568: G. JÄGER/D. LANGEWIESCHE/W. SIEMANN (Hrsg.), Geschichte des deutschen Buchhandels; siehe ebenfalls, mit einem mitteleuropäisch-vergleichenden Schwerpunkt: 564: H. G. GÖPFERT/G. KOZIEŁEK/R. WITTMANN (Hrsg.), Buch und Verlagswesen im 18. und 19. Jahrhundert]. Erst am Anfang steht, trotz einzelner beachtlicher Leistungen, noch die Lesergeschichte [560: R. ENGELSING, Die Perioden der Lesergeschichte in der Neuzeit;

Buch- und Verlagswesen, Lesergeschichte

563: H. G. Göpfert, Vom Autor zum Leser], die idealerweise darum bemüht sein müsste, literarhistorische mit kultur- und sozialgeschichtlichen Fragestellungen zu verbinden.

III. Quellen und Literatur

Falls nicht anders angegeben, entsprechen die Abkürzungen den Siglen der Historischen Zeitschrift.

A. Quellen

1. Universitäts- und Wissenschaftsgeschichte

1. D. ALVERMANN/B. PETERS (Hrsg.), Die Studenten der königlichen Universität Greifswald 1821–1848. Kommentiertes Verzeichnis nach der Matrikel und den Akten des Universitätsarchivs. Greifswald 2003.
2. E. ANRICH (Hrsg.), Die Idee der deutschen Universität. Die fünf Grundschriften aus der Zeit ihrer Neubegründung durch klassischen Idealismus und romantischen Realismus. Darmstadt 1956.
3. H. W. BLANKE, Bibliographie der in periodischer Literatur abgedruckten Vorlesungsverzeichnisse deutschsprachiger Universitäten 1700–1899, Teil I (bis 1919), in: Berichte zur Wissenschaftsgeschichte 6 (1983), 17–43; Teil II (bis 1919), in: ebd., 10 (1987), 17–43; Teil III (bis 1926), in: ebd. 11 (1988), 105–117.
4. R. VOM BRUCH/R. A. MÜLLER (Hrsg.), Erlebte und gelebte Universität. Die Universität München im 19. und 20. Jahrhundert. Pfaffenhofen 1986.
5. A. BÜRK/W. WILLE (Bearb.), Die Matrikeln der Universität Tübingen, Bd. 3: 1710–1817. Tübingen 1953.
6. W. EBEL (Hrsg.), Die Matrikel der Georg-August-Universität zu Göttingen 1837–1900. Hildesheim 1974.
7. F. GUNDLACH (Hrsg.), Das Album der Christian-Albrechts-Universität zu Kiel 1665–1865. Kiel 1915.
8. W. HARTKOPF/G. WANGERMANN (Hrsg.), Dokumente zur Ge-

schichte der Berliner Akademie der Wissenschaften von 1700 bis 1990. Berlin/Heidelberg/New York 1991.
9. P. HINTZELMANN (Hrsg.), Die Matrikel der Universität Heidelberg, Bde. 4–6: 1796–1870. Heidelberg 1903–1907.
10. A. HOFMEISTER (Hrsg.), Die Matrikel der Universität Rostock, Bd. 5: 1789–1831. Schwerin 1912.
11. W. LEXIS (Hrsg.), Die deutschen Universitäten, Bde. 1–2. Berlin 1893.
12. S. MERKLE (Hrsg.), Die Matrikel der Universität Würzburg. München/Leipzig 1922.
13. E. MÜLLER (Hrsg.), Gelegentliche Gedanken über Universitäten von J. J. Engel, J. B. Erhard, F. A. Wolf, J. G. Fichte, F. D. E. Schleiermacher, K. F. Savigny, W. von Humboldt. G. F. W. Hegel. Leipzig 1990.
14. H. MUNDHENKE (Hrsg.), Die Matrikel der Höheren Gewerbeschule, der Polytechnischen Schule und der Hochschule zu Hannover, Bde. 1–2: 1831–1911. Hildesheim 1988–1991.
15. G. VON SELLE (Hrsg.), Die Matrikel der Georg-August-Universität zu Göttingen 1734–1837. Hildesheim/Leipzig 1937.
16. W. WEISCHEDEL, (Hrsg.), Idee und Wirklichkeit einer Universität. Dokumente zur Geschichte der Friedrich-Wilhelms-Universität zu Berlin. Berlin 1960.
17. H. WIDMANN (Hrsg.), Der deutsche Buchhandel in Urkunden und Quellen, Bde. 1–2. Hamburg 1965.

2. Bildungsreform, Schulgeschichte und Pädagogik

18. H.-J. APEL/M. KLÖCKER (Hrsg.), Schulwirklichkeit in Rheinpreußen. Analysen und neue Dokumente zur Modernisierung des Bildungswesens in der ersten Hälfte des 19. Jahrhunderts. Köln/Wien 1986.
19. C. BERG (Hrsg.), Staat und Schule oder Staatsschule? Stellungnahmen von Pädagogen und Schulpolitikern zu einem unerledigten Problem 1789–1889. Königstein/Ts. 1980.
20. W. K. BLESSING/R. KIESSLING/A. SCHMID (Hrsg.), Dokumente zur Geschichte von Staat und Gesellschaft in Bayern, Abt. III, Bd. 8: Kultur und Kirchen. München 1983.
21. H. BRUCHHÄUSER/A. LIPSMEIER (Hrsg.), Quellen und Dokumente zur schulischen Berufsbildung 1869–1918. Köln/Wien 1985.

2. Bildungsreform, Schulgeschichte und Pädagogik

22. H. DICKERHOF (Hrsg.), Dokumente zur Studiengesetzgebung in Bayern in der ersten Hälfte des 19. Jahrhunderts. Berlin 1975.
23. F. A. W. DIESTERWEG, Sämtliche Werke, hrsg. von H. PEITERS/H. AHRBECK/R. ALT/G. MUNDORF/L. REGENER, Bde. 1– (bisher) 23. Berlin 1956–2003.
24. L. FERTIG (Hrsg.), Die Volksschule des Obrigkeitsstaates und ihre Kritiker. Texte zur politischen Funktion der Volksbildung im 18. und 19. Jahrhundert. Darmstadt 1979.
25. L. FERTIG (Hrsg.), Bildungsgang und Lebensplan. Briefe über Erziehung von 1750 bis 1900. Darmstadt 1991.
26. L. FROESE/W. KRAWIETZ (Hrsg.), Deutsche Schulgesetzgebung, Bd. 1: Brandenburg, Preußen und Deutsches Reich bis 1945. Weinheim/Berlin/Basel 1968.
27. L. GALL, Verfassungsstaat und Bildungswesen. Eine programmatische Denkschrift von Georg Gottfried Gervinus, in: ZGO 120 (1973), 375–432.
28. G. GIESE (Hrsg.): Quellen zur deutschen Schulgeschichte seit 1800. Göttingen/Berlin/Frankfurt a. M. 1961.
29. F. HARKORT, Schriften und Reden zu Volksschule und Volksbildung, hrsg. von K.-E. JEISMANN. Paderborn 1969.
30. M. HEINEMANN (Hrsg.), Titelsammlung zum Elementar- und Volksschulunterricht. Norddeutschland 1750–1890. Hannover 1984.
31. W. JOST (Hrsg.), Denkschriften zum Fach- und Fortbildungsschulwesen in Preußen 1878–1896. Eine Sammlung amtlicher Ausarbeitungen der preußischen Ministerien für Handel und Gewerbe und für Unterricht. Nachdrucke. Köln/Weimar/Wien 1993.
32. W. JOST (Hrsg.), Quellen und Dokumente zur Geschichte der technischen Bildung in Deutschland, T. 1: Das gewerbliche Fachschulwesen 1821–1890. Köln/Weimar/Wien 2003.
33. C. KEHRBACH (Hrsg.), Monumenta Germaniae Paedagogica. Schulordnungen, Schulbücher und pädagogische Miscellanea aus den Landen deutscher Zunge. Bde. 1–60. Berlin 1866–1931.
34. H. KÖNIG (Hrsg.), Deutsche Nationalerziehungspläne aus der Zeit der Befreiungskriege. Berlin (-Ost) 1954.
35. C. KÜRTEN (Bearb.), Zur kulturpolitischen Zusammenarbeit der deutschen Länder 1868 bis 1918 – Dokumentation. Arbeitsmaterial der Kultusministerkonferenz. O. O. [Bonn] 1965.
36. A. KUNZE (Hrsg.), Die Arbeiterjugend und die schulische Arbeiterausbildung zur Zeit der frühen Industrialisierung. Sechs Schriften, 1803–1842. Liechtenstein 1987.

37. J. D. F. NEIGEBAUR, Sammlung der auf den Oeffentlichen Unterricht in den Königl. Preußischen Staaten sich beziehenden Gesetze und Verordnungen. Hamm 1826; Ndr. hrsg. von W. NEUGEBAUER. Köln/Wien 1988.
38. F. I. NIETHAMMER, Philanthropismus – Humanismus. Texte zur Schulreform, hrsg. von W. HILLEBRECHT. Weinheim/Berlin/Basel 1968.
39. F. PAULSEN, Gesammelte Pädagogische Abhandlungen, hrsg. von E. SPRANGER. Stuttgart/Berlin 1912.
40. J. H. PESTALOZZI, Sämtliche Werke, hrsg. von A. BUCHENAU/E. SPRANGER/H. STETTBACHER, Bde. 1– (bisher) 28. Berlin/Leipzig 1927–1976.
41. A. REBLE, Geschichte der Pädagogik. Dokumentationsband. 3. Aufl. Stuttgart 1993.
42. K. RENNER (Hrsg.), Quellen und Dokumente zur landwirtschaftlichen Berufsbildung von ihren Anfängen bis 1945. Köln/Weimar/Wien 1995.
43. A. SCHLÜTER/K. STRATMANN (Hrsg.), Quellen und Dokumente zur betrieblichen Berufsbildung 1869–1918. Köln/Wien 1985.
44. J. SCHNEIDERHAN (Hrsg.), Vademecum der Württembergischen Volksschulgesetzgebung. 3. Aufl. Stuttgart 1904.
45. F. SCHÜTTE (Hrsg.), Quellen und Dokumente zur Geschichte der technischen Bildung in Deutschland, Teil 2: Das technische Fachschulwesen 1890–1945. Köln/Weimar/Wien 2003.
46. L. SCHWEIM (Hrsg.), Schulreform in Preußen 1809–1819. Entwürfe und Gutachten. Weinheim 1966.
47. F. STIEHL, Die drei preußischen Regulative vom 1., 2. und 3. October 1854 über Einrichtung des evangelischen Seminar-, Präparanden- und Elementarschul-Unterrichts. 9. Aufl. Berlin 1868.
48. J. W. SÜVERN, Die Reform des Bildungswesens. Schriften zum Verhältnis von Pädagogik und Politik, hrsg. von H.-G. GROSSE JÄGER/K.-E. JEISMANN. Paderborn 1981.
49. Verhandlungen über Fragen des höheren Unterrichts. Berlin, 4. bis 17. Dezember 1890. Berlin 1891; Ndr. Glashütten/Ts. 1972.
50. Verhandlungen über Fragen des höheren Unterrichts. Berlin, 6. bis 8. Juni 1900. Halle 1902; Ndr. Glashütten/Ts. 1972.
51. Volksschulwesen und Kirche in Bayern. Sammlung allgemeiner Actenstücke zur Darstellung des Verhältnisses zwischen Volksschule, Staat und Kirche in den letzten zwanzig Jahren vom Jahre 1848 bis zum Schlusse des Jahres 1867. Regensburg 1868.

52. L. WIESE, Das höhere Schulwesen in Preußen. Historisch-statistische Darstellung, Bde. 1–4. Berlin 1869–1902.

3. Gelehrtenkorrespondenzen

53. K.-R. BIERMANN (Hrsg.), Carl Friedrich Gauß. Der „Fürst der Mathematiker" in Briefen und Gesprächen. München 1990.
54. J. BURCKHARDT, Briefe, hrsg. von M. BURCKHARDT, Bde. 1–10. Basel/Stuttgart 1949–1986.
55. J. G. DROYSEN, Briefwechsel, hrsg. von R. HÜBNER, Bde. 1–2. Berlin/Leipzig 1929.
56. E. DU BOIS-REYMOND (Hrsg.), Zwei große Naturforscher des 19. Jahrhunderts. Ein Briefwechsel zwischen Emil Du Bois-Reymond und Karl Ludwig. Leipzig 1927.
57. E. IPPEL (Hrsg.), Briefwechsel zwischen Jacob und Wilhelm Grimm, Dahlmann und Gervinus, Bde. 1–2. Berlin 1885–1886.
58. O. KLOSE/E. G. JACOBY/I. FISCHER (Hrsg.), Ferdinand Tönnies – Friedrich Paulsen. Briefwechsel 1876–1908. Kiel 1961.
59. C. O. MÜLLER, Briefe aus einem Gelehrtenleben 1797–1840, hrsg. von S. REITER, Bde. 1–2. Berlin 1850.
60. B. G. NIEBUHR, Die Briefe, hrsg. von D. GERHARD/W. NORVIN, Bde. 1–2. Berlin 1926–1929.
61. B. G. NIEBUHR, Briefe. Neue Folge 1816–1830, hrsg. von E. VISCHER, Bde. 1/1–4. Bern/München 1981–1984.
62. L. VON RANKE, Das Briefwerk, hrsg. von W. P. FUCHS. Hamburg 1949.
63. L. VON RANKE, Neue Briefe, hrsg. von B. HOEFT/H. HERZFELD. Hamburg 1949.
64. L. VON RANKE, Briefwechsel. Historisch-kritische Ausgabe, Bd. 1: 1813–1825, hrsg. u. eingel. von U. MUHLACK/O. RAMONAT. München 2007.
65. S. REITER (Hrsg.), Friedrich August Wolf. Ein Leben in Briefen, Bde. 1–3. Stuttgart 1935.
66. F. SCHMIDT/P. STÄCKEL (Hrsg.), Briefwechsel zwischen Carl Friedrich Gauss und Wolfgang Bolyai. Leipzig 1899; Ndr. Hildesheim/Zürich/New York 1987.
67. F. K. J. SCHÜTZ (Hrsg.), Christian Gottfried Schütz. Darstellung seines Lebens, Charakters und Verdienstes nebst einer Auswahl aus seinem litterarischen Briefwechsel mit den berühmtesten Gelehrten und Dichtern seiner Zeit, Bde. 1–2. Halle 1834–1835.

68. A. STOLL, Friedrich Karl von Savigny. Ein Bild seines Lebens mit einer Sammlung seiner Briefe, Bde. 1–3. Berlin 1927–1939.
69. D. STRAUCH (Hrsg.), Deutsche Juristen im Vormärz. Briefe von Savigny, Hugo, Thibaut und anderen an Egid von Löhr. Köln/Weimar/Wien 1999.
70. H. VON TREITSCHKE, Briefe, hrsg. von M. CORNICELIUS, Bde. 1–3. Leipzig 1914–1920.

B. Literatur

1. Lexika, Datensammlungen, Bibliographien, Forschungsberichte

71. Bibliographie Bildungsgeschichte, bisher 11 Bde. (1994/95 bis 2004/05), hrsg. von Deutschen Institut für Internationale Pädagogische Forschung, ab Bd. 6 (1999/2000) von d. Bibliothek für Bildungsgeschichtliche Forschung. Hohengehren 1995–2005.
72. Datenhandbuch zur deutschen Bildungsgeschichte, Bd. 1/1–2: Hochschulen. Göttingen 1987–1995; Bd. 2/1–3: Höhere und mittlere Schulen. Göttingen 1987–2005.
73. R. VOM BRUCH, Bildungssystem, Universitäten, Wissenschaften, Gelehrte. Neuere Arbeiten und Ansätze zur deutschen Entwicklung vom 18. zum 20. Jahrhundert, in: AfS 29 (1989), 439–481.
74. R. VOM BRUCH, Methoden und Schwerpunkte der neueren Universitätsgeschichtsforschung, in: W. BUCHHOLZ (Hrsg.), Die Universität Greifswald und die deutsche Hochschullandschaft im 19. und 20. Jahrhundert. Stuttgart 2004, 9–26.
75. W. NEUGEBAUER, Zu Stand und Aufgaben moderner europäischer Bildungsgeschichte, in: ZHF 22 (1995), 225–236.
76. W. NEUGEBAUER, (Literaturbericht) Bildungsgeschichte 1–3, in: GWU 56 (2005), 584–593, 644–656, 719–731.
77. L. O'BOYLE, Judgments of German Society: The History of Higher Education in Nineteenth-Century Germany, in: IASL 13 (1988), 140–157.
78. F. R. PFETSCH, Datenhandbuch zur Wissenschaftsentwicklung. Die staatliche Finanzierung der Wissenschaft in Deutschland 1850–1975. Köln 1982.

2. Handbücher und Überblicksdarstellungen

79. F. BAUMGART, Historische Bildungsforschung jenseits des Historismus, in: Vierteljahrsschrift für wissenschaftliche Pädagogik 58 (1982), 382–396.

80. C. BERG (Hrsg.), Handbuch der deutschen Bildungsgeschichte, Bd. 4: 1870–1918. München 1991.
81. L. BOEHM/R. A. MÜLLER (Hrsg.), Universitäten und Hochschulen in Deutschland, Österreich und der Schweiz. Düsseldorf 1983.
82. L. BOEHM, Wissenschaft und Bildung. Aspekte zum Verhältnis der beiden Wissensformen in historischen Erfahrungsräumen, in: Berichte zur Wissenschaftsgeschichte 23 (2000), 83–114.
83. R. VOM BRUCH, Wissenschaft im Gehäuse. Vom Nutzen und Nachteil institutionengeschichtlicher Perspektiven, in: Berichte zur Wissenschaftsgeschichte 23 (2000), 37–49.
84. W. CONZE, Bildung und Erziehung, in: H. AUBIN/W. ZORN (Hrsg.), Handbuch der deutschen Wirtschafts- und Sozialgeschichte Bd. 2. Stuttgart 1976, 484–494, 670–680.
85. H. ENGELBRECHT, Geschichte des österreichischen Bildungswesens, Bd. 3: Von der frühen Aufklärung bis zum Vormärz; Bd. 4: Von 1848 bis zum Ende der Monarchie. Wien 1984–1986.
86. P. HINNEBERG (Hrsg.), Die Kultur der Gegenwart. Ihre Entwicklung und ihre Ziele, Bd. 1/1: Die allgemeinen Grundlagen der Kultur der Gegenwart. 2. Aufl. Berlin/Leipzig 1912.
87. K.-E. JEISMANN/P. LUNDGREEN (Hrsg.), Handbuch der deutschen Bildungsgeschichte, Bd. 3: 1800–1870. München 1987.
88. E. LECHNER/H. RUMPLER/H. ZDARZIL (Hrsg.), Zur Geschichte des österreichischen Bildungswesens. Probleme und Perspektiven der Forschung. Wien 1992.
89. E. LICHTENSTEIN, Art. „Bildung", in: J. RITTER (Hrsg.), Historisches Wörterbuch der Philosophie, Bd. 1. Stuttgart/Basel 1971, 921–937.
90. M. LIEDTKE (Hrsg.), Handbuch der Geschichte des Bayerischen Bildungswesens, Bde. 2, 4. Bad Heilbrunn/Obb. 1993–1997.
91. P. LUNDGREEN, Historische Bildungsforschung; in: R. RÜRUP (Hrsg.), Historische Sozialwissenschaft. Göttingen 1977, 96–125.
92. W. J. MOMMSEN, Bürgerliche Kultur und künstlerische Avantgarde. Kultur und Politik im deutschen Kaiserreich 1870 bis 1918. Frankfurt a. M./Berlin 1994.
93. W. NEUGEBAUER, Das Bildungswesen in Preußen seit der Mitte des 17. Jahrhunderts, in: O. BÜSCH (Hrsg.), Handbuch der preußischen Geschichte, Bd. 2. Berlin/New York 1992, 605–798.
94. T. NIPPERDEY, Deutsche Geschichte 1800–1866. Bürgerwelt und starker Staat. München 1983.
95. T. NIPPERDEY, Deutsche Geschichte 1866–1918, Bd. 1. München 1990.

96. F. PAULSEN, Das deutsche Bildungswesen in seiner geschichtlichen Entwicklung. 3. Aufl. Leipzig 1912.
97. F. PAULSEN, Geschichte des gelehrten Unterrichts auf den deutschen Schulen und Universitäten vom Ausgang des Mittelalters bis zur Gegenwart. Mit besonderer Rücksicht auf den klassischen Unterricht. 3. erw. Aufl., hrsg. u. fortgesetzt von R. LEHMANN, Bde. 1–2. Berlin/Leipzig 1919–1921.
98. W. ROESSLER, Die Entstehung des modernen Erziehungswesens in Deutschland. Stuttgart 1961.
99. R. VIERHAUS, Art. „Bildung", in: O. BRUNNER/W. CONZE/R. KOSELLECK (Hrsg.), Geschichtliche Grundbegriffe. Historisches Lexikon zur politisch-sozialen Sprache in Deutschland, Bd. 1. 5. Aufl. Stuttgart 1997, 508–551.

3. Allgemeine Geistes-, Bildungs- und Wissenschaftsgeschichte

100. L. BOEHM, Katholizismus, Bildungs- und Hochschulwesen nach der Säkularisation, in: DIES., Geschichtsdenken – Bildungsgeschichte – Wissenschaftsorganisation. Berlin 1996, 777–822.
101. G. BOLLENBECK, Bildung und Kultur. Glanz und Elend eines deutschen Deutungsmusters. Frankfurt a. M./Leipzig 1994.
102. W. CONZE/J. KOCKA (Hrsg.), Bildungsbürgertum im 19. Jahrhundert, Bd. 1: Bildungssystem und Professionalisierung in internationalen Vergleichen. 2. Aufl. Stuttgart 1992.
103. U. ENGELHARDT, „Bildungsbürgertum". Begriffs- und Dogmengeschichte eines Etiketts. Stuttgart 1986.
104. R. ENGELSING, Zur politischen Bildung der deutschen Unterschichten 1789 bis 1863, in: DERS., Zur Sozialgeschichte deutscher Mittel- und Unterschichten. Göttingen 1973, 155–179, 292–297.
105. M. FUHRMANN, Bildung. Europas kulturelle Identität. Stuttgart 2002.
106. M. FUHRMANN, Der europäische Bildungskanon. Frankfurt a. M. 2004.
107. R. W. KECK, Das „Bürgerrecht auf Bildung". Bildungsgeschichtliche Aspekte der Französischen Revolution in Deutschland, in: Bildung und Erziehung 42 (1989), 255–268.
108. M. KLÖCKER, Das katholische Bildungsdefizit in Deutschland, in: GWU 32 (1981), 79–98.

109. M. KLÖCKER, Ursachen des katholischen Bildungsdefizits in Deutschland seit Luthers Auftreten, in: K. GOEBEL (Hrsg.), Luther in der Schule. Bochum 1985, 173–211.
110. K.-E. JEISMANN (Hrsg.), Bildung, Staat und Gesellschaft im 19. Jahrhundert. Mobilisierung und Disziplinierung. Stuttgart 1989.
111. P. LUNDGREEN, Deutsche Bildungsgeschichte des 19. Jahrhunderts im internationalen Vergleich, in: E. HINRICHS/W. JACOBMEYER (Hrsg.), Bildungsgeschichte und historisches Lernen. Frankfurt a.M. 1991, 65–75.
112. C. E. MCCLELLAND, Zur Professionalisierung der akademischen Berufe in Deutschland, in: 102: 233–247.
113. L. O'BOYLE, Klassische Bildung und soziale Struktur in Deutschland zwischen 1800 und 1848, in: HZ 207 (1968), 584–608.
114. F. K. RINGER, Die Gelehrten – Der Niedergang der deutschen Mandarine 1890–1933. Stuttgart 1983 (engl. 1969).
115. W. RÖSENER, Das katholische Bildungsdefizit im deutschen Kaiserreich – ein Erbe der Säkularisation von 1803?, in: HJb 112 (1992), 104–127.
116. W. RÖSSLER, Die Entstehung des modernen Erziehungswesens in Deutschland. Stuttgart 1961.
117. P. SCHIERA, Laboratorium der bürgerlichen Welt. Deutsche Wissenschaft im 19. Jahrhundert. Frankfurt a.M. 1992.
118. F. SCHNABEL, Das humanistische Bildungsgut im Wandel von Staat und Gesellschaft. 2. Aufl. München 1964.
119. K. SCHREINER, Disziplinierte Wissenschaftsfreiheit. Gedankliche Begründung und geschichtliche Praxis freien Forschens, Lehrens und Lernens an der Universität Tübingen (1477–1945). Tübingen 1981.
120. D. SDVIČKOV, Das Zeitalter der Intelligenz. Zur vergleichenden Geschichte der Gebildeten in Europa bis zum Ersten Weltkrieg. Göttingen 2006.
121. R. STICHWEH, Wissenschaft, Universität, Professionen. Frankfurt a.M. 1994.
122. R. VIERHAUS, Umrisse einer Sozialgeschichte der Gebildeten in Deutschland, in: DERS., Deutschland im 18. Jahrhundert. Göttingen 1987, 167–182, 292–295.
123. M. R. VOGEL, Volksbildung im ausgehenden 19. Jahrhundert. Ein Beitrag zur Theorien- und Institutionengeschichte. Stuttgart 1959.

4. Philosophie, Literatur, bildende Kunst, Musik

124. G. ABRAHAM, Geschichte der Musik, Bd. 2. Freiburg/Basel/Wien 1979.
125. E. VON ASTER, Geschichte der Philosophie. 15. Aufl. Stuttgart 1973.
126. E. BAHR (Hrsg.), Geschichte der deutschen Literatur – Kontinuität und Veränderung. Vom Mittelalter bis zur Gegenwart, Bde. 2–3. 2. Aufl. Tübingen/Basel 1998.
127. H. BÖRSCH-SUPAN, Die Deutsche Malerei von Anton Graff bis Hans von Marées 1760–1870. München 1988.
128. M. BRZOSKA/M. HEINEMANN (Hrsg.), Die Geschichte der Musik, Bde. 2–3. Laaber 2001.
129. H. BÜNEMANN, Deutsche Malerei des 19. Jahrhunderts. Deutschland – Österreich – Schweiz. Königstein/Ts. 1961.
130. C. DAHLHAUS, Neues Handbuch der Musikwissenschaft, Bd. 6: Die Musik des 19. Jahrhunderts. Wiesbaden 1980.
131. H. VON EINEM, Deutsche Malerei des Klassizismus und der Romantik 1760 bis 1840. München 1978.
132. E. HEMPEL, Geschichte der deutschen Baukunst. 2. Aufl. München 1956.
133. W. HOFMANN, Das irdische Paradies. Motive und Ideen des 19. Jahrhunderts. 2. Aufl. München 1974.
134. W. HOGREBE, Deutsche Philosophie im XIX. Jahrhundert. Kritik der idealistischen Vernunft. München 1985.
135. P. U. HOHENDAHL, Literarische Kultur im Zeitalter des Liberalismus 1830–1870. München 1985.
136. H. HOLZHEY/W. RÖD, Die Philosophie des ausgehenden 19. und des 20. Jahrhunderts 2: Neukantianismus, Idealismus, Realismus, Phänomenologie. München 2004.
137. H. KELLER, Deutsche Malerei des 19. Jahrhunderts. München 1979.
138. H. KLOTZ, Geschichte der deutschen Kunst, Bd. 3: Neuzeit und Moderne 1750–2000. München 2000.
139. U. KÖSTER, Literatur und Gesellschaft in Deutschland 1830–1848. Die Dichtung am Ende der Kunstperiode. Stuttgart/Berlin/Köln/Mainz 1984.
140. K. LÖWITH, Von Hegel zu Nietzsche, Sämtliche Schriften, Bd. 4. Stuttgart 1988.
141. R. MALSCH, Geschichte der deutschen Musik. Ihre Formen, ihr Stil

und ihre Stellung im deutschen Geistes- und Kulturleben. 3. Aufl. Berlin 1949.
142. F. MARTINI, Deutsche Literatur im bürgerlichen Realismus 1848–1898. 4. Aufl. Stuttgart 1981.
143. E. MCINNES/G. PLUMPE (Hrsg.), Hansers Sozialgeschichte der deutschen Literatur vom 16. Jahrhundert bis zur Gegenwart, Bd. 6: Bürgerlicher Realismus und Gründerzeit 1848–1890. München/Wien 1996.
144. C. MIGNOT, Architektur des 19. Jahrhunderts. Stuttgart 1983.
145. Y.-G. MIX (Hrsg.), Hansers Sozialgeschichte der deutschen Literatur vom 16. Jahrhundert bis zur Gegenwart, Bd. 7: Naturalismus, Fin de siècle, Expressionismus 1890–1918. München/Wien 2000.
146. H. NOHL, Die deutsche Bewegung. Vorlesungen und Aufsätze zur deutschen Geistesgeschichte von 1770–1830, hrsg. von O. F. BOLLNOW/F. RODI. Göttingen 1970.
147. H. NOHL, Das historische Bewußtsein, hrsg. von E. HOFFMANN/R. JOERDEN. Göttingen/Frankfurt a. M./Zürich 1979.
148. G. VON DER OSTEN, Plastik des 19. Jahrhunderts in Deutschland, Österreich und der Schweiz. Königstein/Ts. 1961.
149. S. POGGI/W. RÖD, Die Philosophie der Neuzeit 4: Positivismus, Sozialismus und Spiritualismus im 19. Jahrhundert. München 1989.
150. M. RAEBURN/A. KENDALL (Hrsg.), Geschichte der Musik, Bde. 2–3. München/Mainz 1993.
151. W. RÖD, Der Weg der Philosophie von den Anfängen bis ins 20. Jahrhundert, Bd. 2. München 1996.
152. G. SAUTERMEISTER/U. SCHMID (Hrsg.), Hansers Sozialgeschichte der deutschen Literatur vom 16. Jahrhundert bis zur Gegenwart, Bd. 5: Zwischen Restauration und Revolution 1815–1848. München/Wien 1988.
153. R. SCHENDA, Volk ohne Buch. Studien zur Sozialgeschichte der populären Lesestoffe 1770–1910. 3. Aufl. Frankfurt a. M. 1988.
154. H. SCHNÄDELBACH, Philosophie in Deutschland 1831–1933. Frankfurt a. M. 1983.
155. H.-J. SCHOEPS, Deutsche Geistesgeschichte der Neuzeit, Bd. 4. Mainz 1979.
156. G. SCHULZ, Die deutsche Literatur zwischen Französischer Revolution und Restauration 1789–1830, Bde. 1–2. München 1983–1989.
157. F. SENGLE, Biedermeierzeit. Deutsche Literatur im Spannungsfeld

zwischen Restauration und Revolution 1815–1848, Bde. 1–3. Stuttgart 1971–1980.
158. R. C. SOLOMON/K. M. HIGGINS (Hrsg.), Routledge History of Philosophy, Bd. 6: The Age of German Idealism. London/New York 1993.
159. P. SPRENGEL, Geschichte der deutschsprachigen Literatur 1870–1900. Von der Reichsgründung bis zur Jahrhundertwende. München 1998.
160. G. UEDING, Hansers Sozialgeschichte der deutschen Literatur vom 16. Jahrhundert bis zur Gegenwart, Bd. 4: Klassik und Romantik. Deutsche Literatur im Zeitalter der Französischen Revolution 1789–1815. München/Wien 1987.
161. H. WEIGERT, Geschichte der deutschen Kunst, Bd. 2: Von der spätgotischen Plastik bis zur Gegenwart. Frankfurt a. M. 1963.
162. K. H. WÖRNER, Geschichte der Musik. Ein Studien- und Nachschlagebuch, hrsg. von L. MEIEROTT. 8. Aufl. Göttingen 1993.
163. T. ZIEGLER, Die geistigen und sozialen Strömungen Deutschlands im neunzehnten Jahrhundert. Berlin 1911.
164. V. ŽMEGAČ (Hrsg.), Geschichte der deutschen Literatur vom 18. Jahrhundert bis zur Gegenwart, Bde. 1/I, 1/II, 2. Frankfurt a. M. 1979–1980.

5. Bildungsreformen und Wissenschaftspolitik

165. J. C. ALBISETTI, Secondary School Reform in Imperial Germany. Princeton 1983.
166. N. ANDERNACH, Der Einfluß der Parteien auf das Hochschulwesen in Preußen (1848–1918). Göttingen 1972.
167. F. BAUMGART, Zwischen Reform und Reaktion. Preußische Schulpolitik 1806–1859. Darmstadt 1990.
168. D. BENNER, Wilhelm von Humboldts Bildungstheorie. Weinheim/ München 1990.
169. L. BOEHM, Universitätsreform als historische Dimension, in: DIES., Geschichtsdenken – Bildungsgeschichte – Wissenschaftsorganisation. Berlin 1996, 743–776.
170. K. BORCHARDT, Zum Problem der Erziehungs- und Ausbildungsinvestitionen im 19. Jahrhundert, in: 353: 409–421.
171. B. VOM BROCKE, Hochschul- und Wissenschaftspolitik in Preußen und im deutschen Kaiserreich 1882–1907: das „System Althoff",

in: P. BAUMGART (Hrsg.), Bildungspolitik in Preußen zur Zeit des Kaiserreichs. Stuttgart 1980, 9–118.
172. B. VOM BROCKE (Hrsg.) Wissenschaftsgeschichte und Wissenschaftspolitik im Industriezeitalter. Das „System Althoff" in historischer Perspektive. Hildesheim 1991.
173. B. VOM BROCKE, Preußische Hochschulpolitik im 19. und 20. Jahrhundert. Kaiserreich und Weimarer Republik, in: 246: 27–56.
174. R. VOM BRUCH, Wissenschaftspolitik, Wissenschaftssystem und Nationalstaat im Deutschen Kaiserreich, in: K. H. KAUFHOLD/B. SÖSEMANN (Hrsg.), Wirtschaft, Wissenschaft und Bildung in Preußen. Stuttgart 1998, 73–89.
175. M. FESSNER, Gewerbliche Bildungspolitik im Spannungsfeld zwischen Staatsverwaltung und Interessenverbände [sic]. Die Ausdifferenzierung der technischen Mittelschulen für den Maschinenbausektor in Preußen: 1870–1914. Diss. phil. Bochum 1992.
176. F. FISCHER, Ludwig Nicolovius. Rokoko – Reform – Restauration. Stuttgart 1939.
177. F. FISCHER, Moritz August von Bethmann-Hollweg und der Protestantismus (Religion, Rechts- und Staatsgedanke). Berlin 1938.
178. E. FOERSTER, Adalbert Falk. Sein Leben und Wirken als preußischer Kultusminister. Gotha 1927.
179. S. FRANKFURTER, Graf Leo Thun-Hohenstein, Franz Exner und Hermann Bonitz. Beiträge zur Geschichte der österreichischen Unterrichtsreform. Wien 1893.
180. L. VON FRIEDEBURG, Bildungsreform in Deutschland. Geschichte und gesellschaftlicher Widerspruch. Frankfurt a. M. 1989.
181. C. FÜHR, Bildungsgeschichte und Bildungspolitik. Aufsätze und Vorträge. Köln/Weimar/Wien 1997.
182. E. R. HUBER, Zur Problematik des Kulturstaats, in: DERS., Bewahrung und Wandlung. Berlin 1975, 295–318.
183. S. A. KAEHLER, Wilhelm von Humboldt und der Staat. Ein Beitrag zur Geschichte deutscher Lebensgestaltung um 1800. 2. Aufl. Göttingen 1963.
184. H. KEMNITZ/C. RITZI (Hrsg.), Die preußischen Regulative von 1854 im Kontext der deutschen Bildungsgeschichte. Baltmannsweiler 2005.
185. H.-M. KIRCHNER, Friedrich Thiersch. Ein liberaler Kulturpolitiker und Philhellene in Bayern. München 1996.
186. H.-M. KÖRNER, Staat und Geschichte in Bayern im 19. Jahrhundert. München 1992.
187. H.-C. KRAUS, Vorformen und Anfänge wissenschaftlicher Politik-

5. Bildungsreformen und Wissenschaftspolitik

beratung im 19. Jahrhundert, in: S. FISCH/W. RUDLOFF (Hrsg.), Experten und Politik: Wissenschaftliche Politikberatung in geschichtlicher Perspektive. Berlin 2004, 59–78.
188. B. KRUEGER, Stiehl und seine Regulative. Ein Beitrag zur preußischen Schulgeschichte. Weinheim 1970.
189. H. LENTZE, Die Universitätsreform des Ministers Graf Leo Thun-Hohenstein. Wien 1962.
190. R. LÜDICKE, Die Preußischen Kultusminister und ihre Beamten im ersten Jahrhundert des Ministeriums 1817–1917. Stuttgart/Berlin 1918.
191. P. LUNDGREEN/B. HORN/W. KROHN/G. KÜPPERS/R. PASLACK, Staatliche Forschung in Deutschland 1870–1980. Frankfurt a. M./New York 1986.
192. P. MAST, Preußische Schulreform zwischen politischer Restauration und wirtschaftlicher Notwendigkeit 1817–1837. Zur Bildungspolitik unter Minister von Altenstein und Johannes Schulze, in: K.-E. JEISMANN (Hrsg.), Bildung, Staat und Gesellschaft im 19. Jahrhundert. Stuttgart 1989, 128–143.
193. P. MAST, Nationalpädagogische Bestrebungen oder Dienst für den Staat? Bildungsreform in Preußen 1807–1840, in: B. SÖSEMANN (Hrsg.), Gemeingeist und Bürgersinn. Die preußischen Reformen. Berlin 1993, 227–246.
194. C. MENZE, Die Bildungsreform Wilhelm von Humboldts. Hannover 1975.
195. C. MENZE, Wilhelm von Humboldt und die deutsche Universität, in: Vierteljahrsschrift für wissenschaftliche Pädagogik 67 (1991), 471–484.
196. E. MÜSEBECK, Das Preußische Kultusministerium vor hundert Jahren. Stuttgart/Berlin 1918.
197. W. NEUGEBAUER, Bildungsreformen vor Wilhelm von Humboldt. Am Beispiel der Mark Brandenburg, in: Jahrbuch für Brandenburgische Landesgeschichte 41 (1990), 226–249.
198. W. NEUGEBAUER, Kulturstaat als Kulturinterventionsstaat und als historischer Prozess. Am Beispiel des Bildungswesens bis in das frühe 20. Jahrhundert, in: Jahrbuch für historische Bildungsforschung 10 (2004), 101–131.
199. F. R. PFETSCH, Zur Entwicklung der Wissenschaftspolitik in Deutschland 1750–1914. Berlin 1974.
200. W. REICHLE, Zwischen Staat und Kirche. Das Leben und Wirken des preußischen Kultusministers Heinrich von Mühler. Berlin 1938.

201. G. ROELLECKE, Julius von Massow als „Kultusminister" (1798–1806). Preußische Bildungspolitik zwischen Wöllner und Humboldt, in: H. HATTENHAUER/G. LANDWEHR (Hrsg.), Das nachfriderizianische Preußen 1786–1806. Heidelberg 1988, 363–381.
202. A. SACHSE, Friedrich Althoff und sein Werk. Berlin 1928.
203. H. SCHELSKY, Einsamkeit und Freiheit. Idee und Gestalt der deutschen Universität und ihrer Reformen. Reinbek bei Hamburg 1963.
204. T. SCHIEDER, Kultur, Wissenschaft und Wissenschaftspolitik im Deutschen Kaiserreich, in: DERS., Einsichten in die Geschichte. Frankfurt a. M./Berlin/Wien 1980, 322–348.
205. B. SCHNEIDER, Johannes Schulze und das preußische Gymnasium. Frankfurt a. M. 1989.
206. M. SCHNEIDER, Julius Eberhard Wilhelm Ernst von Massows Beitrag zur Bildungsreform in Preußen (1770–1806). Frankfurt a. M. 1996.
207. G. SCHUBRING (Hrsg.), ‚Einsamkeit und Freiheit' neu besichtigt. Universitätsreformen und Disziplinenbildung in Preußen als Modell für Wissenschaftspolitik im Europa des 19. Jahrhunderts. Stuttgart 1991.
208. R. C. SCHWINGES (Hrsg.), Humboldt International. Der Export des deutschen Universitätsmodells im 19. und 20. Jahrhundert. Basel 2001.
209. A. SING, Die Wissenschaftspolitik Maximilians II. von Bayern (1848–1864). Nordlichterstreit und gelehrtes Leben in München. Berlin 1996.
210. E. SPRANGER, Wilhelm von Humboldt und die Reform des Bildungswesens (1910). 2. Aufl. Tübingen 1960.
211. W. TREUE/K. GRÜNDER (Hrsg.), Wissenschaftspolitik in Berlin. Minister – Beamte – Ratgeber. Berlin 1987.
212. C. VARRENTRAPP, Johannes Schulze und das höhere preußische Unterrichtswesen in seiner Zeit. Leipzig 1889.
213. W. VOGEL, Karl Sigmund Franz von Altenstein, in: 211: 89–105.

6. Akademien der Wissenschaften, Gelehrte Gesellschaften

214. K. ARNDT/G. GOTTSCHALK/R. SMEND (Hrsg.), Göttinger Gelehrte. Die Akademie der Wissenschaften zu Göttingen in Bildnissen und Würdigungen 1751–2001, Bde. 1–2. Göttingen 2001.
215. F. BAETHGEN (Hrsg.), Geist und Gestalt. Biographische Beiträge zur Geschichte der Bayerischen Akademie der Wissenschaften vornehmlich im zweiten Jahrhundert ihres Bestehens, Bde. 1–3. München 1959.
216. K.-R. BIERMANN, Beglückende Ermunterung durch die akademische Gemeinschaft. Alexander von Humboldt als Mitglied der Berliner Akademie der Wissenschaften. Berlin 1991.
217. Festschrift zur Feier des hundertfünfzigjährigen Bestehens der Königlichen Gesellschaft der Wissenschaften zu Göttingen. Beiträge zur Gelehrtengeschichte Göttingens. Berlin 1901.
218. H. FUHRMANN, „Sind eben alles Menschen gewesen" – Gelehrtenleben im 19. und 20. Jahrhundert. Dargestellt am Beispiel der Monumenta Germaniae Historica und ihrer Mitarbeiter. München 1996.
219. M. GIERL, Geschichte und Organisation. Institutionalisierung als Kommunikationsprozeß am Beispiel der Wissenschaftsakademien um 1900. Göttingen 2004.
220. C. GRAU, Berühmte Wissenschaftsakademien. Von ihrem Entstehen und ihrem weltweiten Erfolg. Leipzig 1988.
221. C. GRAU, Die preußische Akademie der Wissenschaften zu Berlin. Eine deutsche Gelehrtengesellschaft in drei Jahrhunderten. Heidelberg/Berlin/Oxford 1993.
222. C. GRAU, Profildifferenzen und Profildifferenzierungen der Preußischen Akademie und anderer deutscher Wissenschaftler-Gemeinschaften im 19. Jahrhundert, in: 225: 41–59.
223. A. HARNACK, Geschichte der Königlich Preußischen Akademie der Wissenschaften zu Berlin, Bde. 1–3. Berlin 1900.
224. H. HEIMPEL, Über Organisationsformen historischer Forschung in Deutschland, in: HZ 189 (1959), 139–222.
225. J. KOCKA/R. HOHLFELD/P. T. WALTER (Hrsg.), Die Königlich Preußische Akademie der Wissenschaften zu Berlin im Kaiserreich. Berlin 1999.
226. E. LEA/G. WIEMERS, Planung und Entstehung der Sächsischen Akademie der Wissenschaften zu Leipzig 1704–1846. Zur Genesis einer gelehrten Gesellschaft. Göttingen 1996.

227. W. NEUGEBAUER, Zum schwierigen Verhältnis von Geschichts-, Staats- und Wirtschaftswissenschaften am Beispiel der Acta Borussica, in: 225: 235–275.
228. B. PARTHIER/D. VON ENGELHARDT (Hrsg.), 350 Jahre Leopoldina – Anspruch und Wirklichkeit. Halle/Saale 2002.
229. T. SCHIEDER, Organisation und Organisationen der Geschichtswissenschaft: 125 Jahre Historische Kommission bei der Bayerischen Akademie der Wissenschaften, in: Historische Kommission bei der Bayerischen Akademie der Wissenschaften 1858–1983. München 1984, 22–44.
230. F. SCHNABEL, Die Idee und die Erscheinung, in: Die Historische Kommission bei der Bayerischen Akademie der Wissenschaften 1858–1958. Göttingen 1958, 7–69.
231. R. SMEND, Die Göttinger Gesellschaft der Wissenschaften, in: Festschrift zur Feier des zweihundertjährigen Bestehens der Akademie der Wissenschaften zu Göttingen. Berlin/Göttingen/Heidelberg 1951, V–XIX.

7. Universitäten und Hochschulen

232. P. BAUMGART (Hrsg.), Vierhundert Jahre Universität Würzburg. Neustadt/Aisch 1982.
233. L. BOEHM/J. SPÖRL (Hrsg.), Die Ludwig-Maximilians-Universität Ingolstadt – Landshut – München 1472–1972. Berlin 1972.
234. L. BOEHM, Das akademische Bildungswesen in seiner organisatorischen Entwicklung (1800–1920), in: M. SPINDLER (Hrsg.), Handbuch der bayerischen Geschichte, Bd. 4/2. München 1979, 991–1033.
235. L. BOEHM, Cancellarius Universitatis. Die Universität zwischen Korporation und Staatsanstalt, in: DIES., Geschichtsdenken – Bildungsgeschichte – Wissenschaftsorganisation. Berlin 1996, 695–713.
236. L. BOEHM, Die körperschaftliche Verfassung der Universität in ihrer Geschichte, in: DIES., Geschichtsdenken – Bildungsgeschichte – Wissenschaftsorganisation. Berlin 1996, 715–741.
237. H. BÖHME (Hrsg.), 100 Jahre Technische Hochschule Darmstadt. Darmstadt 1977.
238. H. BOOCKMANN, Göttingen – Vergangenheit und Gegenwart einer europäischen Universität. Göttingen 1997.

7. Universitäten und Hochschulen 125

239. H. BOOCKMANN, Wissen und Widerstand. Geschichte der deutschen Universität. Berlin 1999.
240. C. BORNHAK, Geschichte der preussischen Universitätsverwaltung bis 1810. Berlin 1900.
241. L. BRAUER/A. MENDELSSOHN BARTHOLDY/A. MEYER (Hrsg.), Forschungsinstitute. Ihre Geschichte, Organisation und Ziele, Bde. 1–2. Hamburg 1930; Ndr. Vaduz 1980.
242. C. BRINKMANN, Der Nationalismus und die deutschen Universitäten im Zeitalter der deutschen Erhebung. Heidelberg 1932.
243. R. VOM BRUCH, Zur Gründung der Berliner Universität im Kontext der deutschen Universitätslandschaft um 1800, in: 269: 63–77.
244. R. VOM BRUCH, Die Universität in der Revolution 1848/49. Revolution ohne Universität – Universität ohne Revolution?, in: W. HARDTWIG (Hrsg.), Revolution in Deutschland und Europa 1848/49. Göttingen 1998, 133–160.
245. R. VOM BRUCH, Langsamer Abschied von Humboldt? Etappen deutscher Universitätsgeschichte 1810–1945, in: M. G. ASH (Hrsg.), Mythos Humboldt. Vergangenheit und Zukunft der deutschen Universitäten. Wien/Köln/Weimar 1999, 229–257.
246. W. BUCHHOLZ (Hrsg.), Die Universität Greifswald und die deutsche Hochschullandschaft im 19. und 20. Jahrhundert. Stuttgart 2004.
247. H. DICKERHOF, Bildung und Ausbildung im Programm der bayerischen Universitäten im 19. Jahrhundert, in: HJb 95 (1975), 142–169.
248. H. DOLLINGER (Hrsg.), Die Universität Münster 1780–1980. Münster 1980.
249. T. ELLWEIN, Die deutsche Universität. Vom Mittelalter bis zur Gegenwart. Wiesbaden 1997.
250. W. ERBEN, Die Entstehung der Universitäts-Seminare, in: Internationale Monatsschrift für Wissenschaft, Kunst und Technik 7 (1913), 1247–1264, 1335–1348.
251. F. EULENBURG, Die Frequenz der deutschen Universitäten von ihrer Gründung bis zur Gegenwart. Leipzig 1904.
252. D. GOLDSCHMIDT/U. TEICHLER/W.-D. WEBLER (Hrsg.), Forschungsgegenstand Hochschule. Überblick und Trendbericht. Frankfurt a. M./New York 1984.
253. E. J. C. HAHN, The Junior Faculty in „Revolt": Reform Plans for Berlin University in 1848, in: AHR 82 (1977), 875–895.
254. H. HÜBNER (Hrsg.), Geschichte der Martin-Luther-Universität Halle-Wittenberg 1502–1977. Halle (Saale) 1977.

255. M. HUTTNER, Historische Gesellschaften und die Entstehung historischer Seminare – zu den Anfängen institutionalisierter Geschichtsstudien an den deutschen Universitäten des 19. Jahrhunderts, in: M. MIDDELL/G. LINGELBACH/F. HADLER (Hrsg.), Historische Institute im internationalen Vergleich. Leipzig 2001, 39–83.
256. G. KAUFMANN (Hrsg.), Festschrift zur Feier des hundertjährigen Bestehens der Universität Breslau, Bde. 1–2. Breslau 1911.
257. V. KLEMM, Landbauwissenschaften und landwirtschaftliches Hochschulwesen in Preußen vom Beginn des 19. Jahrhunderts bis in das 20. Jahrhundert, in: K. H. KAUFHOLD/B. SÖSEMANN (Hrsg.), Wirtschaft, Wissenschaft und Bildung in Preußen. Stuttgart 1998, 17–33.
258. M. KÖLBEL, Wachstum der Wissenschaftsressourcen in Deutschland 1650–2000. Eine empirische Studie zur Anzahl der Hochschulen und Professoren sowie der Forschungsausgaben, in: Berichte zur Wissenschaftsgeschichte 25 (2002), 1–23.
259. W. KÖNIG, Universitätsreform in Bayern in den Revolutionsjahren 1848/49. München 1977.
260. W. KÖNIG, Zwischen Verwaltungsstaat und Industriegesellschaft. Die Gründung höherer technischer Bildungsstätten in Deutschland in den ersten Jahrzehnten des 19. Jahrhunderts, in: Berichte zur Wissenschaftsgeschichte 21 (1998), 115–122.
261. M. LENZ, Geschichte der königlichen Friedrich-Wilhelms-Universität zu Berlin, Bde. 1–4. Halle a. S. 1910–1918.
262. H. LEUSSINK/E. NEUMANN/G. KOTOWSKI (Hrsg.), Studium Berolinense. Aufsätze und Beiträge zu Problemen der Wissenschaft und zur Geschichte der Friedrich-Wilhelms-Universität zu Berlin. Berlin 1960.
263. H. LÜBBE, Fortschritt durch Wissenschaft. Die Universitäten im 19. Jahrhundert, in: W. HARDTWIG/H.-H. BRANDT (Hrsg.), Deutschlands Weg in die Moderne. Politik, Gesellschaft und Kultur im 19. Jahrhundert. München 1993, 171–184.
264. K.-H. MANEGOLD, Universität, Technische Hochschule und Industrie. Ein Beitrag zur Emanzipation der Technik im 19. Jahrhundert unter besonderer Berücksichtigung Felix Kleins. Berlin 1970.
265. K.-H. MANEGOLD, Geschichte der Technischen Hochschulen, in: L. BOEHM/C. SCHÖNBECK (Hrsg.), Technik und Kultur, Bd. 5: Technik und Bildung. Düsseldorf 1989, 204–234.
266. C. E. MCCLELLAND, State, Society and University in Germany 1700–1914. Cambridge/London/New York u. a. 1980.

7. Universitäten und Hochschulen

267. P. MOLISCH, Politische Geschichte der deutschen Hochschulen in Österreich von 1848 bis 1918. 2. erw. Aufl. Wien/Leipzig 1939.
268. P. MORAW, Kleine Geschichte der Universität Gießen 1607–1982. 2. Aufl. Gießen 1989.
269. G. MÜLLER/K. RIES/P. ZICHE (Hrsg.), Die Universität Jena. Tradition und Innovation um 1800. Stuttgart 2001.
270. R. A. MÜLLER, Akademische Ausbildung zwischen Staat und Kirche. Das bayerische Lyzealwesen 1773–1849, Bde. 1–2. Paderborn 1986.
271. R. A. Müller, Geschichte der Universität. Von der mittelalterlichen Universitas zur deutschen Hochschule. München 1990.
272. R. A. MÜLLER, Der „bayerische Sonderweg" in der deutschen Hochschulentwicklung 1773–1848/49, in: 207: 255–267.
273. R. A. MÜLLER, Vom Ideal der Humboldt-Universität zur Praxis des wissenschaftlichen Großbetriebes. Zur Entwicklung des deutschen Hochschulwesens im 19. Jahrhundert, in: F. BOSBACH/W. FILMER-SANKEY/H. HIERY (Hrsg.), Prinz Albert und die Entwicklung der Bildung in England und Deutschland im 19. Jahrhundert. München 2000, 129–143.
274. U. MUHLACK, Die Universitäten im Zeichen von Neuhumanismus und Idealismus: Berlin, in: DERS., Staatensystem und Geschichtsschreibung. Ausgewählte Aufsätze zu Humanismus und Historismus, Absolutismus und Aufklärung. Berlin 2006, 223–253.
275. H.-D. NÄGELKE, Gelehrte Gemeinschaft und wissenschaftlicher Großbetrieb: Hochschulbau als Spiegel von Wissenschaftsidee und -praxis im 19. und frühen 20. Jahrhundert, in: Berichte zur Wissenschaftsgeschichte 21 (1998), 103–114.
276. T. NIPPERDEY, Preußen und die Universität, in: DERS., Nachdenken über die deutsche Geschichte. München 1986, 140–155.
277. F. PAULSEN, Die deutschen Universitäten und das Universitätsstudium. Berlin 1902.
278. L. PETRY, Die Gründung der drei Friedrich-Wilhelms-Universitäten Berlin, Breslau und Bonn, in: O. BRUNNER/H. KELLENBENZ/E. MASCHKE/W. ZORN (Hrsg.), Festschrift Hermann Aubin zum 80. Geburtstag, Bd. 2. Wiesbaden 1965, 687–709.
279. R. POMMERIN, Geschichte der TU Dresden. Köln/Weimar/Wien 2003.
280. H.-W. PRAHL, Sozialgeschichte des Hochschulwesens. München 1978.
281. R. RIESE, Die Hochschule auf dem Wege zum wissenschaftlichen

Großbetrieb. Die Universität Heidelberg und das badische Hochschulwesen 1860–1914. Stuttgart 1977.
282. G. ROELLECKE, Geschichte des deutschen Hochschulwesens, in: C. FLÄMIG (Hrsg.), Handbuch des Wissenschaftsrechts. 2. Aufl. Berlin/Heidelberg 1996, 3–36.
283. W. RÜEGG, Die deutschen Wegbereiter der modernen Forschungsuniversität, in: Personen der Geschichte – Geschichte der Personen. Festschrift für Rainer Christoph Schwinges zum 60. Geburtstag, hrsg. von C. HESSE/B. IMMENHAUSER/O. LANDOLT/B. STUDER. Basel 2003, 347–361.
284. W. RÜEGG (Hrsg.), Geschichte der Universität in Europa, Bd. 3: Vom 19. Jahrhundert zum Zweiten Weltkrieg (1800–1945). München 2004.
285. R. RÜRUP (Hrsg.), Wissenschaft und Gesellschaft. Beiträge zur Geschichte der Technischen Universität Berlin 1879–1979, Bde. 1–2. Berlin/Heidelberg/New York 1979.
286. E. K. SCHEUCH (Hrsg.), Das Forschungsinstitut. Formen der Institutionalisierung von Wissenschaft. Erlangen 1978.
287. S. SCHMIDT (Hrsg.), Alma Mater Jenensis. Geschichte der Universität Jena. Weimar 1983.
288. G. SCHUBRING, Kabinett – Seminar – Institut: Raum und Rahmen des forschenden Lernens, in: Berichte zur Wissenschaftsgeschichte 23 (2000), 269–285.
289. R. C. SCHWINGES (Hrsg.), Finanzierung von Universität und Wissenschaft in Vergangenheit und Gegenwart. Basel 2005.
290. R. C. SCHWINGES (Hrsg.), Examen, Titel, Promotionen. Akademisches und staatliches Qualifikationswesen vom 13. bis zum 21. Jahrhundert. Basel 2007.
291. R. SEIDEL (Hrsg.), Universität Hannover 1831–2006. Hildesheim/Berlin/New York 2006.
292. G. VON SELLE, Geschichte der Albertus-Universität zu Königsberg in Preußen. 2. Aufl. Würzburg 1956.
293. H.-E. TENORTH, „Über das Verderben auf den deutschen Universitäten". Kritik der Hochschullehre im 19. Jahrhundert, in: Jahrbuch für Universitätsgeschichte 2 (1999), 11–22.
294. R. S. TURNER, The Prussian Universities and the Concept of Research, in: IASL (1980), 68–93.
295. J. H. VOIGT (Hrsg.), Festschrift zum 150jährigen Bestehen der Universität Stuttgart. Beiträge zu ihrer Geschichte. Stuttgart 1979.
296. W. E. J. WEBER, Geschichte der europäischen Universität. Stuttgart 2002.

297. W. E. J. WEBER, Universitäten, in: M. MAURER (Hrsg.), Aufriß der historischen Wissenschaften, Bd. 6: Institutionen. Stuttgart 2002, 15–97.
298. A. WENDEHORST, Geschichte der Friedrich-Alexander-Universität Erlangen-Nürnberg 1793–1993. München 1993.

8. Professoren, Dozenten und Studenten

299. R.-J. BAUM (Hrsg.), „Wir wollen Männer, wir wollen Taten!" – Deutsche Corpsstudenten 1848 bis heute. Berlin 1998.
300. M. BAUMGARTEN, Vom Gelehrten zum Wissenschaftler. Studien zum Lehrkörper einer kleinen Universität am Beispiel der Ludoviciana Gießen (1815–1914). Gießen 1988.
301. M. BAUMGARTEN, Professoren und Universitäten im 19. Jahrhundert. Zur Sozialgeschichte deutscher Geistes- und Naturwissenschaftler. Göttingen 1997.
302. M. BIASTOCH, Tübinger Studenten im Kaiserreich. Eine sozialgeschichtliche Untersuchung. Sigmaringen 1996.
303. K.-D. BOCK, Strukturgeschichte der Assistentur. Personalgefüge, Wert- und Zielvorstellungen in der deutschen Universität des 19. und 20. Jahrhunderts. Düsseldorf 1972.
304. H.-H. BRANDT, Studentische Korporationen und politisch-sozialer Wandel – Modernisierung und Antimodernismus, in: W. HARDTWIG/H.-H. BRANDT (Hrsg.), Deutschlands Weg in die Moderne. Politik, Gesellschaft und Kultur im 19. Jahrhundert. München 1993, 122–143.
305. H.-H. BRANDT/M. STICKLER (Hrsg.), „Des Burschen Herrlichkeit" – Geschichte und Gegenwart des studentischen Korporationswesens. Würzburg 1998.
306. R. VOM BRUCH, Wissenschaft, Politik und öffentliche Meinung. Gelehrtenpolitik im Wilhelminischen Deutschland (1890–1914). Husum 1980.
307. R. VOM BRUCH, Universitätsreform als soziale Bewegung. Zur Nicht-Ordinarienfrage im späten deutschen Kaiserreich, in: GG 10 (1984), 72–91.
308. A. BUSCH, Die Geschichte des Privatdozenten. Eine soziologische Studie zur großbetrieblichen Entwicklung der deutschen Universitäten. Stuttgart 1959.
309. C. CHARLE, Paris/Berlin. Essai de comparaison des professeurs de

deux universités centrales, in: Histoire de l'éducation, Nr. 62 (1994), 75–109.
310. L. ELSTER, Die Gehälter der Universitätsprofessoren und die Vorlesungshonorare unter Berücksichtigung der in Aussicht genommenen Reformen in Preußen und Österreich, in: Jahrbuch für Nationalökonomie und Statistik 68 (1897/I), 193–227.
311. F. EULENBURG, Der „akademische Nachwuchs". Eine Untersuchung über die Lage und die Aufgaben der Extraordinarien und Privatdozenten. Leipzig/Berlin 1908.
312. C. VON FERBER, Die Entwicklung des Lehrkörpers der deutschen Universitäten und Hochschulen 1864–1954. Göttingen 1956.
313. C. HELFER/M. RASSEM (Hrsg.), Student und Hochschule im 19. Jahrhundert. Studien und Materialien. Göttingen 1975.
314. K. H. JARAUSCH, Die neuhumanistische Universität und die bürgerliche Gesellschaft 1800–1870. Eine quantitative Untersuchung zur Sozialstruktur der Studentenschaft deutscher Universitäten, in: Darstellungen und Quellen zur Geschichte der deutschen Einheitsbewegung im 19. und 20. Jahrhundert, Bd. 11. Heidelberg 1981, 11–58.
315. K. JARAUSCH, Deutsche Studenten 1800–1970. Frankfurt a. M. 1984.
316. E. KLAUSA, Vom Gruppenbewußtsein akademischer Subkulturen. Deutsche Fakultäten um 1900, in: KZSS 33 (1981), 329–344.
317. G. KÖBLER, Zur Herkunft der deutschen Rechtslehrer des 19. Jahrhunderts, in: O. TRIFFTERER/F. VON ZEZSCHWITZ (Hrsg.), Festschrift für Walter Mallmann zum 70. Geburtstag. Baden-Baden 1978, 117–128.
318. S. MÖLLER, Zwischen Wissenschaftlichkeit und „Burschenherrlichkeit". Studentische Sozialisation im Deutschen Kaiserreich 1871–1914. Stuttgart 2001.
319. P. MORAW, Humboldt in Gießen. Zur Professorenberufung an einer deutschen Universität im 19. Jahrhundert, in: GG 10 (1984), 47–71.
320. R. A. MÜLLER, Die soziale Herkunft der Professoren der Universität Ingolstadt-Landshut-München 1773–1849, in: Universität und Bildung. Festschrift Laetitia Boehm zum 60. Geburtstag, hrsg. von W. MÜLLER/W. J. SMOLKA/H. ZEDELMAIER. München 1991, 315–321.
321. V. MUELLER-BENEDICT, Confirming long waves in time series of German student populations 1830–1990, in: HSR 25 (2000), 36–56.

322. U. MUHLACK, Der „politische Professor" im Deutschland des 19. Jahrhunderts, in: R. BURKHOLZ/C. GÄRTNER/F. ZEHENTREITER (Hrsg.), Materialität des Geistes. Zur Sache Kultur – im Diskurs mit Ulrich Oevermann. Göttingen 2001, 185–204.
323. E. T. NAUCK, Die Privatdozenten der Universität Freiburg i. Br. 1818–1955. Freiburg i. Br. 1956.
324. F. K. RINGER, Die Gelehrten. Der Niedergang der deutschen Mandarine 1890–1933. München 1987.
325. F. K. RINGER, A Sociography of German Academics, 1863–1938, in: CEH 25 (1992), 251–280.
326. M. SCHMEISER, Akademischer Hasard. Das Berufsschicksal des Professors und das Schicksal der deutschen Universität 1870–1920. Stuttgart 1994.
327. G. SCHMIDT/J. RÜSEN/U. LEHMKUHL (Hrsg.), Gelehrtenpolitik und politische Kultur in Deutschland 1830–1930. Bochum 1986.
328. K. SCHWABE (Hrsg.), Deutsche Hochschullehrer als Elite 1815–1945. Boppard a. Rh. 1988.
329. H. TITZE, Überfüllungskrisen in akademischen Karrieren: eine Zyklustheorie, in: Zeitschrift für Pädagogik 27 (1981), 187–224.
330. H. TITZE, Die zyklische Überproduktion von Akademikern im 19. und 20. Jahrhundert, in: GG 10 (1984), 92–121.
331. R. VIERHAUS, Der politische Gelehrte im 19. Jahrhundert, in: DERS., Vergangenheit als Geschichte. Studien zum 19. und 20. Jahrhundert, hrsg. von H. E. BÖDEKER/B. VON KRUSENSTJERN/ M. MATTHIESEN. Göttingen 2003, 302–318.
332. W. WEBER, Priester der Klio. Historisch-sozialwissenschaftliche Studien zur Herkunft und Karriere deutscher Historiker und zur Geschichte der Geschichtswissenschaft 1800–1970. Frankfurt a. M./Bern/New York 1984.
333. O. WILLETT, Sozialgeschichte Erlanger Professoren 1743–1933. Göttingen 2001.

9. Gymnasien, Real- und Volksschulen, Fachschulen

334. J. C. ALBISETTI, Schooling German Girls and Women. Secondary and Higher Education in the Nineteenth Century. Princeton 1988.
335. E. N. ANDERSON, Die preußische Volksschule im neunzehnten Jahrhundert (1970), in: O. BÜSCH/W. NEUGEBAUER (Hrsg.), Mo-

derne Preußische Geschichte 1648–1947, Bd. 3. Berlin/New York 1981, 1366–1394.
336. H.-J. APEL, Das preußische Gymnasium in den Rheinlanden und Westfalen 1814–1848. Die Modernisierung der traditionellen Gelehrtenschulen durch die preußische Unterrichtsverwaltung. Köln/Wien 1984.
337. H.-J. APEL/H. KEMNITZ/U. SANDFUCHS (Hrsg.), Das öffentliche Bildungswesen. Historische Entwicklung, gesellschaftliche Funktionen, pädagogischer Streit. Bad Heilbrunn 2001.
338. U. A. J. BECHER, Schulen, in: M. MAURER (Hrsg.), Aufriß der historischen Wissenschaften, Bd. 6: Institutionen. Stuttgart 2002, 98–165.
339. F. BLÄTTNER, Das Gymnasium. Aufgaben der höheren Schule in Geschichte und Gegenwart. Heidelberg 1960.
340. E. DILLMANN, Institution Schule und mental-kultureller Prozeß. Die deutsche Volksschule in der historischen Kulturforschung. Eine Skizze zum 18. und 19. Jahrhundert, in: Jahrbuch für Historische Bildungsforschung 1 (1993), 13–39.
341. B. DORN, Entwicklung und Bedeutung der landwirtschaftlichen Berufsschule für die Ausbildung der Landjugend und für die Förderung der Landwirtschaft (dargestellt an bayerischen Verhältnissen). Agrarwiss. Diss. Gießen 1963.
342. K. ERLINGHAGEN, Die Säkularisierung der deutschen Schule. Hannover 1972.
343. G. FRIEDERICH, Die Volksschule in Württemberg im 19. Jahrhundert. Weinheim/Basel 1978.
344. A. FUCHS, Schwachsinnige Kinder, ihre sittlich-religiöse, intellektuelle und wirtschaftliche Rettung. 2. Aufl. Gütersloh 1912.
345. C. FÜHR, Die preußischen Schulkonferenzen von 1890 und 1900. Ihre bildungspolitische Rolle und bildungsgeschichtliche Bewertung (1980), in: 181: 69–110.
346. R. GODEL-GASSNER, Die Geschichte der mittleren Mädchenbildung in Baden und Württemberg von 1871 bis 1933. Ein Beitrag zur allgemeinen Entwicklungsgeschichte der baden-württembergischen Realschule. Frankfurt a. M. 2004.
347. G. GRÜNER, Die Entwicklung der höheren technischen Fachschulen im deutschen Sprachgebiet. Ein Beitrag zur historischen und angewandten Berufspädagogik. Braunschweig 1967.
348. G. GRÜNER, Entwicklung der technischen Fachschulen, in: L. BOEHM/C. SCHÖNBECK (Hrsg.), Technik und Kultur, Bd. 5: Technik und Bildung. Düsseldorf 1989, 175–203.

9. Gymnasien, Real- und Volksschulen, Fachschulen

349. O. HACKL, Die bayerische Kriegsakademie (1867–1914). München 1989.
350. K. HARNEY, Die preußische Fortbildungsschule. Eine Studie zum Problem der Hierarchisierung beruflicher Schultypen im 19. Jahrhundert. Weinheim/Basel 1980.
351. H. HECKEL, Die Städte und ihre Schulen. Leistung und Bedeutung der Städte für die Entwicklung und den Bestand des deutschen Schulwesens. Stuttgart 1954.
352. H.-G. HERRLITZ/W. HOPF/H. TITZE/E. CLOER, Deutsche Schulgeschichte von 1800 bis zur Gegenwart. 4. Aufl. Weinheim/München 2005.
353. U. HERRMANN (Hrsg.), Schule und Gesellschaft im 19. Jahrhundert. Sozialgeschichte der Schule im Übergang zur Industriegesellschaft. Weinheim/Basel 1977.
354. M. E. HOFMANN, Offene Schule und geschlossene Welt. Die höhere Schule in der ersten Hälfte des 19. Jahrhunderts im Königreich Bayern. Köln/Weimar/Wien 1991.
355. M. HORLEBEIN, Die berufsbegleitenden kaufmännischen Schulen in Deutschland (1800–1945). Eine Studie zur Genese der kaufmännischen Berufsschule. Frankfurt a.M./Bern 1976.
356. K.-E. JEISMANN, Das preußische Gymnasium in Staat und Gesellschaft, Bde. 1–2. Stuttgart 1996.
357. K.-E. JEISMANN, Das preußische Gymnasium in sozialgeschichtlicher Perspektive, in: DERS., Geschichte und Bildung. Beiträge zur Geschichtsdidaktik und zur Historischen Bildungsforschung. Paderborn 2000, 303–326.
358. R. W. KECK, Das Selbstverständnis der Realschule im historischen Wandel, in: J. REKUS (Hrsg.), Die Realschule. Alltag, Reform, Geschichte, Theorie. Weinheim/München 1999, 15–32.
359. H. KEMNITZ/H. J. APEL/C. RITZI (Hrsg.), Bildungsideen und Schulalltag im Revolutionsjahr 1848. Baltmannsweiler 1999.
360. S. KESPER-BIERMANN, Staat und Schule in Kurhessen 1813–1866. Göttingen 2001.
361. P. KÖPPENHÖFER, Bildung und Auslese. Untersuchungen zur sozialen Herkunft der höheren Schüler Badens 1834/36–1890. Weinheim/Basel 1980.
362. M. KRAUL, Gymnasium und Gesellschaft im Vormärz. Neuhumanistische Einheitsschule, städtische Gesellschaft und soziale Herkunft der Schüler. Göttingen 1980.
363. M. KRAUL, Das deutsche Gymnasium, 1780–1980. Frankfurt a.M. 1984.

364. M. KRAUL, Normierung und Emanzipation. Die Berufung auf den Geschlechtscharakter bei der Institutionalisierung der höheren Mädchenbildung, in: 110: 219–231.
365. R. KUBON, Weiterführende Mädchenschulen im 19. Jahrhundert. Am Beispiel des Großherzogtums Baden. Pfaffenweiler 1991.
366. F.-M. KUHLEMANN, Modernisierung und Disziplinierung. Sozialgeschichte des preußischen Volksschulwesens 1794–1872. Göttingen 1992.
367. F.-M. KUHLEMANN, Tradition und Innovation. Zum Wandel des niederen Bildungssektors in Preußen 1790–1918, in: Jahrbuch für Historische Bildungsforschung 1 (1993), 41–67.
368. A. LESCHINSKY/P. M. ROEDER, Schule im historischen Prozeß. Stuttgart 1976.
369. P. LUNDGREEN, Die Eingliederung der Unterschichten in die bürgerliche Gesellschaft durch das Bildungswesen im 19. Jahrhundert, in: IASL 3 (1978), 87–107.
370. P. LUNDGREEN, Sozialgeschichte der deutschen Schule im Überblick, Teil 1: 1770–1918. Göttingen 1980.
371. P. LUNDGREEN/M. KRAUL/K. DITT, Bildungschancen und soziale Mobilität in der städtischen Gesellschaft des 19. Jahrhunderts. Göttingen 1988.
372. D. K. MÜLLER, Sozialstruktur und Schulsystem. Aspekte zum Strukturwandel des Schulwesens im 19. Jahrhundert. Göttingen 1977 (gekürzte Studienausgabe ebd. 1981).
373. J. NEUKUM, Schule und Politik. Politische Geschichte der bayerischen Volksschule 1818–1848. München 1969.
374. B. POTEN, Geschichte des Militär-Erziehungs- und Bildungswesens in den Landen deutscher Zunge, Bde. 1–5. Berlin 1889–1897, Ndr. Osnabrück 1982.
375. A. REBLE, Das Schulwesen, in: M. SPINDLER (Hrsg.), Handbuch der bayerischen Geschichte, Bd. 4/2. München 1979, 949–990.
376. W. ROESSLER, Die Entstehung der Realschule innerhalb des modernen Erziehungswesens, in: J. DERBOLAV (Hrsg.), Wesen und Werden der Realschule. 4. Aufl. Bonn 1971, 43–80.
377. H. ROMBERG, Staat und höhere Schule. Ein Beitrag zur deutschen Bildungsverfassung vom Anfang des 19. Jahrhunderts bis zum Ersten Weltkrieg. Weinheim/Basel 1979.
378. M. SAUER, Vom „Schulehalten" zum Unterricht. Preußische Volksschule im 19. Jahrhundert. Köln/Weimar/Wien 1998.
379. S. SCHAMBACH, Mädchenbildung in standesgemäßen Grenzen. Widersprüche in der weiblichen Bildungsgeschichte des frühen

19. Jahrhunderts, in: Karlsruher Pädagogische Beiträge 35 (1995), 23–47.
380. C. SCHIERSMANN, Die preußischen Provinzial-Gewerbeschulen im Spannungsfeld zwischen Förderung und Begrenzung sozialer Mobilität, in: 110: 203–217.
381. O. SCHLANDER, Der Aufbau des Schulwesens im Großherzogtum Hessen-Darmstadt nach 1815. Frankfurt a.M. 1978.
382. K. A. SCHLEUNES, Schooling and Society. The Politics of Education in Prussia and Bavaria 1750–1900. Oxford/New York/München 1989.
383. W. SCHMALE, Die Schule in Deutschland im 18. und frühen 19. Jahrhundert. Konjunkturen, Horizonte, Mentalitäten, Probleme, Ergebnisse, in: W. SCHMALE/N. L. DODDE (Hrsg.), Revolution des Wissens? Europa und seine Schulen im Zeitalter der Aufklärung (1750–1825). Bochum 1991, 627–743.
384. M. SCHMIEL, Die Landwirtschaftsschule. Eine Untersuchung über die geschichtliche Entwicklung, die Bedingungen und die weiteren Aufgaben ihres Unterrichts. München/Basel/Wien 1963.
385. K. SCHMITZ, Militärische Jugenderziehung. Preußische Kadettenhäuser und Nationalpolitische Erziehungsanstalten zwischen 1807 und 1936. Köln/Weimar/Wien 1997.
386. R. SCHÖFER, Berufsausbildung und Gewerbepolitik. Geschichte der Ausbildung in Deutschland. Frankfurt a.M./New York 1981.
387. B. SCHÖNEMANN, Das braunschweigische Gymnasium in Staat und Gesellschaft. Ein Beitrag zur Schulgeschichte des 19. Jahrhunderts. Köln/Wien 1983.
388. K. SOCHATZKY, Das Neuhumanistische Gymnasium und die reinmenschliche Bildung. Zwei Schulreformversuche in ihrer weiterreichenden Bedeutung. Göttingen 1973.
389. A. SPÖRL, Die Entwicklung der deutschen Schule im Königreich Bayern unter besonderer Berücksichtigung der Lehrerbildung. Phil. Diss. München 1977.
390. H. STÜBIG, Bildung, Militär und Gesellschaft in Deutschland. Studien zur Entwicklung im 19. Jahrhundert. Köln/Weimar/Wien 1994.
391. J. SYNWOLDT, Von der Hilfsschule zur Schule für Lernbehinderte. Die Förderung der schwachbefähigten Kinder am Beispiel Berlins. Berlin 1979.
392. W. E. TRAEBERT, Technik und allgemeinbildende Schulen, in: L. BOEHM/C. SCHÖNBECK (Hrsg.), Technik und Kultur, Bd. 5: Technik und Bildung. Düsseldorf 1989, 154–174.

393. L. Voss, Geschichte der höheren Mädchenschule. Allgemeine Schulentwicklung in Deutschland und Geschichte der höheren Mädchenschulen Kölns. Opladen 1952.
394. A. Wachter, Dorfschule zwischen Pastor und Schulmeister. Zur Säkularisierung des niederhessischen Schulwesens im 19. Jahrhundert. Frankfurt a. M./Berlin/Bern 2001.
395. W. Weber, Mittlere technische Bildung im deutschen Kaiserreich, in: Berichte zur Wissenschaftsgeschichte 16 (1993), 151–163.
396. J. Weiser, Das preußische Schulwesen im 19. und 20. Jahrhundert. Ein Quellenbericht aus dem Geheimen Staatsarchiv Stiftung Preußischer Kulturbesitz. Köln/Weimar/Wien 1996.

10. Unterricht, Lehrerbildung und Pädagogik

397. K. Abels, Deutschunterricht vor und nach 1848 im Widerstreit pädagogischer, politischer und konfessioneller Interessen, in: Bildung und Erziehung 42 (1989), 269–282.
398. H.-J. Apel, Durch Seminar und Probejahr zur „Anstellungsfähigkeit". Die nachuniversitäre Ausbildung der Gymnasiallehrer in Preußen, in: Bildung und Erziehung 40 (1987), 151–166.
399. H.-J. Apel, Gymnasiallehrer mit „Verständnis und Taktgefühl für die heranwachsende Jugend". Die ‚standesgemäße' Ausbildung der Gymnasiallehrer im Seminar des wilheminischen Gymnasiums (1890–1918), in: 110: 308–325.
400. H.-J. Apel/S. Bittner, Humanistische Schulbildung 1890–1945. Anspruch und Wirklichkeit der altertumskundlichen Unterrichtsfächer. Köln/Weimar/Wien 1994.
401. U. A. J. Becher, Politische Erziehung durch Geschichte. Schulbücher im Kaiserreich, in: Wolfenbütteler Notizen zur Buchgeschichte 21 (1996), 147–166.
402. E. Berlet, Lehrerbildung in Hessen-Darmstadt 1770–1918. Vorgeschichte und Geschichte der großherzoglichen Seminare in Bensheim, Friedberg, Alzey und Darmstadt. Darmstadt/Marburg 1987.
403. H. Blankertz, Bildung im Zeitalter der großen Industrie. Pädagogik, Schule und Berufsbildung im 19. Jahrhundert. Hannover 1969.
404. H. Blankertz, Die Geschichte der Pädagogik. Von der Aufklärung bis zur Gegenwart. Wetzlar 1982.

405. F. BLÄTTNER, Geschichte der Pädagogik, durchges. u. erw. von H.-G. HERRLITZ. 15. Aufl. Heidelberg 1980.
406. E. BLOCHMANN, Das „Frauenzimmer" und die „Gelehrsamkeit". Eine Studie über die Anfänge des Mädchenschulwesens in Deutschland. Heidelberg 1966.
407. R. BÖLLING, Sozialgeschichte der deutschen Lehrer. Ein Überblick von 1800 bis zur Gegenwart. Göttingen 1983.
408. W. BREZINKA, Die Geschichte des Faches Pädagogik an den österreichischen Universitäten von 1805 bis 1970, in: Paedagogica Historica 31 (1995), 407–444.
409. A. BRUHN, Die Präparanden. Lehrerbildung in Schleswig-Holstein 1867–1918. Köln/Weimar/Wien 1995.
410. F. BÜNGER, Entwickelungsgeschichte des Volksschullesebuches. Leipzig 1898.
411. U. VON DER BURG, Entstehung und Entwicklung der Gymnasialseminare. Bochum 1989.
412. J. VON DEN DRIESCH/J. ESTERHUES, Geschichte der Erziehung und Bildung, Bd. 2. Paderborn 1952.
413. S. ELLGER-RÜTTGARDT, Der Hilfsschullehrer. Sozialgeschichte einer Lehrergruppe (1880–1933). Weinheim/Basel 1980.
414. S. ENZELBERGER, Sozialgeschichte des Lehrerberufs. Gesellschaftliche Stellung und Professionalisierung von Lehrerinnen und Lehrern von den Anfängen bis zur Gegenwart. Weinheim/München 2001.
415. A. FLITNER, Die politische Erziehung in Deutschland. Geschichte und Probleme 1750–1880. Tübingen 1957.
416. H. J. FRANK, Geschichte des Deutschunterrichts. Von den Anfängen bis 1945. München 1973.
417. C. FÜHR, Gelehrter Schulmann – Oberlehrer – Studienrat. Zum sozialen Aufstieg der Philologen, in: 181: 7–55.
418. H. HEILAND, Zum Verhältnis von Politik und Pädagogik bei Friedrich Fröbel, in: Pädagogische Rundschau 45 (1991), 433–450.
419. M. HEINEMANN (Hrsg.), Der Lehrer und seine Organisation. Stuttgart 1977.
420. R. HINZ, Pestalozzi und Preußen. Zur Rezeption der Pestalozzischen Pädagogik in der preußischen Reformzeit (1806/07–1812/13). Frankfurt a.M. 1991.
421. G. JÄGER, Schule und literarische Kultur, Bd. 1: Sozialgeschichte des deutschen Unterrichts an höheren Schulen von der Spätaufklärung bis zum Vormärz. Stuttgart 1981.
422. K.-E. JEISMANN, Zur Professionalisierung der Gymnasiallehrer im

19. Jahrhundert, in: DERS., Geschichte und Bildung. Beiträge zur Geschichtsdidaktik und zur Historischen Bildungsforschung. Paderborn 2000, 327–345.
423. H. KEMNITZ, Lehrerverein und Lehrerberuf im 19. Jahrhundert. Eine Studie zum Verberuflichungsprozeß der Lehrertätigkeit am Beispiel der Berlinischen Schullehrergesellschaft (1813–1892). Weinheim 1999.
424. K. KNOOP, Zur Geschichte der Lehrerbildung in Schleswig-Holstein. 200 Jahre Lehrerbildung vom Seminar bis zur Pädagogischen Hochschule 1781–1981. Husum 1984.
425. P. MELLMANN, Geschichte des Deutschen Philologen-Verbandes (Vereinsverband akademisch gebildeter Lehrer) bis zum Weltkrieg. Leipzig 1929.
426. C. MENZE, Zur Geschichte der Professionalisierung des Pädagogen am Beispiel des Philologenstandes im frühen 19. Jahrhundert, in: Vierteljahrsschrift für wissenschaftliche Pädagogik 74 (1998), 1–22.
427. F. MEYER, Schule der Untertanen. Lehrer und Politik in Preußen 1848–1900. Hamburg 1976.
428. S. MÜLLER-ROLLI, Grenzen der beruflichen Organisation. Zur Verbandsentwicklung des Oberlehrerstandes im 19. Jahrhundert, in: 110: 291–307.
429. H.-U. MUSOLFF/S. HELLEKAMPS, Geschichte des pädagogischen Denkens. München/Wien 2006.
430. K. NEUERER, Das höhere Lehramt in Bayern im 19. Jahrhundert. Berlin 1978.
431. A. REBLE, Geschichte der Pädagogik. 18. Aufl. Stuttgart 1995.
432. B. H. REIFENRATH, Pädagogik und Philosophie bei F. A. W. Diesterweg, in: Pädagogische Rundschau 46 (1992), 263–281.
433. R. ROTH, Politische Bildung in Bayern. Eine historisch-politische Untersuchung der Bemühungen um politische Bildung an den Volksschulen Bayerns in der Zeit der Monarchie. Von Ludwig I. bis zur Gründung des Deutschen Reiches. München 1974.
434. H.-D. SCHMID (Hrsg.), Beiträge zur Geschichte der Lehrerbildung. Hannover 1985.
435. B. SCHÖNEMANN, Nationale Identität als Aufgabe des Geschichtsunterrichts nach der Reichsgründung, in: Internationale Schulbuchforschung 11 (1989), 107–128.
436. G. SCHUBRING, Die Entstehung des Mathematiklehrerberufes im 19. Jahrhundert. Studien und Materialien zum Prozeß der Professionalisierung in Preußen (1810–1870). 2. Aufl. Weinheim 1991.

437. H. STÜBIG, Nationalerziehung. Pädagogische Antworten auf die „deutsche Frage" im 19. Jahrhundert. Schwalbach/Ts. 2006.
438. H.-E. TENORTH, Geschichte der Erziehung. Einführung in die Grundzüge ihrer neuzeitlichen Entwicklung. 3. Aufl. Weinheim/ München 2000.
439. H.-G. THIEN, Schule, Staat und Lehrerschaft. Zur historischen Genese bürgerlicher Erziehung in Deutschland und England (1790–1918). Frankfurt a. M./New York 1984.
440. H. TITZE, Die soziale und geistige Umbildung des preußischen Oberlehrerstandes von 1870 bis 1914, in: Zeitschrift für Pädagogik, 14. Beiheft, Weinheim/Basel 1977, 107–128.
441. C. UHLIG, Der Berliner Lehrerverein. Gründung und Etablierung (1880 bis 1902). Köln/Weimar/Wien 1997.
442. R. VANDRÉ, Schule, Lehrer und Unterricht im 19. Jahrhundert. Zur Geschichte des Religionsunterrichts. Göttingen 1973.
443. K. A. WIEDERHOLD, „Von der Einrichtung der Schulhäuser und Schulzimmer". Anweisungen zur Schul- und Klassenraumgestaltung in Handbüchern für Volksschullehrer zwischen 1800 und 1850, in: Pädagogische Rundschau 44 (1990), 283–297.

11. Bibliotheks- Museums-, Archiv- und Vereinswesen

444. H. BOOCKMANN/A. ESCH/H. HEIMPEL/T. NIPPERDEY/H. SCHMIDT, Geschichtswissenschaft und Vereinswesen im 19. Jahrhundert. Beiträge zur Geschichte historischer Forschung in Deutschland. Göttingen 1972.
445. W. BRAUNEDER, Leseverein und Rechtskultur. Der Juridisch-politische Leseverein zu Wien 1840 bis 1990. Wien 1992.
446. A. BRENNEKE, Archivkunde. Ein Beitrag zur Theorie und Geschichte des europäischen Archivwesens. Leipzig 1953.
447. L. BUZAS, Deutsche Bibliotheksgeschichte der neuesten Zeit (1800–1945). Wiesbaden 1978.
448. G. CALOV, Museen und Sammler des 19. Jahrhunderts in Deutschland, in: Museumskunde 38 (1969), 1–196.
449. G. B. CLEMENS, Sanctus amor patriae. Eine vergleichende Studie zu deutschen und italienischen Geschichtsvereinen im 19. Jahrhundert. Tübingen 2004.
450. B. DENEKE/R. KAHSNITZ (Hrsg.), Das kunst- und kulturgeschichtliche Museum im 19. Jahrhundert. München 1977.

451. B. Deneke/R. Kahsnitz (Hrsg.), Das Germanische Nationalmuseum Nürnberg 1852–1977. Beiträge zu seiner Geschichte. München/Berlin 1978.
452. W. Enderle, Bibliotheken, in: M. Maurer (Hrsg.), Aufriß der historischen Wissenschaften, Bd. 6: Institutionen. Stuttgart 2002, 214–315.
453. E. G. Franz, Archive, in: M. Maurer (Hrsg.), Aufriß der historischen Wissenschaften, Bd. 6: Institutionen. Stuttgart 2002, 166–213.
454. J. Gerchow, Museen, in: M. Maurer (Hrsg.), Aufriß der historischen Wissenschaften, Bd. 6: Institutionen. Stuttgart 2002, 316–399.
455. W. Hochreiter, Vom Musentempel zum Lernort. Zur Sozialgeschichte deutscher Museen 1800–1914. Darmstadt 1994.
456. U. Jochum, Das Opfer der Schrift. Zur beruflichen Identität der Bibliothekare im 19. Jahrhundert, in: Wolfenbütteler Notizen zur Buchgeschichte 21 (1996), 166–184.
457. P. Kaegbein/P. Vosodeck (Hrsg.), Staatliche Initiative und Bibliotheksentwicklung seit der Aufklärung. Wiesbaden 1985.
458. W. König, Technische Vereine als Bildungseinrichtungen, in: L. Boehm/C. Schönbeck (Hrsg.), Technik und Kultur, Bd. 5: Technik und Bildung. Düsseldorf 1989, 260–277.
459. A. Kuntz, Das Museum als Volksbildungsstätte. Museumskonzeptionen in der Volksbildungsbewegung zwischen 1871 und 1918 in Deutschland. Marburg 1980.
460. A. Martino, Die deutsche Leihbibliothek. Geschichte einer literarischen Institution (1756–1914). Wiesbaden 1990.
461. K. Pabst, Historische Vereine und Kommissionen in Deutschland bis 1914, in: F. Seibt (Hrsg.), Vereinswesen und Geschichtspflege in den böhmischen Ländern. München 1986, 13–38.
462. E. Paunel, Die Staatsbibliothek zu Berlin. Ihre Geschichte und Organisation während der ersten Jahrhunderte seit ihrer Eröffnung 1661–1871. Berlin 1965.
463. C. Priesner, Polytechnische Vereine und technische Bildung, in: L. Boehm/C. Schönbeck (Hrsg.), Technik und Kultur, Bd. 5: Technik und Bildung. Düsseldorf 1989, 235–259.
464. J. Rogalla von Bieberstein, Archiv, Bibliothek und Museum als Dokumentationsbereiche. Einheit und gegenseitige Abgrenzung. Pullach 1975.
465. W. Schochow, Die Berliner Staatsbibliothek und ihr Umfeld. Frankfurt a. M. 2005.

466. W. SCHMITZ, Deutsche Bibliotheksgeschichte. Bern/Frankfurt a. M./New York 1984.
467. J. J. SHEEHAN, Geschichte der deutschen Kunstmuseen. Von der fürstlichen Kunstkammer zur modernen Sammlung. München 2002.
468. W. WÜLFING/K. BRUNS/R. PARR (Hrsg.), Handbuch literarisch-kultureller Vereine, Gruppen und Bünde 1825–1933. Stuttgart/Weimar 1998.

12. Persönlichkeiten des geistigen Lebens, bedeutende Gelehrte

469. J. VON ALTENBOCKUM, Wilhelm Heinrich Riehl 1823–1897. Sozialwissenschaft zwischen Kulturgeschichte und Ethnographie. Köln/Weimar/Wien 1994.
470. E. ANGERMANN, Robert von Mohl 1799–1875. Leben und Werk eines altliberalen Staatsgelehrten. Neuwied/Berlin 1962.
471. J. BACKHAUS (Hrsg.), Karl Bücher. Theory – History – Anthropology – Non Market Economics. Marburg 2000.
472. F. X. BISCHOF, Theologie und Geschichte. Ignaz von Döllinger (1799–1890) in der zweiten Hälfte seines Lebens. Stuttgart/Berlin/Köln 1997.
473. J. BRAUN, Judentum, Jurisprudenz und Philosophie. Bilder aus dem Leben des Juristen Eduard Gans (1797–1839). Baden-Baden 1997.
474. C. BRINKMANN, Gustav Schmoller und die Volkswirtschaftslehre. Stuttgart 1937.
475. W. K. BÜHLER, Gauß. Eine biographische Studie. Berlin/Heidelberg 1987.
476. W. BUSSMANN, Treitschke. Sein Welt- und Geschichtsbild. 2. Aufl. Göttingen/Zürich 1981.
477. W. M. CALDER III/H. FLASHAR/T. LINDKEN (Hrsg.), Wilamowitz nach 50 Jahren. Darmstadt 1985.
478. L. DENECKE, Jacob Grimm und sein Bruder Wilhelm. Stuttgart 1971.
479. V. DOTTERWEICH, Heinrich von Sybel. Geschichtswissenschaft in politischer Absicht (1817–1861). Göttingen 1978.
480. W. U. ECKART/K. VOLKERT (Hrsg.), Hermann von Helmholtz. Pfaffenweiler 1996.

481. M. ERBE (Hrsg.), Berlinische Lebensbilder – Geisteswissenschaftler. Berlin 1989.
482. I. ESENWEIN-ROTHE, Wilhelm Lexis. Demograph und Nationalökonom (1837–1914). 2. Aufl. Frankfurt a. M. 1992.
483. W. FÜSSL, Professor in der Politik: Friedrich Julius Stahl (1802–1861). Göttingen 1988.
484. K. GOSCHLER, Rudolf Virchow. Mediziner – Anthropologe – Politiker. Köln/Weimar/Wien 2002.
485. E. J. HAHN, Rudolf von Gneist 1816–1895. Ein politischer Jurist in der Bismarckzeit. Frankfurt a. M. 1995.
486. W. HARDTWIG, Geschichtsschreibung zwischen Alteuropa und moderner Welt. Jacob Burckhardt in seiner Zeit. Göttingen 1974.
487. H. F. HELMOLT, Leopold Ranke. Leipzig 1921.
488. A. HEUSS, Theodor Mommsen und das 19. Jahrhundert. 2. Aufl. Stuttgart 1996.
489. M. HOFFMANN, August Böckh. Lebensbeschreibung und Auswahl aus seinem wissenschaftlichen Briefwechsel. Leipzig 1901.
490. G. HUBMANN, Ethische Überzeugung und politisches Handeln. Jakob Friedrich Fries und die deutsche Tradition der Gesinnungsethik. Heidelberg 1997.
491. G. HÜBINGER, Georg Gottfried Gervinus. Historisches Urteil und politische Kritik. Göttingen 1984.
492. H.-C. KRAUS, Theodor Anton Heinrich Schmalz (1760–1831) – Jurisprudenz, Universitätspolitik und Publizistik im Spannungsfeld von Revolution und Restauration. Frankfurt a. M. 1999.
493. H.-C. KRAUS, Quelleneditor und Monumentalbiograph. Georg Heinrich Pertz und seine Forschungen zur preußischen Zeitgeschichte, in: J. KLOOSTERHUIS (Hrsg.), Archivarbeit für Preußen. Berlin 2000, 319–347.
494. F. LENGER, Werner Sombart 1863–1941. München 1994.
495. C. VON MALTZAHN, Heinrich Leo (1799–1878) – Ein politisches Gelehrtenleben zwischen romantischem Konservatismus und Realpolitik. Göttingen 1979.
496. S. MEINEKE, Friedrich Meinecke. Persönlichkeit und Denken bis zum Ende des Ersten Weltkrieges. Berlin/New York 1995.
497. G. H. MÜLLER, Friedrich Ratzel. Stuttgart 1996.
498. W. NEUGEBAUER, Otto Hintze (1861–1940). in: M. FRÖHLICH (Hrsg.), Das Kaiserreich. Portrait einer Epoche in Biographien. Darmstadt 2001, 286–298.
499. H. NEUHAUS (Hrsg.), Karl Hegel. Historiker im 19. Jahrhundert. Erlangen/Jena 2001.

500. K. Nowak, Schleiermacher. Leben, Werk und Wirkung. Göttingen 2002.
501. G. Radbruch, Paul Johann Anselm Feuerbach – Ein Juristenleben. 2. Aufl. Göttingen 1957.
502. S. Rebenich, Theodor Mommsen und Adolf Harnack. Wissenschaft und Politik im Berlin des ausgehenden 19. Jahrhunderts. Berlin/New York 1997.
503. J. Rückert, Idealismus, Jurisprudenz und Politik bei Friedrich Carl von Savigny. Ebelsbach 1984.
504. R. Smend, Julius Wellhausen. Ein Bahnbrecher in drei Disziplinen. München 2006.
505. G. Walther, Niebuhrs Forschung. Stuttgart 1993.

13. Entwicklung einzelner Wissenschaften

506. E. Ackerknecht/A. H. Murken, Geschichte der Medizin. 7. Aufl., Stuttgart 1997.
507. C. Andresen (Hrsg.), Handbuch der Dogmen- und Theologiegeschichte, Bd. 3: Die Lehrentwicklung im Rahmen der Ökumenizität. Göttingen 1984.
508. H. Bauer, Kunsthistorik. Eine kritische Einführung in das Studium der Kunstwissenschaft. 3. Aufl. München 1989.
509. W. Bleek, Geschichte der Politikwissenschaft in Deutschland. München 2001.
510. H. Boldt, Deutsche Staatslehre im Vormärz. Düsseldorf 1975.
511. P. J. Bowler/I. R. Morus, Making Modern Science. A Historical Survey. Chicago/London 2005.
512. T. Brechenmacher, Großdeutsche Geschichtsschreibung im neunzehnten Jahrhundert. Berlin 1996.
513. W. H. Brock, Viewegs Geschichte der Chemie. Braunschweig/Wiesbaden 1997.
514. J. Dieudonné, Geschichte der Mathematik 1700–1900. Braunschweig/Wiesbaden 1985.
515. W. U. Eckart, Geschichte der Medizin. 5. Aufl. Berlin/Heidelberg/New York 2005.
516. D. von Engelhardt, Historisches Bewußtsein in der Naturwissenschaft von der Aufklärung bis zum Positivismus. Freiburg i. Br./München 1979.

517. T. Finkenstaedt, Kleine Geschichte der Anglistik in Deutschland. Darmstadt 1983.
518. H. Flashar/K. Gründer/A. Horstmann (Hrsg.), Philologie und Hermeneutik im 19. Jahrhundert. Zur Geschichte und Methodologie der Geisteswissenschaften. Göttingen 1979.
519. M. Friedrich, Geschichte der deutschen Staatsrechtswissenschaft. Berlin 1997.
520. F. Gregory, Scientific Materialism in Nineteenth Century Germany. Dordrecht/Boston 1977.
521. G. Haenicke, Biographisches und Bibliographisches zur Geschichte der Anglistik 1850–1925. Augsburg 1981.
522. N. Hammerstein (Hrsg.), Deutsche Geschichtswissenschaft um 1900. Stuttgart 1988.
523. A. Hentschke/U. Muhlack, Einführung in die Geschichte der Klassischen Philologie. Darmstadt 1972.
524. E. Hickel (Hrsg.), Biochemische Forschung im 19. Jahrhundert. Mit einer Bibliographie der Quellen. Braunschweig 1989.
525. F. Jaeger/J. Rüsen, Geschichte des Historismus. München 1992.
526. I. Jahn, Grundzüge der Biologiegeschichte. Jena 1990.
527. V. John, Geschichte der Statistik. Stuttgart 1884; Ndr. Wiesbaden 1968.
528. C. König/H.-H. Müller/W. Röcke (Hrsg.), Wissenschaftsgeschichte der Germanistik in Porträts. Berlin/New York 2000.
529. W. Küttler/J. Rüsen/E. Schulin (Hrsg.), Geschichtsdiskurs, Bd. 3: Die Epoche der Historisierung. Frankfurt a.M. 1997.
530. U. Kultermann, Geschichte der Kunstgeschichte. Der Weg einer Wissenschaft. München 1996.
531. E. Landsberg, Geschichte der Deutschen Rechtswissenschaft, Bd. III/1. München/Leipzig 1898.
532. S. F. Mason, Geschichte der Naturwissenschaft. Stuttgart 1991.
533. U. Meves, Ausgewählte Beiträge zur Geschichte der Germanistik und des Deutschunterrichts im 19. und 20. Jahrhundert. Hildesheim 2004.
534. F. Mildenberger, Geschichte der deutschen evangelischen Theologie im 19. und 20. Jahrhundert. Stuttgart/Berlin/Köln/Mainz 1981
535. J. North, Viewegs Geschichte der Astronomie und Kosmologie. Braunschweig/Wiesbaden 1997.
536. R. Pfeiffer, Die klassische Philologie von Petrarca bis Mommsen. München 1982.
537. H. J. Pottmeyer, Unfehlbarkeit und Souveränität. Die päpstliche

13. Entwicklung einzelner Wissenschaften 145

Unfehlbarkeit im System der ultramontanen Ekklesiologie des 19. Jahrhunderts. Mainz 1975.
538. J. ROHLS, Protestantische Theologie der Neuzeit, Bd. 1: Die Voraussetzungen und das 19. Jahrhundert. Tübingen 1997.
539. U. SCHLING-BRODERSEN, Entwicklung und Institutionalisierung der Agrikulturchemie im 19. Jahrhundert: Liebig und die landwirtschaftlichen Versuchsstationen. Braunschweig 1989.
540. F. SCHNABEL, Deutsche Geschichte im neunzehnten Jahrhundert, Bd. 3: Erfahrungswissenschaften und Technik. Freiburg i. Br. 1934.
541. H. SCHREY, Anglistisches Kaleidoskop. Zur Geschichte der Anglistik und des Englischunterrichts in Deutschland. St. Augustin 1982.
542. J. SCHRÖDER, Theoretische und praktische Jurisprudenz. Die Verwissenschaftlichung der Rechtsgelehrsamkeit um 1800, in: Berichte zur Wissenschaftsgeschichte 16 (1993), 229–240.
543. G. SCHWAIGER (Hrsg.), Historische Kritik in der Theologie. Beiträge zu ihrer Geschichte. Göttingen 1980.
544. A. SCHWARZ, Der Schlüssel zur modernen Welt. Wissenschaftspopularisierung in Großbritannien und Deutschland im Übergang zur Moderne (ca. 1870–1914). Stuttgart 1999.
545. H. VON SRBIK, Geist und Geschichte vom deutschen Humanismus bis zur Gegenwart, Bde. 1–2. 2. Aufl., München/Salzburg 1964.
546. R. STICHWEH, Zur Entstehung des modernen Systems wissenschaftlicher Disziplinen. Physik in Deutschland 1740–1890. Frankfurt a. M. 1984.
547. M. STOLLEIS, Geschichte des öffentlichen Rechts in Deutschland, Bd. 2: Staatsrechtslehre und Verwaltungswissenschaft 1800–1914. München 1992.
548. J. TRABANT (Hrsg.), Beiträge zur Geschichte der Romanischen Philologie in Berlin. Berlin 1988.
549. K. TRIBE, Governing Economy. The Reformation of German Economic Discourse 1750–1840. Cambridge 1988.
550. N. WASZEK (Hrsg.), Die Institutionalisierung der Nationalökonomie an deutschen Universitäten. Zur Erinnerung an Klaus Hinrich Hennings (1937–1986). St. Katharinen 1988.
551. K. WEIMAR, Geschichte der deutschen Literaturwissenschaft bis zum Ende des 19. Jahrhunderts. 2. Aufl. München, 2003.
552. F. WIEACKER, Privatrechtsgeschichte der Neuzeit unter besonderer Berücksichtigung der deutschen Entwicklung. 2. Aufl. Göttingen 1967.

553. H. WINKEL, Die deutsche Nationalökonomie im 19. Jahrhundert. Darmstadt 1977.
554. A. WITTKAU, Historismus. Zur Geschichte des Begriffs und des Problems. 2. Aufl. Göttingen 1994.
555. A. WITTKAU-HORGBY, Materialismus. Entstehung und Wirkung in den Wissenschaften des 19. Jahrhunderts. Göttingen 1998.
556. U. WYSS, Die wilde Philologie. Jacob Grimm und der Historismus. München 1979.
557. G. ZWECKBRONNER, Technische Wissenschaften im Industrialisierungsprozeß bis zum Beginn des 20. Jahrhunderts, in: A. HERMANN/C. SCHÖNBECK (Hrsg.), Technik und Kultur, Bd. 3: Technik und Wissenschaft. Düsseldorf 1991, 400–428.

14. Zeitschriften- und Verlagswesen, Buchhandel, Zensur

558. D. BREUER, Geschichte der literarischen Zensur in Deutschland. Heidelberg 1982.
559. U. EISENHARDT, Wandlungen von Zweck und Methoden der Zensur im 18. und 19. Jahrhundert, in: H. G. GÖPFERT/E. WEYRAUCH (Hrsg.), „Unmoralisch an sich ...". Zensur im 18. und 19. Jahrhundert. Wiesbaden 1988, 1–35.
560. R. ENGELSING, Die Perioden der Lesergeschichte in der Neuzeit, in: DERS., Zur Sozialgeschichte deutscher Mittel- und Unterschichten. Göttingen 1973, 112–154, 283–292.
561. H.-D. FISCHER (Hrsg.), Deutsche Zeitungen des 17. bis 20. Jahrhunderts. München-Pullach 1972.
562. H.-D. FISCHER (Hrsg.), Deutsche Zeitschriften des 17. bis 20. Jahrhunderts. München-Pullach 1973.
563. H. G. GÖPFERT, Vom Autor zum Leser. Beiträge zur Geschichte des Buchwesens. München 1977.
564. H. G. GÖPFERT/G. KOZIEŁEK/R. WITTMANN (Hrsg.), Buch und Verlagswesen im 18. und 19. Jahrhundert. Berlin 1977.
565. A. HOFMEISTER-HUNGER, Pressepolitik und Staatsreform. Die Institutionalisierung staatlicher Öffentlichkeitsarbeit bei Karl August von Hardenberg. Göttingen 1994.
566. H. H. HOUBEN, Jungdeutscher Sturm und Drang. Ergebnisse und Studien. Leipzig 1911.

14. Zeitschriften- und Verlagswesen, Buchhandel, Zensur

567. H. H. HOUBEN, Der gefesselte Biedermeier. Literatur, Kultur, Zensur in der guten alten Zeit. Leipzig 1924.
568. G. JÄGER/D. LANGEWIESCHE/W. SIEMANN (Hrsg.), Geschichte des deutschen Buchhandels im 19. und 20. Jahrhundert. Das Kaiserreich 1870–1918. Bde. 1–2, Frankfurt a. M. 2001–2003.
569. K. KOSZYK, Geschichte der deutschen Presse, Bd. 2: Deutsche Presse im 19. Jahrhundert. Berlin 1966.
570. S. LECHNER, Gelehrte Kritik und Restauration. Metternichs Wissenschafts- und Pressepolitik und die Wiener „Jahrbücher der Literatur" (1818–1849). Tübingen 1977.
571. S. OBENAUS, Literarische und politische Zeitschriften, Bd. 1: 1830–1848, Bd. 2: 1848–1880. Stuttgart 1986–1987.
572. W. PIERETH, Propaganda im 19. Jahrhundert. Die Anfänge aktiver staatlicher Pressepolitik in Deutschland (1800–1871), in: U. DANIEL/W. SIEMANN (Hrsg.), Propaganda. Meinungskampf, Verführung und politische Sinnstiftung (1789–1989). Frankfurt a. M. 1994, 21–43, 204–211.
573. W. SIEMANN, Ideenschmuggel. Probleme der Meinungskontrolle und das Los deutscher Zensoren im 19. Jahrhundert, in: HZ 245 (1987), 71–106.
574. W. SIEMANN, Von der offenen zur mittelbaren Kontrolle. Der Wandel in der deutschen Preßgesetzgebung und Zensurpraxis des 19. Jahrhunderts, in: H. G. GÖPFERT/E. WEYRAUCH (Hrsg.), „Unmoralisch an sich ...". Zensur im 18. und 19. Jahrhundert. Wiesbaden 1988, 293–308.
575. R. STÖBER, Deutsche Pressegeschichte. Von den Anfängen bis zur Gegenwart. 2. Aufl. Konstanz 2005.
576. H. WIDMANN/S. BESSLICH-WIDMANN, Annalen zur Geschichte des Buchwesens (Unter besonderer Berücksichtigung des deutschen Buchhandels), in: H. MACHILL (Hrsg.), Handbuch des Buchhandels, Bd. 1. Hamburg 1974, 32–104.
577. R. WITTMANN, Geschichte des deutschen Buchhandels. 2. Aufl. München 1999.
578. E. ZIEGLER, Zensurgesetzgebung und Zensurpraxis in Deutschland 1819 bis 1848, in: R. WITTMANN/B. HACK (Hrsg.), Buchhandel und Literatur, Festschrift für Herbert G. Göpfert zum 75. Geburtstag. Wiesbaden 1982, 185–220.
579. E. ZIEGLER, Literarische Zensur in Deutschland 1819–1848. Materialien, Kommentare. München/Wien 1983.

Register

1. Personenregister

Abel, C. von 24
Albrecht, W. E. 29
Alexis, W. 8
Altenstein, K. S. F. von 71
Althoff, F. 27, 29, 72
Aristoteles 15
Arndt, E. M. 56
Arnim, A. von 6
Arons, L. 26
Avenarius, E. 13

Bach, J. S. 10
Bachofen, J. J. 17
Baer, K. E. von 20
Bauer, B. 13
Behring, E. 21
Bekker, A. I. 17
Beneke, G. F. 75
Bertelsmann, C. 4
Beseler, G. 18
Bethmann Hollweg, M. A. von 71
Beuth, P. C. W. 51
Beyme, K. F. von 23
Bismarck, Otto Fürst von 3, 27
Blechen, C. 9
Bleibtreu, K. 8
Boeckh, A. 17, 77
Böcklin, A. 9
Böhmer, J. F. 16
Börne, L. 7
Bonitz, H. 42, 72
Bopp, F. 17
Brahms, J. 10
Brandl, A. 18
Brentano, C. 6
Brentano, F. 15
Brentano, L. 19, 30
Brockhaus, F. A. 4
Bruckner, A. 10
Bücher, K. 28

Büchner, G. 7 f., 67
Büchner, L. 13
Burckhardt, J. 17, 77

Campe, J. W. 4
Caro, J. 29
Carus, C. G. 13, 21
Clausewitz, C. von 35
Clausius, R. 20
Cohen, H. 14, 29
Corinth, L. 9
Cotta, J. F. 3 f.
Creuzer, F. 17

Dahlmann, F. C. 29, 61
Dahn, F. 8
Darwin, C. R. 20
Dehmel, R. 9
Diels, H. 17
Diesterweg, F. A. W. 54, 60, 100
Diez, F. 17
Dilthey, W. 15, 58, 66
Döllinger, I. von 19, 29, 77
Driesch, H. 20
Droste-Hülshoff, A. von 7
Droysen, J. G. 17, 29, 61
Du Bois Reymond, E. 61

Ehrlich, P. 21
Eichendorff, J. von 6
Eichhorn, K. F. 18
Engel, E. 18
Engel, J. J. 59
Engels, F. 14, 66
Erdmann, J. E. 15
Erhard, J. B. 59
Ernst August 29
Ewald, H. 29
Exner, F. 72

Falk, A. 71
Fechner, G. T. 14
Feuerbach, A. 9
Feuerbach, L. 13
Feuerbach, P. J. A. 77
Fichte, J. G. 11f., 22f., 56, 59
Ficker, J. von 17
Finke, H. 28
Fischer, K. 15
Fontane, T. 5, 8
Fraunhofer, J. von 20
Frege, G. 15
Freiligrath, F. 7
Freytag, G. 5, 8
Friedrich, C. D. 9
Friedrich der Große 36
Friedrich Wilhelm III. 23
Friedrich Wilhelm IV. 10
Fries, J. F. 14
Fröbel, F. 55, 100

Gärtner, F. von 9
Gans, E. 77
Gauss, C. F. 20, 61, 77
George, S. 9
Gervinus, G. G. 2, 29, 71, 77
Gierke, O. von 18
Gilly, F. 9
Gneist, R. von 18
Göschel, C. F. 13
Görres, J. von 7
Goethe, J. W. von 6f.
Graff, A. 67
Grillparzer, F. 7
Grimm, J. 17, 29, 75, 77
Grimm, W. 17, 29, 75, 77
Gurlitt, L. 56
Gutzkow, K. 2, 7

Haeckel, E. 20
Häusser, L. 17
Hardenberg, K. A. Fürst von 3, 104
Harkort, F. 60
Harnack, A. von 19, 25, 77, 101
Harnisch, W. 56
Hart, H. 8
Hart, J. 8
Hartmann, E. von 14
Hauff, W. 8
Haupt, M. 17, 75
Hauptmann, C. 9
Hauptmann, G. 2, 8f.
Hebbel, F. 8

Hegel, G. W. F. 12-14, 59, 66
Hegner, T. 56
Heine, H. 7f., 67
Helmholtz, H. von 20, 77
Hempel, G. 4
Herbart, J. F. 14, 56
Herder, B. 4
Herder, J. G. 6, 11f.
Hermann, G. 12, 17
Hertwig, O. 20
Hertz, H. 20
Herwegh, G. 7
Heyne, C. G. 17
Heyse, P. 8
Hildebrand, B. 19
Hintze, O. 17, 77
Höfler, C. von 17
Hölderlin, F. 12
Hoffmann, E. T. A. 6
Hofmannsthal, H. von 9
Holz, A. 8
Huch, R. 9
Humboldt, A. von 20
Humboldt, W. von 12, 17, 22f., 27f., 31, 41, 59, 65, 69f., 78, 86, 101

Immermann, K. 7

Jacobi, F. H. 11
Janssen, J. 17
Jean Paul (J. P. F. Richter) 7
Jesus Christus 13
Jhering, R. von 18
Jordan, S. 29

Kampf, A. 9
Kant, I. 11f., 14, 22, 56
Kaulbach, W. von 9
Keller, G. 8
Kierkegaard, S. 6
Kleist, H. von 7
Klenze, L. von 9
Klopp, O. 17
Knies, K. 19
Koch, R. 21
Krüger, F. 9

Laband, P. 18
Lachmann, K. 17f., 75
Lamprecht, K. 17
Lange, F. A. 14
Langhans, C. G. 9
Lasaulx, E. von 29

Register

Lasson, A. 14
Laube, H. 7
Lenbach, F. von 9
Leo, H. 29, 77
Lessing, G. E. 18
Lexis, W. 18, 77
Liebermann, M. 9
Liebig, J. von 20, 25
List, F. 18
Liszt, F. von 10
Luden, H. 29
Ludwig I. 72
Luther, M. 36

Mach, E. 13
Mahler, G. 10
Makart, H. 9
Marées, H. von 9, 67
Marx, K. 14, 19, 66
Massow, J. E. von 69
Maximilian II. 24, 72
Meinecke, F. 77
Mendelssohn Bartholdy, F. 10
Menger, C. 19
Menzel, A. 9
Menzel, W. 7
Metternich, C. W. Fürst von 3, 29, 104
Meyer, C. F. 8
Meyer, C. J. 4
Meyer, E. 16
Michelet, C. L. 14
Milkau, F. 38
Möhler, J. A. 13, 19
Mörike, E. 7
Mohl, R. von 77
Moleschott, J. 13
Moltke, H. von 35
Mommsen, T. 16, 77
Mühler, H. von 71
Müllenhoff, K. 17
Müller, J. 21
Müller, K. O. 17
Mundt, T. 7

Napoleon I. 2, 23, 26, 38
Natorp, P. 14
Neigebaur, J. D. F. 60
Nicolovius, G. H. L. 71
Niebuhr, B. G. 12, 16, 77
Niethammer, I. 12, 43, 60
Nietzsche, F. 15, 66
Novalis (F. von Hardenberg) 6

Oken, L. 13

Paulsen, F. 28, 43, 48, 56, 74, 92, 94
Perthes, F. C. 4
Pertz, G. H. 16
Pestalozzi, J. H. 55f., 60, 100
Peucker, R. von 35
Pierer, H. A. 4
Piloty, C. von 9

Raabe, W. 5, 8
Ranke, L. von 12f., 16, 61, 77
Rau, K. H. 18
Reger, M. 10
Reimer, G. A. 4
Reuter, F. 5, 8
Richter, L. 9
Rickert, H. 14
Ritschl, A. 19
Roscher, W. 19
Rotteck, C. von 29
Ruge, A. 2
Runge, P. O. 9

Savigny, F. C. von 18, 23, 59, 61, 77
Schäfer, D. 28
Schelling, F. W. J. von 11f., 22, 59, 66
Scherer, W. 18, 75
Schiller, F. 6, 12, 22
Schinkel, F. 9f.
Schlaf, J. 8
Schlegel, A. W. 6, 17
Schlegel, F. 6, 12, 17
Schleiermacher, F. D. 7, 11, 13, 19, 22f., 56, 59, 66, 77
Schmalz, T. A. H. 77
Schmidt, E. 18, 75
Schmoller, G. von 17, 19, 30, 77
Schopenhauer, A. 14, 66
Schubert, F. 10
Schulze, J. 71
Schulze, J. S. 21
Schumann, R. 10
Schwind, M. von 9
Semper, G. 10
Simmel, G. 83
Smith, A. 18
Sombart, W. 77
Spielhagen, F. 8
Spitzweg, C. 9
Spohr, L. 10
Stahl, F. J. 29, 77
Steffens, H. 22, 59

Stein, L. von 19
Stiehl, F. 70, 71
Stifter, A. 7
Stirner, M. (J. C. Schmidt) 13, 66
Storm, T. 8
Strauß, D. F. 13
Strauß, J. 10
Strauss, R. 10
Stumpf, C. 14
Süvern, J. W. 41, 60, 71
Sybel. H. von 17, 77

Thiersch, F. W. 12, 43, 71
Thünen, J. H. von 18
Thun, Leo Graf von 24, 42, 72
Tieck, L. 6
Treitschke, H. von 17, 77
Trendelenburg, A. 15

Usener, H. 17

Virchow, R. 21
Vogt, C. 13

Wagner, A. 19, 30

Wagner, R. 10
Wallot, P. 10
Walter, F. 29
Weber, C. M. von 10
Weber, M. 27, 30
Weber, W. 20, 29
Wedekind, F. 2, 9
Wellhausen, J. 19, 77
Werner, A. von 9
Wette, M. L. de 29
Wieland, C. M. 6
Wienbarg, L. 7
Wiese, L. 90
Wilamowitz-Moellendorff, U. von 17
Wilhelm II. 45
Winckelmann, J. J. 6, 75
Windelband, W. 14
Wolf, H. 10
Wolff, F. A. 12, 17, 23, 59
Wundt, W. 14

Yorck von Wartenburg, Paul Graf 15

Zeller, E. 15

2. Autorenregister

ABELS, K. 97
ABRAHAM, G. 68
ACKERKNECHT, E. 76
ALBISETTI, J. C. 72, 86, 89 f., 92, 95
ANDERNACH, N. 72
ANDERSON, E. N. 93
ANDRESEN, C. 76
ANGERMANN, E. 77
APEL, H.-J. 60, 87, 91, 98
ARNDT, K. 101
ASTER, E. von 15, 66

BAETHGEN, F. 101
BAHR, F. 67
BAUER, H. 75
BAUM, R.-J. 85
BAUMGART, F. 58, 62, 70
BAUMGART, P. 80
BAUMGARTEN, M. 82 f.
BECHER, U. A. J. 86, 98
BENNER, D. 70

BERG, C. 62, 78–80, 85 f., 89, 90, 92, 95–97
BERLET, E. 99
BESSLICH-WIDMANN, S. 105
BIASTOCH, M. 85
BISCHOF, F. X. 77
BITTNER, S. 98
BLÄTTNER, F. 89, 100
BLANKE, H. W. 59
BLANKERTZ, H. 96, 100
BLEEK, W. 74
BLESSING, W. K. 60
BLOCHMANN, E. 89
BOCK, K.-D. 83
BOEHM, L. 62, 64, 69, 80 f.
BÖHME, H. 80
BÖLLING, R. 99
BÖRSCH-SUPAN, H. 9, 67
BOLLENBECK, G. 65
BOOCKMANN, H. 25, 78, 80, 102
BORCHARDT, K. 73

BORNHAK, C. 81
BOWLER, P. J. 73
BRANDT, H.-H. 31, 85
BRAUER, L. 81
BRAUN, J. 77
BRAUNEDER, W. 102
BRECHENMACHER, T. 74
BRENNEKE, A. 104
BREUER, D. 105
BREZINKA, W. 100
BRINKMANN, C. 77, 79
BROCK, W. H. 76
BROCKE, B. VOM 25, 27, 69, 72, 81, 84
BRUCH, R. VOM 28, 30, 40, 62, 78 f., 84
BRUCHHÄUSER, H. 60
BRUNS, K. 102
BRZOSKA, M. 68
BUCHHOLZ, W. 80 f.
BÜHLER, W. K. 77
BÜNEMANN, H. 67
BÜNGER, F. 98
BURG, U. VON DER 98
BUSCH, A. 83
BUSSMANN, W. 77
BUZAS, L. 102

CALOV, G. 103
CHARLE, C. 84
CLEMENS, G. B. 102
CLOER, E. 86
CONZE, W. 63

DAHLHAUS, C. 68
DANTINE, W. 76
DE BOOR, H. 66
DENEKE, B. 103
DENEKE, L. 77
DICKERHOF, H. 82
DIEUDONNÉ, J. 77
DILLMANN, E. 92
DITT, K. 87
DOLLINGER, H. 80
DORN, B. 96
DOTTERWEICH, W. 77
DRIESCH, J. VON DEN 100

EBEL, W. 59
ECKART, W. U. 76 f.
EINEM, H. von 67
EISENHARDT, U. 104
ELLGER-RÜTTGARDT, S. 99
ELLWEIN, T. 78
ENDERLE, W. 103

ENGELBRECHT, H. 63
ENGELHARDT, D. VON 74, 101
ENGELHARDT, U. 63
ENGELSING, R. 1, 94
ENZELBERGER, S. 99
ERBEN, W. 81
ERLINGHAGEN, K. 65, 88, 94
ESCH, A. 102
ESENWEIN-ROTHE, I. 77
ESTERHUES, J. 100
EULENBURG, F. 79, 83

FERBER, C. VON 82
FERTIG, L. 60
FESSNER, M. 96
FINKENSTAEDT, T. 75
FISCHER, H.-D. 105
FISCHER, F. 71
FLASHAR, H. 74
FLITNER, A. 100
FOERSTER, E. 71
FRANK, H. J. 97
FRANKFURTER, S. 72
FRANZ, E. G. 104
FRIEDEBURG, L. VON 68, 70
FRIEDERICH, G. 46 f., 86, 92 f., 98
FRIEDRICH, M. 75
FROESE, L. 60
FUCHS, A. 97
FÜHR, C. 45, 55, 61, 72, 92, 99
FÜSSL, W. 77
FUHRMANN, H. 102
FUHRMANN, M. 12, 65

GALL, L. 64, 71
GERCHOW, J. 103
GIERL, M. 101
GIESE, G. 60, 70
GODEL-GASSNER, R. 89, 95
GÖPFERT, H. G. 105 f.
GOLDSCHMIDT, D. 77
GOLLWITZER, H. 72
GOTTSCHALK, G. 101
GRAU, C. 101
GREGORY, F. 74
GROSSE JÄGER, H.-G. 71
GROSSMANN-VENDREY, S. 68
GRÜNDER, K. 71, 74
GRÜNER, G. 52, 80, 96

HACKL, O. 35, 95
HAENICKE, G. 75
HAHN, E. J. C. 79

Register

HAMMERSTEIN, N. 69, 74
HARDTWIG, W. 77
HARNACK, A. 101
HARNEY, K. 96
HECKEL, H. 70, 88, 97
HEILAND, H. 100
HEIMPEL, H. 102
HEINEMANN, M. 60, 98 f.
HEINEMANN, M. 68
HELFER, C. 85
HELLEKAMPS, S. 100
HELMOLT, H. F. 77
HEMPEL, E. 68
HENTSCHKE, A. 74
HERRLITZ, H.-G. 86
HERRMANN, U. 69, 87
HEUSS, A. 77
HEYDORN, H.-J. 61
HICKEL, E. 76
HIGGINS, K. M. 66
HINNEBERG, P. 62
HINZ, R. 100
HOCHREITER, W. 39, 103
HOFFMANN, M. 77
HOFMANN, M. E. 91
HOFMANN, W. 68
HOFMEISTER-HUNGER, A. 104
HOGREBE, W. 66
HOHENDAHL, P. U. 67
HOHLFELD, R. 101
HOPF, W. 86
HORLEBEIN, M. 53, 97
HORN, B. 73
HORNIG, G. 76
HORSTMANN, A. 74
HOUBEN, H. H. 105
HUBER, E. R. 33, 69
HÜBINGER, G. 77
HÜBNER, H. 80
HULTSCH, E. 76

JAEGER, F. 74
JÄGER, G. 86, 97, 105
JAHN, I. 76
JARAUSCH, K. 78–80, 85
JEISMANN, K.-E. 41, 44, 62 f., 71, 78, 80, 85–87, 89–92, 95 f., 98
JOCHUM, U. 103
JOHN, V. 74
JOST, W. 60

KAEGBEIN, P. 103
KAEHLER, S. A. 69

KAHSNITZ, R. 103
KAUFMANN, G. 80
KECK, R. W. 64, 95
KELLER, H. 67
KEMNITZ, H. 71, 87, 99
KENDALL, A. 68
KESPER-BIERMANN, S. 88
KIESSLING, R. 60
KIRCHNER, H.-M. 71
KLAUSA, E. 84
KLÖCKER, M. 60, 64
KLOTZ, H. 68
KLUCKHOHN, P. 7
KNOOP, K. 99
KOCKA, J. 63, 101
KÖBLER, G. 82
KÖLBEL, M. 79
KÖNIG, C. 75
KÖNIG, H. 60
KÖNIG, W. 79 f., 102
KÖPPENHÖFER, P. 91
KÖRNER, H.-M. 72, 94
KÖSTER, U. 67
KONEFFKE, G. 61
KOSZYK, K. 105
KOTOWSKI, G. 79
KOZIEŁEK, G. 105
KRAUL, M. 50, 86 f., 89 f.
KRAUS, H.-C. 77, 79
KRAWIETZ, W. 60
KROHN, W. 73
KRUEGER, B. 71
KUBON, R. 89
KÜPPER, E. 86, 89
KÜPPERS, G. 73
KÜRTEN, C. 60
KÜTTLER, W. 74
KUHLEMANN, F.-M. 48 f., 86, 92 f., 95
KULTERMANN, U. 75
KUNTZ, A. 103

LANDSBERG, E. 75
LANGEWIESCHE, D. 105
LEA, E. 101
LECHNER, S. 104
LEHMKUHL, U. 84
LENGER, F. 77
LENTZE, H. 72
LENZ, M. 79
LESCHINSKY, A. 86
LEUSSINK, H. 79
LEXIS, W. 60
LICHTENSTEIN, E. 63

LIEDTKE, M. 63, 88, 93
LIPSMEIER, A. 60
LÖWITH, K. 66
LÜBBE, H. 78
LÜDICKE, R. 71
LUNDGREEN, P. 33, 50f., 62f., 65, 73, 78, 80, 85–87, 89f., 92–96, 98

MALSCH, R. 11
MALTZAHN, C. von 77
MANEGOLD, K.-H. 80
MARTINI, F. 67
MARTINO, A. 103
MASON, S. F. 76
MCCLELLAND, C. E. 64, 79
MCINNES, E. 67
MEINEKE, S. 77
MELLMANN, P. 100
MENDELSSOHN BARTHOLDY, A. 81
MENZE, C. 70, 99
MEVES, U. 75
MEYER, A. 81
MEYER, F. 99
MIGNOT, C. 68
MILDENBERGER, F. 75
MILKAU, F. 38
MIX, Y.-G. 67
MOLISCH, P. 78
MORAW, P. 80, 82
MORUS, I. R. 73
MÜLLER, D. K. 87
MÜLLER, G. 80
MÜLLER, H.-H. 75
MÜLLER, R. A. 28, 62, 78, 82
MUELLER-BENEDICT, V. 85
MÜLLER-ROLLI, S. 100
MÜSEBECK, E. 71
MUHLACK, U. 74, 79, 84
MUNDHENKE, H. 59
MURKEN, A. H. 76
MUSOLFF, H.-U. 100

NÄGELKE, H.-D. 81
NAUCK, E. T. 84
NEIGEBAUR, J. D. F. 60
NEUERER, K. 98
NEUGEBAUER, W. 25, 57, 62, 69, 77, 88, 93, 102
NEUKUM, J. 70, 93, 94
NEUMANN, E. 79
NEWALD, R. 66
NIPPERDEY, T. 8, 12, 18, 63, 78, 102
NOHL, H. 66

NORTH, J. 76
NOWAK, K. 77

OBENAUS, S. 105
O'BOYLE, L. 62
OSTEN, G. VON DER 68

PABST, K. 102
PARR, R. 102
PARTHIER, B. 101
PASLACK, R. 73
PAULSEN, F. 12, 42f., 48, 63, 74, 78, 89–92, 94
PETRY, L. 79
PFEIFFER, R. 74
PFETSCH, F. R. 62, 73
PIERETH, W. 104
PLUMPE, G. 67
POGGI, S. 66
POMMERIN, R. 80
POTEN, B. 95
POTTMEYER, H. J. 76
PRAHL, H.-W. 79
PRIESNER, C. 102

RADBRUCH, G. 77
RAEBURN, M. 68
RASSEM, M. 85
REBENICH, S. 77
REBLE, A. 88, 93, 100
REICHLE, W. 71
REIFENRATH, B. H. 100
RENNER, K. 60
RIES, K. 80
RIESE, R. 79
RINGER, F. K. 29, 82, 84
RITZI, C. 71, 87
ROBERTS, J. 78
RÖCKE, W. 75
RÖD, W. 66
ROEDER, M. 86
ROELLECKE, G. 69
RÖSENER, W. 64
ROESSLER, W. 63, 95
ROGALLA VON BIEBERSTEIN, J. 104
ROHLS, J. 76
ROMBERG, H. 70, 90
ROTH, R. 94
RÜCKERT, J. 77
RÜEGG, W. 65, 78, 82
RÜRUP, R. 80
RÜSEN, J. 74, 84

SACHSE, A. 72
SANDFUCHS, U. 87
SAUTERMEISTER, G. 67
SCHAMBACH, S. 89
SCHELSKY, H. 23, 59, 69
SCHENDA, R. 67
SCHEUCH, E. K. 81
SCHIEDER, T. 73, 102
SCHIERA, P. 64
SCHLEUNES, K. A. 70, 88
SCHLING-BRODERSEN, U. 76
SCHLÜTER, A. 60
SCHMALE, W. 87
SCHMEISER, M. 83
SCHMID, H.-D. 99
SCHMID, U. 67
SCHMIDT, G. 84
SCHMIDT, H. 102
SCHMIDT, S. 80
SCHMIED, A. 60
SCHMIEL, M. 52, 96
SCHMITZ, K. 95
SCHMITZ, W. 102
SCHNABEL, F. 90, 102
SCHNÄDELBACH, H. 66
SCHNEIDER, B. 71
SCHNEIDER, M. 69
SCHNEIDERHAN, J. 60
SCHOCHOW, W. 103
SCHÖFER, R. 96
SCHÖNEMANN, B. 91, 98
SCHOEPS, H.-J. 66
SCHREINER, K. 64
SCHREY, H. 75
SCHUBRING, G. 70, 81, 86, 98
SCHÜTTE, F. 60
SCHULIN, E. 74
SCHULZ, G. 66 f.
SCHWABE, K. 84
SCHWAIGER, G. 76
SCHWARZ, A. 73
SCHWEIM, L. 60
SCHWINGES, R. C. 65, 70, 78, 81 f.
SDVIŽKOV, D. 65
SEIDEL, R. 80
SELLE, G. VON 59, 80
SENGLE, F. 67
SHEEHAN, J. J. 103
SHIELDS, E. 78
SIEMANN, W. 104 f.
SING, A. 72
SMEND, R. (d. Ä.) 101
SMEND, R. (d. J.) 19, 77, 101

SOCHATZKY, K. 90
SOLOMON, R. C. 66
SPÖRL, A. 99
SPÖRL, J. 80
SPRANGER, E. 69
SPRENGEL, P. 67
SRBIK, H. RITTER VON 74
STICHWEH, R. 16, 73
STICKLER, M. 85
STIEHL, F. 70
STÖBER, R. 105
STOLL, A. 77
STOLLEIS, M. 75
STRATMANN, K. 60
STÜBIG, H. 35, 55, 95, 100
SYNWOLDT, J. 97

TEICHLER, U. 77
TENORTH, H.-E. 54, 82
TITZE, H. 83, 86, 99
TRABANT, J. 75
TRAEBERT, W. E. 96
TREUE, W. 71
TRIBE, K. 74
TURNER, R. S. 24, 26, 30 f., 78, 82, 85

UEDING, G. 67
UHLIG, C. 99

VANDRÉ, R. 98
VARRENTRAPP, C. 71
VIERHAUS, R. 63 f., 84 f.
VOGEL, W. 71
VOIGT, J. H. 80
VOLKERT, K. 77
VOSODECK, P. 103
VOSS, L. 89

WACHTER, A. 93
WALTER, P. T. 101
WALTHER, G. 77
WASZEK, N. 74
WEBER, W. 96
WEBER, W. E. J. 78, 82
WEBLER, W.-D. 77
WEHLER, H.-U. 86
WEIGERT, H. 68
WEIMAR, K. 75
WENDEHORST, A. 80
WIDMANN, H. 105
WIEACKER, F. 75
WIEDERHOLD, K. A. 98
WIEMERS, G. 101

WIESE, L. 90
WILLETT, O. 82
WINKEL, H. 74
WITTKAU-HORGBY, A. 74
WITTMANN, R. 1, 105
WÖRNER, K. H. 68
WÜLFING, W. 102

WYSS, U. 75
ZICHE, P. 80
ZIEGLER, E. 104 f.
ZIEGLER, T. 66
ŽMEGAČ, V. 67
ZWECKBRONNER, G. 76

3. Orts- und Sachregister

Aachen 33
Abitur s. Oberschulen
Adel 30, 49
Ästhetizismus 9
Akademien der Wissenschaften 27, 36 f., 100–102
- Akademiekartell 101
- Akademieschriften 36
- Akademieunternehmen 36, 72, 102
Akademiker 28
Alphabetisierung 1, 48
Altdorf 22
Altphilologie s. Klassische Philologie
Anarchismus 13
Anglistik 18, 74 f.
Antisemitismus 32
Arbeiterbildungsvereine 5
Architektur, Baukunst 9, 10, 68
Archiv 103, 104
Aristoteles 36
Astronomie 20, 76
Atheismus 13
Aufklärung 6, 7, 12 f., 19, 22 f., 55, 101
Augsburg 3, 34

Baden 43 f., 89, 91
Bamberg 34
Basel 6
Bayern 23, 29, 34 f., 40, 43, 51–54, 58, 60, 62 f., 70–72, 78 f., 81, 88, 91, 93–95, 98 f., 102
Bayreuth 10
Beamten 28
Befreiungskriege 26, 31 f.
„Berechtigungswesen" 44
Berlin 3, 4, 9 f., 12, 14, 18, 21–23, 26 f., 29, 33–37, 39, 51 f., 56, 61, 69, 71 f., 79 f., 84, 87, 97, 101–103

Berufsbildung 62, 100
Bevölkerungsanstieg 30
Bibliothek 5, 25, 37 f., 40, 102–104
- Bibliothekare 38, 103
- Bibliotheksbauten 38
- Forschungsbibliotheken 37
- Handschriften 37 f.
- Hofbibliotheken 37
- Inkunabeln 37 f.
- Kataloge 38, 103
- Klosterbibliotheken 37
- Leihbibliotheken 5, 103
- Nationalbibliothek 37
- Universitätsbibliotheken 25, 37
- Zentralbibliotheken 37
„Biedermeier" 6–9, 67
Bildende Kunst 2, 5 f., 66 f.
Bilderbögen 4
Bildung 12, 33, 63–65
- Bildungschancen 87
- Bildungsfinanzierung 47 f., 73, 81, 88
- Bildungsföderalismus 57 f., 60, 88, 93
- Bildungsforschung 58, 61–63, 65, 100
- Bildungsidee 63, 71
- „Bildungskanon" 65
- Bildungsreformen 28, 42, 53, 57, 60, 68–72, 79, 87, 92
- „Bildungsrevolution" 12
Biologie 20, 76
- Mikrobiologie 21
- „Neovitalismus" 20
- Zellteilung 20
- Zoologie 20
Bochum 51
Bonn 22, 34, 79
Braunsberg 34

Braunschweig 33, 38, 91
Breslau 4, 22, 29, 79 f.
Buchhandel, Buchmarkt 4, 5, 105
- „Börsenverein der deutschen Buchhändler" 4
- Buchpreisbindung 4 f.
Bürger, Bürgertum 28, 30, 49, 64
- Besitzbürgertum 31, 83
- Bildungsbürgertum 28–31, 63, 83
- Kleinbürgertum 30 f.
Bürokratisierung 27
Bützow 22

Charlottenburg 33
Chemie 20, 76
Chicago 60
Christentum, christliche Religion 13
- Heilsgeschichte 13
- Neues Testament 13
Clausthal 33
Collegesystem 31

Darmstadt 33, 80
Darwinismus 8, 20
„Dekadenz" 8, 15
Denkströmungen 11
„Deutsche Bewegung" 7
„Deutscher Polizeiverein" 5
Deutschland 14, 34, 36, 38, 57, 87
- Altes Reich 30
- Deutsche Nationalversammlung (1848/49) 29
- Deutscher Bund 2
- Deutscher Bundestag (Frankfurt/M.) 26
- Deutsches Reich 4, 18, 28–30, 32, 35, 52, 61, 77, 83 f., 94 f., 99
Deutschunterricht 97
Dichtung s. Literatur
Dillingen 22, 34
Disziplinierung 93
Dozenten s. Nichtordinarien, Privatdozenten
Dresden 4, 10, 33 f., 39, 80
Drucktechnik 1 f.
Duisburg 87

Eberswalde 34
Editionswissenschaft 17
Eichstätt 34
„Einsamkeit und Freiheit" 23, 31
Eisenach 34
Emanzipation 8, 89

England s. Großbritannien
„Entfremdung" 8
Enzyklopädie 65
Epigonentum 7
Erdgeschichte 20
Erfurt 22, 36
Erlangen 22, 80, 82
Exzellenzprinzip 23

Fachschulen 50 f., 96
- Ackerbauschulen 51
- Baugewerkschulen 51
- Bergschulen 51
- „Fortbildungsschulen" 51, 95 f.
- Gewerbeschulen 40, 45, 51, 95 f.
- Handelsschulen 52
- Hauswirtschaftsschulen 52
- Kaufmännische Schulen 52, 97
- Kunstgewerbliche Fachschulen 52
- Landwirtschaftsschulen 52, 96
- Maschinenbauschulen 51
- Textilfachschulen 52
Familie 55 f.
Forschung und Lehre 23–26, 33, 81, 101
Forschungsanstalten, Forschungsinstitute 25, 81 f.
Forschungsfinanzierung s. Wissenschaftsfinanzierung
Fortwirtschaft 34
„Fragment" 6
Frankfurt/Main 3 f., 29, 35, 103
Frankfurt/Oder 22
Frankreich 11, 14, 23, 31 f., 37 f., 63, 84
Freiberg 33
Freiburg/Br. 4, 22, 29, 84
Freier Schriftsteller 5
Freising 34
Fulda 34

Geisteswissenschaften 14 f., 61, 74, 81, 83, 100
Gemeinden s. Kommunen
„Geniekult" 6
Geographie 35
Geologie 20
Germanistik 17 f., 75
„Germanische Altertumskunde" 17
„Geschichtspolitik" 72
Geschichtsunterricht 98
Geschichtswissenschaft Geschichtsschreibung 6, 16, 29, 35, 65, 74, 82

Register

- Alte Geschichte 16
- Historische Kommission bei der Bayerischen Akademie der Wissenschaften 16, 102
- Kulturgeschichte 17
- Mediävistik 16
- Monumenta Germaniae Historica 16, 102
- Politische Geschichte 17
Gesellschaft 19, 26, 30, 87, 93
Gießen 22, 80, 82
„Goethezeit" 7
Göttingen 22f., 36f., 59, 80f., 101
- „Göttinger Sieben" (1837) 29
Gotha 4
Grammophon 2
Greifswald 22, 25, 80
Griechenland 12
Grimma 44
Großbritannien 14, 31 f., 37, 63
Gütersloh 4
Gymnasien s. Oberschulen

Habilitation 27, 83
Habsburgerreich s. Österreich
Halle 3, 22f., 80f., 101
Hamburg 4, 44
Handelskammern 35
Hannover (Stadt) 33f., 59, 80
Hannover (Königreich) 44, 99
Hannoversch Münden 34
Heidelberg 22, 37
Helmstedt 22
Herborn 22
Hessen 44, 52, 71, 88, 93, 99
Historismus 10, 12f., 15, 17–19, 38, 58, 62, 66, 73f.
Hochschulen (s. auch Universitäten, Technische Hochschulen) 32f., 62, 69, 77
- Forstakademien 34
- Handelshochschulen 34f.
- Landwirtschaftliche Hochschulen 34
- Philosophisch-Theologische Hochschulen 24, 34
- Tierärztliche Hochschulen 34
Hochschulbau 80f.
Hochschulpolitik 72, 81
Höhere Schulen s. Oberschulen
Hohenheim 34
Humanität (s. auch Neuhumanismus) 6, 55

Idealismus 11, 15
„Ideenschmuggel" 2
Illustrationsverfahren 2
Impressionismus 9, 11
Individualismus 15
Ingenieurwissenschaften 33 f.
Ingolstadt 24, 28, 82
Innerlichkeit 7
Institutionalisierung 73, 100f.
Islam 19

Jena 22, 29, 31 f., 80
Juden, Judentum 29
Jugendstil 9, 10
„Junges Deutschland" 2, 6–8

Kapitalismus 8
„Karlsbader Beschlüsse" (1819) 2, 25, 32
Karlsruhe 33, 39, 50
Kassel 38
Katholizismus 7, 13, 17, 19, 25, 28f., 43, 57, 64, 76
- „Katholisches Bildungsdefizit" 28f., 34, 64
- Katholische Universität 34
- Katholische Lehrorden 50
Kiel 22, 29, 36
Kindergarten 55
Kirche, Kirchen 19, 27, 30, 46, 50, 88, 94, 97
Klassenkonflikte 93
Klassik 6f., 10
Klassikerausgaben 4
Klassische Altertumswissenschaften 17, 74
Klassische Philologie 18
Klassisches Altertum 6, 12
Klassische Sprachen 98
Klassizismus 9, 67
Köln 3, 22, 35, 89
Königsberg 11, 22, 80
„Kolportage" 4
Kommunen 47–49, 70, 88, 97
Kommunikation 1
- Kommunikationskontrolle 2
Konversationslexika 4
Kriegsakademien s. Militärakademien
„Kriegswissenschaften" 35
Kulturhoheit der Länder 57
„Kulturindustrie" 67
Kulturoptimismus 62
„Kulturstaat" 23, 25, 69, 72

Kulturtechniken 1
Kultusminister, Kultusministerium 26f., 42, 49, 71
Kunstgeschichte 75
„Kunstperiode" 7

Landshut 24, 28, 82
Landwirtschaft 34
Lehrlingsausbildung 96
Lehrer, Lehrerinnen 31, 42, 47, 53f., 94, 98
- Gymnasiallehrer, „Philologen" 42f., 54, 98f.
- Gymnasialseminare 98
- Hilfsschullehrer 99
- Lehrerbildung 47, 53f., 62, 99
- Lehrerinnenbildung 50
- Lehrermangel 54
- Lehrerseminare 53f., 99
- Lehrervereine 54, 99
- „Oberlehrer" 55, 99
- „Präparandenanstalt" 54
- „Schulprogramme" 55
- Staatsexamen 42, 54f.
- Volks- und Elementarschullehrer 49, 53f., 62, 99
Lehrfreiheit 26, 33
Leipzig 4, 22, 25, 35–37, 101
Lernfreiheit 26, 33
Lesegesellschaften, Lesevereine 5
„Leserevolution" 1
Lesergeschichte 105f.
Literarische Agenturen 5
„Literarische Kabinette" 3
Literatur, Dichtung 5f., 14, 65–67, 104
- Geschichtsdramen 6
- Historische Dichtung 8
- Oppositionsdichtung 7
- Zeit- und Gesellschaftsroman 8
Literaturwissenschaften, Literaturgeschichte 17f.
Löwen 34
Lyzeum 24, 42–44, 78

Mädchenbildung 45, 49f., 89, 95
- Hauswirtschaftsschulen 52
- Mädchengymnasien 50
- Mädchenpensionate 49f.
- Mädchenschulen 50, 61
- Mittlere Töchterschulen 49f.
Mainz 22, 34
Malerei 9, 67f.

- Historienmalerei 9
- Landschaftsmalerei 9
- „Nazarener" 9
- Porträtmalerei 9
Marburg 22, 29
Mathematik 19f., 33, 35, 76, 81
Materialismus 73
Mechanisierung 1
Medizin 20f., 27, 76
- Bakteriologie 21
- Chirurgie 21
- Eugenik 21
- Pharmazeutik 21
- Serologie 21
- Veterinärmedizin 34
- Zellforschung 21
- „Zellularpathologie" 21
Meinungslenkung 3
Meißen 44
Metz 34
Militärakademien 35, 95
- „Allgemeine Kriegsschule" 35
- Marineakademie 36
Militärdienst 44, 54
Militärschulen 52, 95
- Kadettenanstalten 52f.
Minden 87
Mittelalter 7, 9
Mittelschichten 44
Moderne, Modernität, Modernisierung 8, 16, 93
„Monismus" 20
München 4, 9, 22, 24, 28, 33–37, 39, 80, 82, 101
Münster 22, 80
Museum 38f., 65, 103f.
- Ausstellungen 38
- Fürstenmuseen 38
- Kulturhistorische Museen 39, 103
- Kunstgewerbemuseen 39
- Kunstmuseen 39, 103
- „Kunst- und Naturalienkammern" 38
- „Louvre" 38
- Naturwissenschaftliche Museen 39
- Sammlungen 40
- Technik- und Industriemuseen 39
Musik 2, 5f., 10, 14, 66, 68
- Kammermusik 10
- Kunstlied 10
- Musikdrama 10
- Oper 10
- Operette 10

- „Programm-Musik" 10
- sinfonische Musik 10
- Unterhaltungsmusik
- „Wiener Klassik" 10
Mythologie 11, 17

Nachdruck 4
Narzissmus 9
„Nationalbildung" 92
Nationalerziehung 55 f., 60, 100
Nationalismus 75, 79, 84, 97
Nationalökonomie s. Ökonomie
Naturalismus 6, 8 f.
Naturrecht 18
Naturwissenschaften 6, 14, 19, 30, 33, 61, 73 f., 76 f., 81, 83
Neogotik 10
Neorenaissance 10
Neuhumanismus 12, 17, 22, 41, 43 f., 74, 90, 92
Neupietismus 19
Neuromantik 9
Nichtordinarien 26–28, 84
Nihilismus 15
Nürnberg 4, 39, 103

Oberschulen 41, 49, 89 f.
- Abitur, Matura, Reifeprüfung 41 f., 44, 50, 53
- „Fürstenschulen" 44
- „Gelehrtenschulen" 41, 44, 94
- Gymnasien 41–45, 49 f., 54 f., 60, 89–91, 94 f.
- Klosterschulen 41, 43
- Lateinschulen 41–44, 94
- Lyzeen 42–44
- Oberrealschulen 45
- „Primareife" 44
- Realgymnasien 45, 53
- Ritterakademien 41
- „Sekundareife" 44
Öffentlichkeit, Öffentliche Meinung 3, 104
Ökonometrie 77
Ökonomie (s. auch Volkswirtschaftslehre) 16–18, 30, 74
Österreich 2, 4, 24, 33, 35, 37, 42 f., 53, 62 f., 72, 78, 83, 85, 100
Offiziersausbildung 35
Ordinarien s. Professoren
Orientierungswissenschaft 22

Paderborn 34

Pädagogik 12, 48, 53–56, 58, 60, 62 f., 100
Parlament, Parlamentarier 27, 84
Paris 38, 84
Parteien 72
Passau 34
Patriotismus 56, 94, 102
Pelplin 34
Periodika s. Presse, Zeitschriften, Zeitungen
Pessimismus 14
Philosophie 6, 11 f., 22, 29, 35, 66, 76
- Dialektik 12
- Empirismus 13
- Erkenntniskritik 11
- Ethik 11
- Geschichtsphilosophie 11, 66
- Hegelianismus, Neuhegelianisums 14 f.
- „Kategorischer Imperativ" 11
- Lebensphilosophie 15
- Logik 12, 15
- Materialismus 13 f.
- Naturphilosophie 11, 13
- Neuaristotelismus 15
- Neukantianismus 14
- Philosophiegeschichte 15
- Religionsphilosophie 11
- Sensualismus 13
- „Verstehen" 15
- Voluntarismus 14
- „Wille zur Macht" 15
Phonograph 2
Physik 20, 35
- Spektralanalyse 20
- Thermodynamik 20
Plastik 68
Polen 63
Politik 16, 61, 85
Politische Erziehung 100
Politische Wissenschaften 74
Politisierung 26, 32
Prag 4
Presse 2 f., 27, 104
- „Preßbüros" 3, 104
- Pressepolitik 104
Preußen 3, 5, 10, 17, 22 f., 29, 33–35, 40–43, 45 f., 49, 51, 53–55, 57 f., 60, 62 f., 69–72, 78, 81 f., 90 f., 93, 95, 98–100, 103
Privatdozenten 26–28, 83 f.
Professoren 26–28, 31, 81–85
- Gelehrtenkorrespondenzen 61, 81

- Karriererisiken 83
- Karrierezyklen 83
- „Politische Professoren" 29, 84
Promotionswesen 27, 82
Protestantismus 13, 19, 25, 29, 43, 58, 76, 82
Prüfungswesen 81 f.
Psychologie 15
Publikationsfreiheit 26
Publizistik s. Presse

Rationalismus 19
Realismus 6 f., 67
Realschulen s. Schulen
Rechtswissenschaft, Jurisprudenz 18, 75, 82
- Deutsches Recht 18
- Historische Rechtsschule 18
- Interessenjurisprudenz 18
- Juristischer Positivismus 18
- Privatrecht 75
- Römisches Recht 18
- Staatsrecht 18, 75
- Verwaltungsrecht 18
Reform, Reformzeit 22, 41 f., 55, 60, 69, 95, 104
Reformation 19, 94
Regensburg 34
Reichsgründung 6, 29, 31 f., 37, 43, 48, 55, 57, 89, 93
Reichspressegesetz (1874) 2
Religion 7, 16, 19
Religionskritik 13, 15
Religionsunterricht 98
Renaissance 9
Restaurationszeit 2, 6, 24
Revolution 8, 24, 26, 32, 38, 47, 79, 87, 104
Rheinbund 2, 23
Rinteln 22
Romanistik 17, 74 f.
Romantik 7, 9–11, 17, 19 f., 67
Rostock 22
Russland 63

Sachsen 43 f., 53
Säkularisation (1803) 28, 37 f., 64
Säkularisierung 19, 65, 88, 94
Schleswig-Holstein 99
Schulen (s. auch Fachschulen, Oberschulen) 40, 60, 86 f.
- „Bürgerschulen" 44
- „Entlaßzeugnis" 46

- Fabrikschulen 46
- Handelsschulen 41
- Hilfsschulen 48, 97
- Industrieschulen 45
- Klassenfrequenzen 49
- Konfessionsschulen 48, 64, 88
- Ländliche Elementarschulen 46, 49, 87, 93
- Lehrpläne 42, 46–48, 89
- Lehr- und Lernmittel 47, 60, 98
- Mittelschulen 45 f., 49, 94 f.
- „Pflege- und Bewahranstalten" 48
- Privatschulen 46, 48, 87
- Realschulen 41, 43–45, 94 f.
- „Rettungshäuser" 48
- Schülerzahlen 47
- Schulbauten 47 f., 98
- Schulbibliotheken 47
- Schulferien 47
- Schulfinanzierung s. Bildungsfinanzierung
- Schulstatistik 61
- Schulträger 88
- Schulverwaltung 87
- Seminare 43
- „Simultanschulen" 48, 64, 88, 99
- „Trivialschulen" 53
- Volksschulen 45–49, 92–94, 97
Schulaufsicht 42, 46 f., 88, 94
Schulgesetzgebung 60, 87
Schulkonferenzen (1890, 1900) 45, 61, 72, 92
Schulpflicht 46 f.
Schulpolitik 60, 70, 87 f.
Schweiz 4, 33, 51, 55
Selbstverwaltung 73
Sozialismus 14
Sozialreform 30, 84
Sozialstruktur 87
Sozialwissenschaften 17, 19
Spätzeiterfahrung 8
Spezialisierung 25
Spezialschulen 23, 69
Sprachwissenschaften 17
Staat 19, 24–27, 30, 44, 46 f., 56, 87, 89 f., 93
Staats- und Verwaltungsdienst 44
Staatswissenschaften 18, 74
Städte s. Kommunen
Statistik 18, 77
„Stiehlsche Regulative" 47, 54, 70 f.
Straßburg 22, 34, 37
Studenten 24, 26, 30, 85

Register

- Frequenzen 24, 30, 79
- Selbsterziehungsprinzip 31, 85
- Verbindungs- und Korporationswesen 31f., 85f.
- Studienrat s. Lehrer (Gymnasiallehrer)
- „Sturm und Drang" 6
- Stuttgart 3, 4, 33f., 39, 80
- Symbolik 17
- Symbolismus 9
- „System Althoff" 27

- Technik 33, 76, 96
- Technische Fachschulen (s. auch Fachschulen) 33
- „Höhere Gewerbeschulen" 33
- „Polytechnische Schulen" 33, 59
- Bauakademien 33
- Bergakademien 33
- Technische Hochschulen 33, 59, 80
- Textkritik 17
- Tharandt 34
- Theologie 13, 19, 75f.
- Dogmengeschichte 19
- Historische Theologie 19
- Kirchengeschichte 19
- Praktische Theologie 19
- Systematische Theologie 19
- Tierheilkunde s. Veterinärmedizin
- Tradition 8, 12, 14
- Trier 34
- Tübingen 22, 64, 85

- Universität 23–27, 31, 33f., 41, 43, 55, 58–61, 65, 69, 75, 77–81, 83–85
- Assistenten 83
- Fakultäten 24f., 27f., 30f., 34, 60, 76
- „Forschungsuniversität" 25
- Hospize 31
- Institute 25, 60, 81
- Kollegiengelder 26, 28
- Konfessionsprofessuren 29
- Konvikte 31
- Korporationsegoismus 27
- Laboratorien 25
- Landesuniversität 23f.
- Lehrbefugnis 26
- Matrikel 59, 85
- „Mittagstische" 31
- „Modelluniversität" 79
- Nationaluniversität 23
- „Nationes" 24
- Regierungsbevollmächtigte 25f.

- Rektoren 33
- Seminare 25, 34, 60, 81
- Stifte 31
- Studiengebühren 26
- „Überfüllungskrisen" 30, 83, 85
- Universitätsarchive 59
- Universitätsfinanzierung s. Bildungsfinanzierung
- Universitätsidee 27, 59, 70
- Universitätskanzler 80f.
- Universitätskliniken 25
- Universitätskuratoren 25
- Universitätsschließungen 28, 30
- Universitätsverfassung 31, 80
- Vorlesungsverzeichnisse 59
- Unterhaltungsliteratur 5
- Unterschichten 28, 31, 44, 46, 94
- Urheberrecht 4f.
- USA 37, 63

- Vereine 39f., 102f.
- Akademisch-gesellige Vereine 40
- Bildungsvereine 102
- Elternvereine 50
- Geschichts- und Altertumsvereine 39, 102
- Historische Kommissionen 102
- Technische Vereine 39, 102
- Verfassung 64, 91
- Verlage, Verlagswesen 4, 105
- Verona 35
- Volk 56
- Volksbildung 62, 103
- Volkslied 7
- Volksmärchen 7
- Volksschriftenvereine 5
- Volkswirtschaftslehre (s. auch Ökonomie) 18
- Finanzwissenschaft 18
- Kameralismus 18
- Volkswirtschaftspolitik 18
- Vormärz 5, 12, 26, 79, 94, 97
- „Wartburgfest" (1817) 32
- Weihenstephan 34
- Weimar 6
- „Weltalter" 11
- Weltanschauungen 11
- Wien 3f., 10, 19, 33, 35–37
- Wirtschaft 27, 30, 34
- Wirtschaftswissenschaften s. Ökonomie, Staatswissenschaften, Volkswirtschaftslehre

Wissenschaft 13, 16, 22f., 25f., 61,
  63, 66, 73, 75, 85
- „idiographische Wissenschaften"
  14
- „nomothetische Wissenschaften"
  14
Wissenschaftsakademien s. Akademien
  der Wissenschaften
Wissenschaftsfinanzierung, Wissen-
  schaftsförderung 27, 61 f., 73, 79
Wissenschaftsfreiheit 73
Wissenschaftspopularisierung 73
Wittenberg 22
Wissenschaftspolitik 71–73, 77
Württemberg 43, 60, 89, 91, 93
Würzburg 22, 80

Zeitschriften 2f., 104f.
- „Daheim" 3
- „Deutsche Jahrbücher" 3
- „Die Gartenlaube" 3
- „Fliegende Blätter" 4
- „Göttingische Gelehrte Anzeigen"
  36

- „Hallische Jahrbücher" 3
- „Historisch-politische Blätter für das
  katholische Deutschland" 3
- „Kladderadatsch" 4
- „Morgenblatt für gebildete Stände"
  3
- „Preußische Jahrbücher" 4
- „Über Land und Meer" 3
Zeitungen 3, 5, 104 f.
- „Augsburger Allgemeine Zeitung"
  3
- „Berliner Politisches Wochenblatt"
  3
- „Frankfurter Zeitung" 3
- „Kölnische Zeitung" 3
- „Neue Freie Presse" 3
- „Norddeutsche Allgemeine
  Zeitung" 3
- „Spenersche Zeitung" 3
- „Vossische Zeitung" 3

Zensur 2, 26, 104f.
Zürich 33

Enzyklopädie deutscher Geschichte
Themen und Autoren

Mittelalter

Agrarwirtschaft, Agrarverfassung und ländliche Gesellschaft im Mittelalter (Werner Rösener) 1992. EdG 13
Adel, Rittertum und Ministerialität im Mittelalter (Werner Hechberger) 2004. EdG 72
Die Stadt im Mittelalter (Frank Hirschmann)
Die Armen im Mittelalter (Otto Gerhard Oexle)
Frauen- und Geschlechtergeschichte des Mittelalters (Hedwig Röckelein)
Die Juden im mittelalterlichen Reich (Michael Toch) 2. Aufl. 2003. EdG 44

Gesellschaft

Wirtschaftlicher Wandel und Wirtschaftspolitik im Mittelalter (Michael Rothmann)

Wirtschaft

Wissen als soziales System im Frühen und Hochmittelalter (Johannes Fried)
Die geistige Kultur im späteren Mittelalter (Johannes Helmrath)
Die ritterlich-höfische Kultur des Mittelalters (Werner Paravicini) 2. Aufl. 1999. EdG 32

Kultur, Alltag, Mentalitäten

Die mittelalterliche Kirche (Michael Borgolte) 2. Aufl. 2004. EdG 17
Mönchtum und religiöse Bewegungen im Mittelalter (Gert Melville)
Grundformen der Frömmigkeit im Mittelalter (Arnold Angenendt) 2. Aufl. 2004. EdG 68

Religion und Kirche

Die Germanen (Walter Pohl) 2. Aufl. 2004. EdG 57
Die Slawen in der deutschen Geschichte des Mittelalters (Thomas Wünsch)
Das römische Erbe und das Merowingerreich (Reinhold Kaiser) 3., überarb. u. erw. Aufl. 2004. EdG 26
Das Karolingerreich (Klaus Zechiel-Eckes)
Die Entstehung des Deutschen Reiches (Joachim Ehlers) 2. Aufl. 1998. EdG 31
Königtum und Königsherrschaft im 10. und 11. Jahrhundert (Egon Boshof) 2. Aufl. 1997. EdG 27
Der Investiturstreit (Wilfried Hartmann) 3., überarb. u. erw. Aufl. 2007. EdG 21
König und Fürsten, Kaiser und Papst nach dem Wormser Konkordat (Bernhard Schimmelpfennig) 1996. EdG 37
Deutschland und seine Nachbarn 1200–1500 (Dieter Berg) 1996. EdG 40
Die kirchliche Krise des Spätmittelalters (Heribert Müller)
König, Reich und Reichsreform im Spätmittelalter (Karl-Friedrich Krieger) 2., durchges. Aufl. 2005. EdG 14
Fürstliche Herrschaft und Territorien im späten Mittelalter (Ernst Schubert) 2. Aufl. 2006. EdG 35

Politik, Staat, Verfassung

Frühe Neuzeit

Bevölkerungsgeschichte und historische Demographie 1500–1800 (Christian Pfister) 2. Aufl. 2007. EdG 28

Gesellschaft

Umweltgeschichte der Frühen Neuzeit (Reinhold Reith)
Bauern zwischen Bauernkrieg und Dreißigjährigem Krieg (André Holenstein) 1996. EdG 38
Bauern 1648–1806 (Werner Troßbach) 1992. EdG 19
Adel in der Frühen Neuzeit (Rudolf Endres) 1993. EdG 18
Der Fürstenhof in der Frühen Neuzeit (Rainer A. Müller) 2. Aufl. 2004. EdG 33
Die Stadt in der Frühen Neuzeit (Heinz Schilling) 2. Aufl. 2004. EdG 24
Armut, Unterschichten, Randgruppen in der Frühen Neuzeit (Wolfgang von Hippel) 1995. EdG 34
Unruhen in der ständischen Gesellschaft 1300–1800 (Peter Blickle) 1988. EdG 1
Frauen- und Geschlechtergeschichte 1500–1800 (N. N.)
Die deutschen Juden vom 16. bis zum Ende des 18. Jahrhunderts (J. Friedrich Battenberg) 2001. EdG 60

Wirtschaft
Die deutsche Wirtschaft im 16. Jahrhundert (Franz Mathis) 1992. EdG 11
Die Entwicklung der Wirtschaft im Zeitalter des Merkantilismus 1620–1800 (Rainer Gömmel) 1998. EdG 46
Landwirtschaft in der Frühen Neuzeit (Walter Achilles) 1991. EdG 10
Gewerbe in der Frühen Neuzeit (Wilfried Reininghaus) 1990. EdG 3
Kommunikation, Handel, Geld und Banken in der Frühen Neuzeit (Michael North) 2000. EdG 59

Kultur, Alltag, Mentalitäten
Renaissance und Humanismus (Ulrich Muhlack)
Medien in der Frühen Neuzeit (Andreas Würgler)
Bildung und Wissenschaft vom 15. bis zum 17. Jahrhundert (Notker Hammerstein) 2003. EdG 64
Bildung und Wissenschaft in der Frühen Neuzeit 1650–1800 (Anton Schindling) 2. Aufl. 1999. EdG 30
Die Aufklärung (Winfried Müller) 2002. EdG 61
Lebenswelt und Kultur des Bürgertums in der Frühen Neuzeit (Bernd Roeck) 1991. EdG 9
Lebenswelt und Kultur der unterständischen Schichten in der Frühen Neuzeit (Robert von Friedeburg) 2002. EdG 62

Religion und Kirche
Die Reformation. Voraussetzungen und Durchsetzung (Olaf Mörke) 2005. EdG 74
Konfessionalisierung im 16. Jahrhundert (Heinrich Richard Schmidt) 1992. EdG 12
Kirche, Staat und Gesellschaft im 17. und 18. Jahrhundert (Michael Maurer) 1999. EdG 51
Religiöse Bewegungen in der Frühen Neuzeit (Hans-Jürgen Goertz) 1993. EdG 20

Politik, Staat, Verfassung
Das Reich in der Frühen Neuzeit (Helmut Neuhaus) 2. Aufl. 2003. EdG 42
Landesherrschaft, Territorien und Staat in der Frühen Neuzeit (Joachim Bahlcke)
Die Landständische Verfassung (Kersten Krüger) 2003. EdG 67
Vom aufgeklärten Reformstaat zum bürokratischen Staatsabsolutismus (Walter Demel) 1993. EdG 23
Militärgeschichte des späten Mittelalters und der Frühen Neuzeit (Bernhard R. Kroener)

Themen und Autoren 167

Das Reich im Kampf um die Hegemonie in Europa 1521–1648 (Alfred Kohler) 1990. EdG 6
Altes Reich und europäische Staatenwelt 1648–1806 (Heinz Duchhardt) 1990. EdG 4

Staatensystem, internationale Beziehungen

19. und 20. Jahrhundert

Bevölkerungsgeschichte und Historische Demographie 1800–2000 (Josef Ehmer) 2004. EdG 71
Migrationen im 19. und 20. Jahrhundert (Jochen Oltmer)
Umweltgeschichte im 19. und 20. Jahrhundert (Frank Uekötter) 2007. EdG 81
Adel im 19. und 20. Jahrhundert (Heinz Reif) 1999. EdG 55
Geschichte der Familie im 19. und 20. Jahrhundert (Andreas Gestrich) 1998. EdG 50
Urbanisierung im 19. und 20. Jahrhundert (Klaus Tenfelde)
Von der ständischen zur bürgerlichen Gesellschaft (Lothar Gall) 1993. EdG 25
Die Angestellten seit dem 19. Jahrhundert (Günter Schulz) 2000. EdG 54
Die Arbeiterschaft im 19. und 20. Jahrhundert (Gerhard Schildt) 1996. EdG 36
Frauen- und Geschlechtergeschichte im 19. und 20. Jahrhundert (N. N.)
Die Juden in Deutschland 1780–1918 (Shulamit Volkov) 2. Aufl. 2000. EdG 16
Die deutschen Juden 1914–1945 (Moshe Zimmermann) 1997. EdG 43

Gesellschaft

Die Industrielle Revolution in Deutschland (Hans-Werner Hahn) 2., durchges. Aufl. 2005. EdG 49
Die deutsche Wirtschaft im 20. Jahrhundert (Wilfried Feldenkirchen) 1998. EdG 47
Agrarwirtschaft und ländliche Gesellschaft im 19. Jahrhundert (Stefan Brakensiek)
Agrarwirtschaft und ländliche Gesellschaft im 20. Jahrhundert (Ulrich Kluge) 2005. EdG 73
Gewerbe und Industrie im 19. und 20. Jahrhundert (Toni Pierenkemper) 2., um einen Nachtrag erw. Auflage 2007. EdG 29
Handel und Verkehr im 19. Jahrhundert (Karl Heinrich Kaufhold)
Handel und Verkehr im 20. Jahrhundert (Christopher Kopper) 2002. EdG 63
Banken und Versicherungen im 19. und 20. Jahrhundert (Eckhard Wandel) 1998. EdG 45
Technik und Wirtschaft im 19. und 20. Jahrhundert (Christian Kleinschmidt) 2007. EdG 79
Unternehmensgeschichte im 19. und 20. Jahrhundert (Werner Plumpe)
Staat und Wirtschaft im 19. Jahrhundert (Rudolf Boch) 2004. EdG 70
Staat und Wirtschaft im 20. Jahrhundert (Gerold Ambrosius) 1990. EdG 7

Wirtschaft

Kultur, Bildung und Wissenschaft im 19. Jahrhundert (Hans-Christof Kraus) 2008. EdG 82
Kultur, Bildung und Wissenschaft im 20. Jahrhundert (Frank-Lothar Kroll) 2003. EdG 65

Kultur, Alltag und Mentalitäten

168   Themen und Autoren

Lebenswelt und Kultur des Bürgertums im 19. und 20. Jahrhundert (Andreas Schulz) 2005. EdG 75
Lebenswelt und Kultur der unterbürgerlichen Schichten im 19. und 20. Jahrhundert (Wolfgang Kaschuba) 1990. EdG 5

Religion und Kirche
Kirche, Politik und Gesellschaft im 19. Jahrhundert (Gerhard Besier) 1998. EdG 48
Kirche, Politik und Gesellschaft im 20. Jahrhundert (Gerhard Besier) 2000. EdG 56

Politik, Staat, Verfassung
Der Deutsche Bund 1815–1866 (Jürgen Müller) 2006. EdG 78
Verfassungsstaat und Nationsbildung 1815–1871 (Elisabeth Fehrenbach) 2., um einen Nachtrag erw. Aufl. 2007. EdG 22
Politik im deutschen Kaiserreich (Hans-Peter Ullmann) 2., durchges. Aufl. 2005. EdG 52
Die Weimarer Republik. Politik und Gesellschaft (Andreas Wirsching) 2000. EdG 58
Nationalsozialistische Herrschaft (Ulrich von Hehl) 2. Aufl. 2001. EdG 39
Die Bundesrepublik Deutschland. Verfassung, Parlament und Parteien (Adolf M. Birke) 1997. EdG 41
Militär, Staat und Gesellschaft im 19. Jahrhundert (Ralf Pröve) 2006. EdG 77
Militär, Staat und Gesellschaft im 20. Jahrhundert (Bernhard R. Kroener)
Die Sozialgeschichte der Bundesrepublik Deutschland bis 1989/90 (Axel Schildt) 2007. EdG 80
Die Sozialgeschichte der DDR (Arnd Bauerkämper) 2005. EdG 76
Die Innenpolitik der DDR (Günther Heydemann) 2003. EdG 66

Staatensystem, internationale Beziehungen
Die deutsche Frage und das europäische Staatensystem 1815–1871 (Anselm Doering-Manteuffel) 2. Aufl. 2001. EdG 15
Deutsche Außenpolitik 1871–1918 (Klaus Hildebrand) 2. Aufl. 1994. EdG 2
Die Außenpolitik der Weimarer Republik (Gottfried Niedhart) 2., aktualisierte Aufl. 2006. EdG 53
Die Außenpolitik des Dritten Reiches (Marie-Luise Recker) 1990. EdG 8
Die Außenpolitik der Bundesrepublik Deutschland 1949 bis 1990 (Ulrich Lappenküper) 2008. EdG 83
Die Außenpolitik der DDR (Joachim Scholtyseck) 2003. EDG 69

Hervorgehobene Titel sind bereits erschienen.

Stand: (Oktober 2007)

Printed and bound by CPI Group (UK) Ltd, Croydon, CR0 4YY
22/04/2026

14866396-0001